# 中国家庭政策的变迁与发展研究

孙晓梅　主编

中国妇女出版社

**图书在版编目（CIP）数据**

中国家庭政策的变迁与发展研究 / 孙晓梅主编.
北京 ：中国妇女出版社，2025. 8. -- ISBN 978-7-5127-2506-5

Ⅰ. D601

中国国家版本馆CIP数据核字第2025VZ1550号

**责任编辑**：陈　元
**封面设计**：李　甦
**责任印制**：李志国

**出版发行**：中国妇女出版社
**地　　址**：北京市东城区史家胡同甲24号　　邮政编码：100010
**电　　话**：（010）65133160（发行部）　　65133161（邮购）
**网　　址**：www.womenbooks.cn
**邮　　箱**：zgfncbs@womenbooks.cn
**法律顾问**：北京市道可特律师事务所
**经　　销**：各地新华书店
**印　　刷**：北京中科印刷有限公司

**开　　本**：170mm×240mm　1/16
**印　　张**：19.5
**字　　数**：319千字
**版　　次**：2025年8月第1版　　2025年8月第1次印刷
**定　　价**：68.00元

如有印装错误，请与发行部联系

# 本书编委会

**主　　　编**：孙晓梅

**编委会成员**（按姓氏笔画排序）：

生龙曲珍　刘永廷　孙婉璐

杜声红　　李文文　张　斐

陈　朋　　陈伟杰　郝彩虹

# 编者的话

《中国家庭政策的变迁与发展研究》一书经过中华女子学院家庭建设团队的共同努力，终于与读者见面。它是作者长期教学实践和理论探索的结晶。

## 一、编写基础

这本书全面介绍了中国家庭政策变迁和发展历程。从女性学、家庭学、社会学、教育学、法学、管理学、人口学等交叉学科的角度，第一次详尽分析和探索论述了婚姻、家庭、夫妻、子女、老人和人口等方面的家庭政策；第一次广泛和深入研究了家庭政策在家庭工作、家庭立法、家庭教育、家庭福利、家庭服务、家庭生活等方面的指导作用。本书为深入学习和了解中国家庭建设工作，探索新时代婚姻家庭发展的新情况新问题，提供了严谨的逻辑线索和丰富的资料来源。

编者力求在本书的每一章节都有新观点新发现：相同的家庭政策内容重复出现在各个章节中，从不同角度、不同时间、不同领域论证了家庭政策的作用和意义；给研究人员和家庭工作者提供丰富的研究资料；给教育工作者和社区管理人员提供有价值的案例教程；有助于人们了解家庭变迁与家庭发展之间的关系；让全社会更加重视家庭建设，运用家庭视角，培养具有家庭工作职业素养的专业指导人才。

读者可以从本书中获得启示：一是掌握家庭基础理论，更好从事家庭建设工作，制定家庭政策法规；二是更好运用各种家庭知识，加强婚恋观、生育观、家庭观的指导，深化家庭文明建设，发挥家庭家教家风在基层社会治理中的重要作用；三是更好发挥家庭重要基点作用，传承中华优秀婚姻家庭文化，有效提高群众营造幸福婚姻、建设美满家庭的能力；四是更好建立和维护平等、和睦、文明的婚姻家庭关系，促进家庭稳定与和谐发展。

## 二、编写内容

第一章“中国家庭建设工作发展的历史轨迹”由中华女子学院孙晓梅教授撰写。本章阐述了家庭建设发展的主要内容：一是从新中国成立到20世纪60年代初，中国妇女家庭地位发生了历史性改变，广大妇女在法律上获得了与男子同等的权利，成为新中国建设的重要力量，妇女儿童福利事业在短期内得到较大发展，民主和睦的新家庭开始出现。二是自1978年改革开放以来，贯彻落实党的农村经济政策，创造了多种形式的家庭联产承包责任制，妇女参加生产劳动的领域日益宽广，劳动的自主权得到保障，妇女在家庭建设中的作用日益增强，婚姻家庭问题受到越来越广泛的关注。三是强调男女平等和家庭发展的机制保障。1990年，江泽民同志发表关于马克思主义妇女观的重要讲话；1992年，全国人大常委会颁布实施了《中华人民共和国妇女权益保障法》；1995年，中国政府向世界提出了“把男女平等作为促进我国社会发展的一项基本国策”这一具有重要战略意义的重大决策，同时国务院颁布实施了《中国妇女发展纲要（1995—2000年)》。四是进入21世纪以来，家庭工作有条不紊地展开，以家庭和谐促进城乡社区和谐，服务于社会建设。习近平总书记多次就注重家庭、注重家教、注重家风建设等发表重要论述，提出了一系列带有根本性方向性引领性的新思想新论断新要求，把家庭建设融入党和国家事业发展大局，统筹规划，不断完善家庭政策体系建设，引领家庭工作迈向新阶段。

第二章“妇联家庭工作的变迁与发展”由中华女子学院陈伟杰副教授撰写。本章阐述了妇联家庭工作政策的主要内容：一是1949年3月成立中华全国民主妇女联合会，全国各级妇联的家庭工作理念、内容、机构和载体随着时间的推移而发生变化。二是新中国成立初期（1949—1966 年）妇联围绕增进民众的国家认同开展家庭工作，大力宣传婚姻法，推动家务劳动社会化，强调勤俭持家，开展评选“五好”家庭活动。三是改革开放后至党的十八大之前的妇联推动家庭教育的工作，把学校教育、社会教育、家庭教育密切结合起来；强调树立正确的家庭观念，做好家庭建设工作。四是 20 世纪 80 年代以来，妇联的重点工作是反家庭暴力和开展婚姻家庭纠纷调解，推动将反家庭暴力法列入全国人大立法规划，扎实开展婚姻家庭纠纷排查化解工作；各地建立健全婚姻家庭纠纷人民调解委员会。五是新时代的妇联家庭工作，2014 年开始全国妇联在全国范围内开展寻找“最美家庭”活动；2019 年启动“家家幸福安康工程”，开展家庭文明创建工作；各级妇联开展共建美丽家园行动实践活动和清廉家风建设活动等。

第三章“中国家庭立法的历史回顾”由中华女子学院刘永廷副教授撰写。本章阐述了家庭法律政策的主要内容：一是新中国成立后，家庭立法破旧立新，初步确立了社会主义婚姻家庭制度，如一夫一妻、婚姻自由、妇女在家庭中与男子平等、已婚妇女享有姓名权、妇女享有工作权等。二是 20 世纪 50 年代中后期，强调在婚姻家庭领域反对资产阶级思想，婚姻家庭纠纷的解决带有浓厚的意识形态色彩。社会主义改造完成后，通过单位来管理个人，家庭对单位的依赖程度非常高，从结婚、生育，子女托育、上学、就业等，单位都可以解决，单位代替国家成为福利提供者。三是党的十一届三中全会后，随着改革开放事业的推进，家庭立法因社会经济发展水平开始重新发展；进入 21 世纪，涉及家庭的立法和政策制定也进入快车道，家庭立法不断发展，取得了巨大的成就。四是新时代家庭立法不断完善，重视家庭价值和家庭整体利益，因社会发展和人民需求，家庭立法既要继承已有立法内容，也要审视一些有争议的或者不适应现实的规定，进行修改，还要根据新情况新需要制定新的法律。

第四章“中国家庭政策的变化与发展”由中华女子学院孙婉璐博士撰写。本章阐述了家庭政策的主要内容：一是论述家庭政策目标多样性和广泛性，家庭政策范围呈现出跨学科特点，它在很大程度上受到人口结构、社会文化、政治制度与社会运动等因素的影响。二是阐述了家庭政策的类型，包括婚姻政策、计划生育政策、未成年子女教育、促进健康和养老的政策、困难家庭补助政策、最低生活保障政策等，规范家庭成员的抚养、赡养、扶助等内容。三是探索不断扩大的家庭政策框架和范围，从人口问题出发，关注家庭规模和结构变化；从福利问题出发，关注社会保障和困难群体；从社会性别视角出发，关注女性权益和婚姻家庭稳定；从家庭功能角度出发，关注父母养老和子女教育问题。四是党的十八大以来，家庭政策快速发展，体系日臻完善。政策法律文件联合发布的部门数量越来越多，每项政策涉及的责任部门逐渐增多，各部门密切配合制定和实施各类家庭政策，政府信息资源实现跨部门整合与共享。

第五章“中国婚姻家庭政策法律的发展”由中华女子学院杜声红副教授撰写。本章阐述了婚姻家庭政策内容：一是论述了婚姻法的建立与完善，梳理自 1949 年新中国成立至今，我国婚姻家庭相关政策的发展脉络。从 1950 年、1980 年、2001 年制定和修改的婚姻法到 2020 年的民法典，法律内容逐渐丰富、立法目的不断明确、婚姻制度不断健全、婚姻行为不断调整、家庭关系不断补充。二是阐述我国计划生育政策的出台与历史发展，人口与计划生育法是国家实现人口调控、维持人口稳定的法律手段和政策工具，人口长期均衡发展是国家稳定可持续发展的重要基石，应以促进家庭幸福、民族繁荣与社会进步为前提，帮助家庭实行有计划的生育。三是探索我国生育保险的历史发展脉络，生育保险待遇有一定的福利色彩。党的十八大以来，生育保障制度不断完善，生育津贴有利于女性缓解生育期因为工作中断而引起的工作与家庭之间的矛盾和冲突，改变生育保险覆盖面窄、保障水平低等局面。四是分析我国托幼政策的历史发展脉络，新中国成立初期，广大妇女参加社会劳动，婴幼儿照料问题被托儿所、幼儿园解决；20 世纪 80 年代中期以后，随着经济体制的改革，大量由企业和机关事业单位开办的托儿所、幼儿园等婴幼儿照护服务机构在短时间内纷纷被关闭或是被转卖；2010 年以来，公共或社会化的托育服务体系开始重构，国家也陆续出台相关政策推动婴幼儿照护服务的发展。

第六章“中国家庭教育政策发展特点”由中华女子学院陈朋博士撰写。本章阐述了家庭教育政策的主要内容：一是梳理家庭教育政策在新中国成立后走过的历程；家庭教育始于家校联系，逐渐由民间主导转变为政府主导和妇联主责，进入教育战略布局；认识到家庭德育工作的独特性，初步建立了家庭教育工作体系和网络。二是家庭教育向纵深发展，研究新中国成立后家庭教育的重要文献，党和国家领导人关于家庭教育的重要讲话，厘清家庭教育政策发展的历史脉络。家庭家教家风建设一体化推进，学校家庭社会协同育人机制不断发展，家庭教育法制化取得重大进展，强调家庭教育的根本任务是立德树人，初步建立覆盖城乡的家庭教育指导体系。三是在家庭教育相关政策的推动下，我国家庭教育从学校德育到社会治理、从配合工作走向协同育人、从业余学习走向专业规范的历程，为新时代家庭教育发展奠定良好基础。四是新中国成立以来家庭教育政策有经验也有问题，要加强家庭教育指导职业化、规范化程度，重视家庭教育科学研究和评估监测工作，支持家庭教育学科和专业发展，健全家庭教育工作的职责分工，与基层社会治理工作联动相结合。

第七章“中国家庭服务政策的发展概况”由中华女子学院郝彩虹副教授撰写。本章阐述了家庭服务政策的主要内容：一是梳理了新中国成立后到改革开放以前家庭服务政策发展脉络，总结家庭服务政策发展规律，家庭支持服务政策、母婴保健政策、育儿政策以及宣传贯彻《中华人民共和国婚姻法》等。家庭服务政策制定和实施的经济基础，即以国家为责任主体，覆盖国家机关和企事业单位工资制、供给制职工的福利保障体系。二是探讨了改革开放后国家主导下迈向制度化、规范化、均等化的家庭服务政策，包括城市和农村家庭救助服务政策、婚姻登记与婚姻家庭辅导服务政策、妇幼保健服务政策、家事调解服务政策、家庭成员权益维护服务政策。这一阶段家庭服务政策的发展表现出，通过制度化建设不断回应城乡社会新出现的家庭问题和需求的总体特征。三是家庭服务政策的发展客观上促进了不同历史时期家庭问题的解决、家庭功能的发挥和家庭生活的改善。但是我国家庭服务政策发展还存在诸多问题，家庭服务政策发展表现出碎片化的特点，缺乏专门的政策体系和行政主管单位，家庭服务政策中缺乏家庭支持服务的相关政策以促进家庭功能的发挥与恢复。

第八章“中国家政服务业政策研究”由中华女子学院生龙曲珍博士撰写。本章阐述了家政服务政策主要内容：一是研究了在政策指导下家政服务业发展的目标。在促进人员就业方面，通过促成交流合作、树立典型示范、提供住房教育等福利保障的各种方式吸引农村劳动力入行；在培育企业方面，政策通过推动家政服务企业的规模化、规范化和品牌化发展，提高从业人员素养，形成企业规范化发展的基石；在规范行业方面，政策主要是推动服务标准建设，强化行业信用建设，以推动行业规范化发展。二是强调主管部门牵头负责、多部门协同跟进，形成工作机制合作格局。家政服务政策从启动登记摸底到专项培训，提升了从业人员的素养。出台的政策还关注互联网载体下家政消费的特性。三是各地区因地制宜制定家政服务条例或基本要求。家政政策对家政服务的质量、能力、市场供给等作出明确规定，从业人员规模和素养有显著扩大和提升，行业发展逐渐规范化。四是分析了面向未来的家政政策，行业现实发展需求兼顾学术研究，注重新平台新技术新需求下的家政服务扩容的外延，满足消费者日益增长的个性化、专业化需求，同时强化质量保障，包括标准化建设、信用建设、示范激励等。

第九章“中国养老政策的变迁”由中华女子学院张斐副教授撰写。本章阐述了家庭养老政策主要内容：一是梳理了1949—1993年养老服务政策体系以城市“三无”老人与农村“五保”老人为主要对象，社会各界对养老的关注仅仅局限在农村养老、农民养老，尚未有养老服务系统化政策规定研究。二是1994—1999年探索建立家庭、社会和社区相结合的养老模式、各项养老政策。养老服务体系建设以政府承担费用为主要方式，以机构建设为重心。三是2000—2011年中国进入老龄化社会，鼓励个人为养老做准备，坚持政府、社会、家庭和个人相结合的养老保障道路；形成机构养老、社区养老和居家养老的“三大模式”板块；以社会化为主要方向，向公建民营、民办公助、民办等市场化经营模式转变。四是2012—2018年新时代家庭养老制度获得了长足的发展。建立健全家庭养老支持政策，规范城乡居民养老保险制度，与社会救助、社会福利等其他社会保障政策相配套，充分发挥家庭养老等传统保障方式的积极作用，更好保障参保城乡居民的老年基本生活。五是2019年至今，我国养老服务体系建设进入精准化推进阶段，解决养老服务体系中的重点难点问题，通过家庭、社区和机构的共同努力，为老年人提供更加全面、便捷的养老服务，家庭养老的重要性重新确立并不断加强完善。

第十章“中国儿童家庭政策的建立与发展”由民政职业大学李文文

副教授撰写。本章阐述了儿童家庭政策主要内容：一是新中国成立初期儿童家庭建设工作，家庭政策聚焦在孤残儿童的生存和改造原有的儿童福利机构，收养因战争而导致家庭照顾缺位的孤残儿童，由国家财政负担进行福利院内集中供养。二是改革开放后儿童家庭福利政策得到完善，儿童家庭保护法治化、全面化，儿童的权益保障得到社会的认可；从人口、计划生育，妇幼保健与营养，提高生活与环境质量，基础教育与扫盲，保护处于困难条件下的儿童，优生、优育、优教等方面提出政策保护。三是儿童家庭政策向普惠型、保护型、发展型迈进。生育、儿童保健管理与早期育儿指导的政策规范化，孤儿回归家庭，儿童的福利政策得到完善，基本建成适应城乡发展的家庭教育指导服务体系，家庭寄养、收养范围不断扩大，对儿童合法权益的司法保障更加精细化，政府主导强化家庭监护主体责任，普惠型儿童福利家庭关爱政策获得完善。四是党的十八大以来，儿童家庭政策步入高质量发展阶段。儿童成长与家庭养育、教育政策全面发展，家庭教育指导服务体系逐步完善，家庭教育走向法治化，家庭生育、养育、托育规范化，未成年人保护与儿童家庭政策全方位提升。儿童家庭政策和儿童福利保障，向高质量普惠型的制度建设迈进。

## 三、编写团队

本书主编为孙晓梅教授。编写这本书的作者均具有婚姻家庭和家庭教育方面的专业理论知识和丰富的社会实践经验，他们曾参加家庭教育、婚姻家庭、家庭法律、养老和儿童保障等法律政策的制定和评估工作；参加《家庭教育专业指导简明教程》和《婚姻家庭专业指导简明教程》编写工作；参加“家庭建设专业指导师”和“婚姻家庭专业指导”线上课程拍摄工作；参加中华女子学院“建国以来家庭工作探索运用发展研究”（2023ZD04）项目工作；参加家庭教育和婚姻家庭专业的指导和咨询工作。本书旨在为推动家庭文明建设，提高婚姻家庭生活质量，解决家庭矛盾，树立优良的家风家教，制定家庭友好政策作出贡献。

## 四、编写致谢

在此要特别感谢中华女子学院支持的“建国以来家庭工作探索运用发展研究”（2023ZD04）项目，以及全国从事婚姻家庭工作的专家和工作人员。还要感谢我的科研助手耿悦悦、曾莉、秦贵玲和石傲雪等同学，你们的鼎力支持和辛勤付出，不仅促使本书得以顺利出版，更为中国家庭建设研究作出了贡献。

孙晓梅

2025 年 4 月

# 目 录

## 第一章 中国家庭建设工作发展的历史轨迹



## 第二章 妇联家庭工作的变迁与发展

## 第三章　中国家庭立法的历史回顾



## 第四章　中国家庭政策的变化与发展



## 第五章　中国婚姻家庭政策法律的发展

## 第六章　中国家庭教育政策发展特点



## 第七章　中国家庭服务政策的发展概况



## 第八章　中国家政服务业政策研究

## 第九章　中国养老政策的变迁



## 第十章　中国儿童家庭政策的建立与发展

# 第一章　中国家庭建设工作发展的历史轨迹

1949 年新中国成立后，妇女的家庭地位发生了历史性改变，妇女儿童福利事业在短期内得到较大发展，民主和睦的新家庭建设开始出现。1978 年改革开放以来，中国社会主义建设有了较大发展，婚姻家庭问题受到越来越广泛的关注。1995 年中国正式提出并实施“男女平等”基本国策，制定、发布《中国妇女发展纲要（1995—2000 年）》，为家庭建设提供了良好的法律、政策环境和有效的机制保障。进入 21 世纪以来，家庭工作有条不紊地展开，以家庭和谐促进城乡社区和谐，服务于社会建设。党的十八大以来，以习近平同志为核心的党中央高度重视家庭建设。习近平总书记多次就加强家庭建设发表重要讲话，作出重要指示，提出了一系列带有根本性方向性引领性的新思想新论断新要求，把家庭建设融入党和国家事业发展大局，统筹规划，不断完善家庭政策体系建设，引领家庭工作迈向新阶段。

## 一、社会主义革命和建设时期的家庭建设（1949 年 10 月—20 世纪 60 年代初）

从 1949 年新中国成立到 20 世纪 60 年代初，中国妇女的家庭地位发生了历史性改变。广大妇女在法律上获得了与男子同等的权利，成为新中国建设的重要力量，妇女儿童福利事业在短期内得到较大发展，民主和睦的新家庭开始出现。

### （一）保护妇女儿童家庭权利，制定家庭相关法律

1950 年 5 月，《中华人民共和国婚姻法》（以下简称“婚姻法”）颁布并实施，这是新中国成立后制定的第一部法律。它符合当时中国的国情，并具有广泛代表性。婚姻法遵循男女平等，贯穿其中的两条重要原则是：废除封建主义的婚姻制度、实行新民主主义的婚姻制度和婚姻自主。婚姻法否定了千百年来束缚、残害广大人民特别是妇女的封建婚姻关系，这是中国婚姻制度史上一次深刻的革命，也是新中国成立后妇女运动史上的一件大事。为达到废除封建婚姻制度，清除旧婚姻观，建立新民主主义婚姻制度，树立自由、平等、民主新婚姻观的目的，1953 年 3 月，全国范围内开展了一场贯彻婚姻法的大规模的运动。经过几年努力，婚姻法日益深入人心，新婚姻观被越来越多的人所接受，许多地方在婚姻问题上发生了变化，取得了明显的进步。在婚姻法的影响下，许多家庭中丈夫打骂妻子、婆婆虐待儿媳的事件逐渐减少，重男轻女的生育观逐渐被改变，歧视女性、溺死女婴的现象大为减少；许多关系紧张的夫妻重归于好，一些濒于破裂的家庭重又和睦安宁，寡妇打消顾虑、重组家庭，虐待、杀害妇女的犯罪分子受到惩罚，保护了妇女利益，促进了社会的安定，家庭生活趋向地位平等，向民主迈进。在婚姻法贯彻过程中，出现了我国历史上第一次离婚高潮。婚姻法颁布后，许多被封建婚姻观念束缚、摧残的妇女依法获得了精神上的解放及重新追求幸福的权利，反映出新中国婚姻制度的进步，也是贯彻婚姻法中“婚姻自由”原则的成果。

1950 年 6 月施行的《中华人民共和国土地改革法》规定：分配土地时不分男女，按人口统一分配，将男女平等的原则贯穿于生产资料的分配当中。1951 年 2 月，政务院公布的《中华人民共和国劳动保险条例》，根据女工的特殊情况，规定了女工在产前产后休假五十六天，工资照给；女工及男工家属生育时，可以领到生育补助金，有些工厂为保护女工健康，还负责进行孕妇产前产后的检查。1951 年 6 月，中央人民政府人事部公布了机关招考工作人员及学员时，不准规定“不收孕妇”，保障了已婚妇女的

工作权利。1954年9月，第一届全国人民代表大会通过的《中华人民共和国宪法》规定："妇女有同男子平等的选举权和被选举权"，"婚姻、家庭、母亲和儿童受国家的保护"。党和政府重视妇女的根本利益，保护妇女在家庭应有的权利。

### （二）保障妇女儿童健康，普及新法接生

旧中国的医疗保健事业非常落后，人民的生活环境与卫生条件相当差，加上接生人员对婴儿出生这一自然现象缺乏科学认识，接生方法非常落后，接生用具极不卫生，就造成了极高的婴儿、产妇死亡率。当时，婴儿死亡人数每年约500万，产妇死亡人数每年约50万。

为彻底改变这种状况，新中国成立初期，政府和妇女组织通过多种途径普及新法接生。一是大力宣传新法接生，普及科学知识和卫生常识，使广大人民特别是妇女认识到旧接生法的危害，破除在生育、接产、育儿等方面的迷信，推广科学、卫生的新法接生。二是培养新型助产人员，学员在6个月的学习期限内，系统学习生理解剖、产科、儿科、护理学等课程，学习期满后即奔赴农村，为农村妇女服务。三是设立保障妇女健康的机构，中央设立卫生部妇幼卫生司，各省、市、自治区卫生厅（局）设妇幼卫生处，卫生局设妇幼卫生科，建立各级妇幼保健机构，提高人们对产妇健康的重视程度，改变人们陈旧的思想观念。四是改造旧接生人员，为弥补短期内新型助产人员不足的状况，许多地方实行了对旧接生人员的教育、改造工作，帮助她们转变观念，掌握科学的接生法，以便更好地为产妇服务。由于采取了以上措施，婴儿死亡率逐渐降低，产妇死亡人数也大为减少，使妇婴保健工作前进了一大步。

### （三）保障妇女参加社会生产，兴办托幼园所

随着国家建设事业的发展，需要越来越多的妇女参加社会生产与工作，广大妇女也渴望通过这一途径实现自身的经济独立，这就需要由社会承担起教养孩子的工作，而系统、科学地培养下一代，也是祖国未来的需要。我国托幼事业在新中国成立初期获得迅速发展，据中国妇女第三次全国代表大会的工作报告，1956年底全国城市各种托儿机构约有26700多处，

收托儿童125万余名，比1947年增加260倍。1956年，农忙托儿组织有了迅速的发展，收托儿童600余万人。这对于发挥母亲们的社会主义积极性，增进儿童身心健康，都起到了重大的作用。

儿童保育机构获得迅速发展的重要原因是贯彻了多种形式兴办托幼园所的方针，解决了许多妇女的后顾之忧，提高了劳动生产率。一些农村地区，根据农业生产季节性强的特点，办起农忙托儿所，组织起更多的妇女走上生产第一线，缓解了农忙季节劳动力短缺的矛盾。经验证明，托幼事业的发展关系到千家万户，只有动员全社会的力量，才能使托幼事业得到进一步发展。

### （四）召开妇女代表大会，重视家庭工作

#### 1. 中国妇女第一次全国代表大会①

1949年3月，全国民主妇联召开中国妇女第一次全国代表大会，指出："反动封建残余恶习，提倡婚姻自由，组织妇女积极参加民主建设，运用民主权力，推进妇婴卫生和儿童保育事业，增进妇婴健康，建设人财两旺的新社会。"在中国妇女一大上，全国民主妇联常委会建立妇女儿童福利部，成为实际开展家庭工作的职责部门。

1951年，全国民主妇联要求省和大行政区直属市以上民主妇联设立妇女儿童福利部，县、区设福利委员。同年10月，全国民主妇联举行了第一次妇女儿童福利工作会议，规定了妇女儿童福利工作的方针是："以生产为中心，为广大体力劳动妇女、脑力劳动妇女及其子女服务。"截至1956年，全国民主妇联共主持召开了三次妇女儿童福利工作会议。这三次会议总结了经验，提出了具体措施，对妇女儿童福利事业的发展起了良好的推动作用。

---

① 中国妇女运动当前的方针任务报告——在中国妇女第一次全国代表大会上的工作报告，网址链接：https://www.women.org.cn/art/1949/3/26/art_44_13014.html

### 2. 中国妇女第二次全国代表大会①

1953年4月，全国民主妇联召开了中国妇女第二次全国代表大会，指出："职工家属的工作和家庭妇女的工作，也是城市妇女工作的一个重要方面。民主妇联应该教育一切孩子们的母亲，带好孩子，正确地教育孩子，使之成为身心健康的儿童，这是一切母亲的光荣职责。特别是家庭妇女中的职工家属，尤应以爱护职工，鼓励职工搞好生产作为她们的光荣任务。对于那些已经参加社会活动的职工家属及家庭妇女中的积极分子，必须照顾到她们家庭劳动的必要时间。"会议制定的家庭政策都是为争取男女婚姻自由，保护妇女的一切合法权益，实现男女的平等权利，以达到家庭的民主团结，改善家庭的夫妇、婆媳、姑嫂、妯娌之间的关系。1957年12月，周恩来在上海市各界妇女代表座谈会上的讲话中，提到"妇女在家庭和社会中都有极其重要的特殊地位"。

### 3. 中国妇女第三次全国代表大会②

1957年9月，全国妇联召开中国妇女第三次全国代表大会，提出全国妇联"应以勤俭建国、勤俭持家，为建设社会主义而奋斗作为工作方针"。1957年11月，全国妇联发出了《关于结合当前中心工作，大力宣传勤俭持家的通知》。自1952年起，一些城市职工家属首创并推行的家庭"三好""五好"活动，有了进一步的发展，同时增加了"勤俭持家"这一新的内容。1957年5月，在全国总工会和全国妇联共同召开的全国职工家属代表会议上，提出了新的"五好"标准；第一，勤俭持家好；第二，团结互助好；第三，教育子女好；第四，清洁卫生好；第五，努力学习好。(在少数农村地区也曾试行推广了"五好"，即勤劳爱国爱社团结互助好，勤俭持家好，学习文化技术好，尊婆爱媳教育子女好，清洁卫生好)。之后，以"勤俭持家"为中心的"五好"活动首先在全国各城市展开，又逐渐推广到农村。"两勤"方针更加深入人心，"五好"活动得到进一步推

---

① 四年来中国妇女运动的基本总结和今后任务——在中国妇女第二次全国代表大会上的工作报告，网址链接：https://www.women.org.cn/art/1953/4/16/art_45_13017.html

② 勤俭建国、勤俭持家，为建设社会主义而奋斗——在中国妇女第三次全国代表大会上的工作报告，网址链接：https://www.women.org.cn/art/1957/9/9/art_46_13020.html

动，各地涌现出许多“五好”积极分子和宣传、贯彻“五好家庭”活动并取得显著成绩的先进单位，以勤俭为荣的社会风气也初步形成。

从1949年到1960年代初，由于党和政府努力宣传和贯彻执行有关家庭的法律政策，广大人民群众的道德思想日益成长。在婚姻方面，封建婚姻制度已经开始摧毁，广大人民群众获得婚姻自主权利，运用社会主义思想原则来处理自己的婚姻问题。在家庭方面，建立起尊老爱幼、尊婆爱媳、互相帮助、和睦民主的关系；克服旧社会遗留下来的轻视、歧视妇女的残余思想，在社会上更加广泛地树立保护婚姻、家庭、母亲和儿童的新风气。

## 二、改革开放初期的家庭建设（1978—1992年）

1978年，由于党对我国社会主义初级阶段的现状有了较清醒、客观的认识，提出了“改革、开放、搞活”的正确方针，使我国社会主义建设有了较大发展。贯彻落实党的农村经济政策，创造了多种形式的家庭联产承包责任制，妇女参加生产劳动的领域日益宽广，劳动的自主权得到保障，妇女在家庭建设中的作用日益增强，婚姻家庭问题受到越来越广泛的关注。

### （一）树立正确的婚恋观，深入开展“五好家庭”活动

1980年9月，五届全国人大三次会议通过了新修改的《中华人民共和国婚姻法》，强调婚姻自由、一夫一妻、男女平等，保护妇女、儿童、老人的合法权益，将实行计划生育作为基本原则。特别是把原婚姻法规定的“男女权利平等”改为“男女平等”，使平等的内容不仅体现在权利方面，而且体现在义务方面。1981年冬至1982年春，全国深入开展宣传婚姻法的活动，重点任务是提倡节俭办婚事，深入宣传婚姻自由，加强社会主义婚姻道德教育。通过宣传、贯彻新婚姻法，许多人受到正确的婚姻观教育，并以此合理处理婚姻家庭问题，促进了社会的安定团结，推动了我国婚姻家庭事业的发展。

1982年，全国妇联倡导并发起了争创“五好家庭”活动，提倡家庭男

女成员合理分担家务劳动，把改进家庭教育作为对社员、职工、干部、教师和部队指战员等进行思想政治工作的一项重要内容。广大城乡妇女积极参加了“五讲四美三热爱”和争创“五好家庭”活动。截至1982年年底，全国县、市以上共表彰“五好家庭”384万户。这对建设民主和睦、美满幸福的家庭，加强人民群众的友爱团结，推进“两个文明”的建设，起到了重要作用。1984年，上海市首先将“五好家庭”活动纳入精神文明建设的总体规划。1985年4月，全国妇联召开了全国“五好”家庭活动经验交流会，会议要求“五好”家庭不仅要做到家庭民主和睦，还要勤劳致富，要求先富起来的专业户不仅应是生产先进的代表，还应是精神文明的模范。全国各城市也将“五好家庭”活动纳入各自精神文明建设的总体规划中。当时“五好家庭”的标准是：政治思想好、生产工作好；家庭和睦、尊敬老人好；教育子女、计划生育好；移风易俗、勤俭持家好；邻里团结、文明礼貌好。

20世纪80年代提倡树立社会主义的婚姻道德观：一是反对家长对子女的婚姻包办和干涉，青年男女要勇敢地反对包办买卖婚姻，反对索取彩礼、婚事大操大办的旧习俗，提倡节俭办婚事的社会主义新风尚；二是反对不负责任地草率结婚、轻率离婚，坚持爱情和道德情操的统一，爱情和责任义务的统一，采取严肃、慎重的态度对待婚姻家庭问题；三是反对不顾法律和道德约束，损害他人幸福，破坏他人婚姻家庭，有关单位应给予批评教育，直至必要的处分；四是对少数人追求“性解放”“性自由”的错误行为，要严肃教育批评，不能听之任之；五是教育年轻人过好恋爱、结婚、养育孩子这“三关”，正确处理好这三者与工作、劳动、学习的关系。

### （二）学校社会家庭教育密切结合，齐心协力做好儿童教育工作

1981年2月，中央书记处对全国妇联作了重要指示，明确指出妇联工作应围绕四化建设这个中心，以抚育、培养、教育好三亿以上儿童少年为重点，兼顾各方面的妇女工作，这是新的历史时期指导我国妇女运动的新方针。同年，由全国妇联牵头成立了全国儿童少年工作协调委员会，下设全国少年儿童文化艺术委员会和全国儿童生活用品委员会。精心培育儿

童：一是教师、保教人员，用自己的全部智慧和力量教育好孩子；二是文学艺术工作者，创作出版更多更好的儿童读物、儿童文艺作品；三是科学教育工作者，为普及科学知识多出力量；四是在街道工作的广大妇女，自觉担负起校外辅导学生的工作；五是家长们特别是母亲们，把教育好孩子作为自己义不容辞的光荣任务，农村父母要保证自己的学龄子女，至少能够接受完小学教育。1989 年，中华全国家庭教育学会成立，吸收相关部门、专家及社会热心人士参加，不断壮大家庭教育工作的社会力量和工作队伍。

20 世纪 80 年代，中国妇女第五次全国代表大会第一次把改进家庭教育作为对社员、职工、干部、教师和部队指战员等进行思想政治工作的一项重要内容。各地家庭教育工作机构和专家们发挥作用，加强家庭教育的理论研究，特别重视对独生子女心理特点和教育的研究工作。通过各种渠道，广泛宣传科学抚育、教育子女的知识，不断提高全民族的家庭教育水平。

妇女儿童活动阵地逐渐增多，全国和省、市儿童基金会相继建立。由妇联倡导兴办的各类家长学校成为社会事业的一部分，各级政府为孩子们提供更多的教育、文化、体育和医疗设施，更多地建设少年之家、科技活动辅导站、图书馆、阅览室、儿童体育场等活动场所。各级有关部门对农村儿童健康成长给予更多的关怀，有计划地扶植边疆、少数民族地区、革命老根据地和特殊贫困地区儿童事业的发展。1989 年，在全国妇联领导下，中国儿童少年基金会发起了旨在帮助失学贫困女孩重返校园的“春蕾计划”公益项目。

### （三）正确处理婚姻家庭问题，保障妇女儿童合法权益

20 世纪 80 年代家庭工作的主要内容包括：一是提倡正确处理婚姻家庭问题，从宣传社会主义婚姻家庭道德和婚姻法两方面入手，教育青年男女以夫妻间互敬互爱为核心，以承担社会责任为前提，做到爱情与义务相统一。二是反对“第三者”，以讲社会主义道德为根本，尊重人、爱护人、照顾人，把处理婚姻家庭问题作为精神文明建设的主要内容。

1981 年 10 月，中国婚姻家庭研究会成立，全国妇联副主席雷洁琼担

任会长，由研究婚姻家庭方面的理论工作者和实际工作者组成群众性学术团体。20世纪80年代初，在全国25个大中城市出现了婚姻介绍所，到80年代末，全国的婚姻介绍所如雨后春笋般发展起来，形成了一定规模。同时离婚率达到高峰，原因是“文化大革命”中，婚姻家庭领域出现了种种扭曲的现象，包括离婚难的问题，一些打了多年的离婚官司始终得不到解决。这个时期更多的人是在追求“感情和谐、志趣相投”的婚姻伴侣。

这个时期，新中国早已绝迹的某些丑恶现象又重新出现：重男轻女的封建思想蔓延；虐待、遗弃家庭成员，溺婴、残害婴儿、虐待生女孩母亲，拐卖、残害妇女儿童等违法犯罪活动时有发生；破坏婚姻自由，包办买卖婚姻，借婚姻索取财物，重婚等风气复现。这些侵犯了妇女儿童的合法权益，损害了妇女儿童的身心健康，扰乱了社会治安。各级妇联组织支持和帮助公安司法机关坚决打击拐卖、摧残妇女儿童的种种犯罪活动，并帮助妇女学会运用法律武器保护自身的合法权益。

### （四）发展后勤服务事业，推动实现家务劳动社会化和现代化

实现四个现代化的宏伟目标，为推动实现家务劳动的社会化和现代化，创造了物质和技术条件。妇联组织采取多种措施，帮助广大男女职工和男女社员解除后顾之忧：一是各类托幼园所，特别是民办园所有了较大发展，建立哺乳室、托儿所、幼儿园等托幼事业，入园幼儿1982年比1978年增长40%左右，“六五”时期国民经济发展计划中规定1985年入园的幼儿数从1980年的1151万增加到1800万，城镇入托婴儿也有所增加。二是办好公共食堂和饮食服务行业，兴办各种类型的食堂和主、副食品加工工业，并促进这些行业的半机械化和机械化发展，减轻广大职工群众为吃饭问题而花费的时间。三是积极推广有利于生产、方便生活的缝纫组、洗衣房、代销店和各种生活服务事业，努力减轻家务负担。四是有些地区和单位试行设立生育基金或者女工生育期工资由夫妻单位分担等方式，解决企业之间由于男女比例不均造成的经济负担不平衡问题。

20世纪80年代初，各级妇联有组织、有领导地开展了家务劳动服务工作，为妇女解决实际困难。1983年12月，北京市妇联成立了家务劳动服务公司，同时举办了家庭服务员培训班。家务劳动服务公司解决了许多

家庭的实际困难，因而受到群众的欢迎和各界的好评。上海、广州等地也兴办了类似的组织，为广大群众提供了多种内容的服务。

### （五）召开妇女代表大会，加强家庭工作

#### 1. 中国妇女第四次全国代表大会①

1978 年 9 月召开的中国妇女第四次全国代表大会，提出为家务劳动的社会化和现代化不断创造物质和技术条件，帮助广大男女职工和男女社员解除后顾之忧，并得到适当休息和娱乐，保障劳动者的身心健康。强调儿童是革命的未来，精心培育他们成为可靠的革命接班人；提倡革命的民主的和睦的新家庭，要求每一个家庭成员具有社会主义觉悟，爱劳动，爱学习；要勤俭持家，计划开支；实行男女平等，合理分担家务；尊敬体贴老人，共同抚育子女。实行计划生育，有计划地控制人口的增长，有利于国民经济有计划地发展，有利于增强整个中华民族的体质，保护母亲和儿童的健康。

#### 2. 中国妇女第五次全国代表大会②

1983 年 9 月召开的中国妇女第五次全国代表大会，提出要重视和改进家庭教育，父母是子女的第一任教师，子女的健康成长离不开父母教育与家庭的影响；要树立民主和睦、平等相处、互相帮助、勤劳俭朴、好学向上、遵纪守法、文明礼貌的好家风；独生子女越来越多，年轻父母要学习有关抚育、教育儿童的科学知识，从小对孩子进行爱祖国、爱人民、爱劳动、爱科学、爱社会主义的教育；要注意言传身教，为孩子作表率，克服对子女娇惯溺爱，重智育、轻德育等不利于子女健康成长的现象。

---

① 新时期中国妇女运动的崇高任务——在中国妇女第四次全国代表大会上的工作报告，网址链接：https://www.women.org.cn/art/2016/3/18/art_47_13023.html

② 奋发自强，开创妇女运动新局面——在中国妇女第五次全国代表大会上的工作报告，网址链接：https://www.women.org.cn/art/1983/9/12/art_48_13026.html

#### 3. 中国妇女第六次全国代表大会[①]

1988 年 9 月召开的中国妇女第六次全国代表大会，强调坚持文明进步的家庭观，倡扬民主和睦、互助互敬的家风，清除封建宗族和狭隘家庭观念的影响；帮助家长不断提高家庭教育和科学育儿水平，特别要重视对独生子女的教育。提倡婚事新办、勤俭持家、科学育儿、为国教子、民主和睦、邻里团结、敬老爱幼、助人为乐，为抚育、培养、教育儿童少年作出了重要贡献。指出妇女的生理特点不应被当作妇女的弱势，人类自身生产不应被当作家庭的私事，妇女的这些特殊问题，不应成为妇女实现劳动、参政、受教育权利的障碍。

## 三、社会主义市场经济建设时期的家庭建设（1992—2012 年）

1990 年，江泽民同志发表关于马克思主义妇女观的重要讲话；1992 年，全国人大常委会颁布实施了《中华人民共和国妇女权益保障法》；1995 年，中国政府向世界提出了“把男女平等作为促进我国社会发展的一项基本国策”这一具有重要战略意义的重大决策，同时国务院颁布实施了《中国妇女发展纲要（1995—2000 年）》。这些为男女平等和家庭发展提供了良好的法律政策环境和有效的机制保障。

### （一）制定保护家庭的法律政策，开展家庭教育工作

#### 1. 出台保护妇女儿童和家庭权益的法律法规

20 世纪 90 年代以来，国家出台了一系列维护妇女儿童家庭权益的法律法规。1991 年，我国颁布了《中华人民共和国未成年人保护法》，该法强调保护未成年人的身心健康，保障未成年人的合法权益，明确了家庭、学校、社会、司法等各有关方面保护未成年人的责任。1992 年颁布实施《中华人民共和国妇女权益保障法》，这部旨在全面保障妇女权益的基

① 自尊、自信、自立、自强，为夺取改革攻坚阶段的胜利建功立业——在中国妇女第六次全国代表大会上的工作报告，网址链接：https://www.women.org.cn/art/1988/9/1/art_49_13029.html

本法，对于妇女在政治、文化教育、劳动、财产、人身、婚姻家庭等方面的权益都作出了具体的规定。1994 年制定《中华人民共和国母婴保健法》，确定完善了婚前保健工作和孕产期保健制度，强化了婴幼儿保健。1995 年制定的《中华人民共和国教育法》规定："未成年人的父母或者其他监护人应该配合学校及其他教育机构，对其未成年人子女或者其他被监护人进行教育。学校、教师可以对学生家长提供家庭教育指导。"这些内容不仅规定了父母教育子女的家庭责任，也明确了学校与教师对家庭教育的指导义务。1997 年修订的《中华人民共和国刑法》，对打击拐卖妇女儿童和强迫妇女卖淫等罪行作了重要的补充和修改，进一步扩大了专以妇女为侵害对象的犯罪行为的涵盖范围，同时对这些罪行制定了严厉的刑罚予以制裁，这些都为打击侵害妇女合法权益的犯罪提供了法律武器。

1990 年，劳动部发布《女职工禁忌劳动范围的规定》，对女职工在月经、怀孕、哺乳期间禁忌从事的劳动范围进行详细规定，以保护女职工身心健康及其子女的正常发育和成长。1993 年，卫生部等部门联合颁布《女职工保健工作规定》，明确了在女职工月经、婚前、孕前、妊娠、产后、哺乳、更年期的保健措施，提出女职工保健工作必须贯彻预防为主的方针，以维护女职工的合法权益。进入 20 世纪 90 年代以后，妇女生育的社会补偿从地区试验进入到全面的制度创新和提供制度性保障的新阶段。1994 年，劳动部颁布《企业职工生育保险试行办法》，自此全国有了统一的有关生育保险的部门规章。该办法的规定均衡了企业间生育保险费用的负担，保障女职工在生育期间得到必要的经济补偿和医疗保健。这些政策的相继颁布实施，使妇女的生育和哺育的权益得到保护。

20 世纪 90 年代以来，家庭暴力问题日益受到关注，为了预防和制止家庭暴力，各地陆续出台了一些反对家庭暴力的地方性规章和文件。1996 年年初，长沙市出台了全国第一个预防和制止家庭暴力的规定。

各项政策的制定保护了妇女在家庭中的地位和作用，使妇女儿童在家庭中安全健康地生活。

**2. 出台家庭教育计划，家庭、学校、社会共同育人**

1990 年 2 月 22 日，国务院妇女儿童工作协调委员会正式成立，取代原由全国妇联牵头成立的全国儿童和少年工作协调委员会，1993 年 8 月 4 日更名为国务院妇女儿童工作委员会。1992 年国务院颁布的《九十年代中国儿童发展规划纲要》（简称《纲要》）是我国第一部以儿童为主体、促进儿童发展的国家行动计划，《纲要》提出要使 90% 儿童的家长不同程度地掌握保育、教育儿童的知识，还提出要“建立起学校（托幼园所）教育、社会教育、家庭教育相结合的育人机制”，为以后的家校社协同育人奠定了基础。1993 年颁布的《中国教育改革和发展纲要》中强调“全社会都要关心和保护青少年的成长，形成社会教育、家庭教育同学校教育密切结合的局面”。1996 年国家教委颁布的《幼儿园工作规程》提出，幼儿园可采取多种形式指导家长正确开展家庭教育，如定期召开家长会议、实行对家长开放日的制度、成立家长委员会等。1997 年国家教委颁布的《家长教育行为规范（试行）》从思想道德、生活习惯、学习习惯、家庭环境、家校合作等方面详细地规范了家长的教育行为，使家庭教育有章可循。

家庭教育工作是社会主义精神文明建设的重要内容，家庭教育与学校教育、社会教育密切结合是培育“四有”公民的有效途径。1996 年，全国妇联和国家教委制定第一个《全国家庭教育工作“九五”计划》，它最大的特点就是结合中国的实际，根据我国幅员辽阔，发展不平衡，家庭教育工作基础和普及九年义务教育等情况，按“划三片，分两步走”的原则，以省为单位确定阶段性目标，各省市的家长受教育达标率各不相同。同时加强检查指导制定全国家庭教育工作评估方案，进行家庭教育工作评估。以《全国家庭教育“九五”计划》为起点，至 2022 年，国家先后颁布了全国家庭教育“九五”“十五”计划和“十一五”“十二五”“十三五”“十四五”规划，家庭教育政策的逐步完善，由原来依附于教育政策法规走向独立专门化和科学化，指导家长提高自身素质，创设良好的家庭环境，形成全面育人的整体效应，促进和推动社会主义精神文明建设。

### （二）建立妇女儿童各类组织，开展婚姻家庭服务事业

#### 1. 建立妇女儿童服务机构

20 世纪 90 年代，家庭教育、托幼事业及其他为妇女儿童服务的事业

不断发展，妇女儿童活动阵地逐渐增多，全国及各省、市儿童基金会相继建立，在妇联的倡导和扶持下，各类家长学校、民办托幼园所有了较大发展。为发展妇女儿童福利事业，1991 年 8 月在北京成立中国妇女儿童服务中心，为广大妇女儿童提供卫生保健、婚姻、家庭、心理、教育、法律等方面的咨询服务和培训业务。各级妇联为妇女的进步发展和儿童的健康成长做了大量工作。一是积极促进维护妇女儿童权益的法律体系建设，参与社会治安综合治理。二是开展家庭文化建设，宣传计划生育国策，推动以“优生、优育、优教”为主要内容的儿童工作。三是发展社区服务，推进托幼事业，加速家务劳动社会化进程，男女共同承担家务劳动和抚育子女。四是帮助贫困地区妇女改善生产生活条件，寻求参与发展经济的有效形式，兴办扶贫实体，帮助贫困地区家庭稳定地解决温饱问题。五是普及妇女卫生知识，发展妇幼保健事业，降低孕产妇死亡率，提高农村新法接生率，保护妇女实行计划生育的权利，严禁溺弃女婴和虐待生育女婴的母亲。六是禁止包办买卖婚姻和重婚纳妾，严禁嫖娼卖淫活动，惩治迫害妇女尤其是对妇女施加暴力的行为，坚决打击拐卖妇女儿童的犯罪活动。

### 2. 开展“五好家庭”活动，进行家庭公益活动

在“五好家庭”活动基础上发展起来的家庭文化建设活动，是把精神文明建设深入到亿万家庭的富有特色的活动，要将它纳入文明共建，以家庭的文明进步促进社会的文明进步。为推动各地家庭文化建设活动的开展，1991 年年底，全国妇联强调“要加强对家庭文化建设活动的引导和具体指导，用社会主义的思想观念占领家庭这块阵地，使更多的妇女在家庭文化活动的愉悦气氛中受到思想政治教育”。1992 年，全国妇联以“五好家庭”活动为抓手推动精神文明建设，将这一活动与“双学双比”“巾帼建功”活动共同作为妇联工作的三大主体活动。1996 年，中共十四届六中全会提出在全社会开展家庭美德教育，全国妇联将“五好家庭”活动升级为“五好文明家庭”创建活动，不断扩大活动的内涵和外延，形成了以家庭读书、家庭教育、家庭文化、家庭健身、家庭环保、家庭奉献为主要内容的家庭文明建设活动。

1995 年 2 月，中国人口福利基金会等发起了“幸福工程”，它是以救

助农村贫困母亲为宗旨的一项扶贫工程。“幸福工程”通过向海内外募集资金，利用全国各个乡村的计划生育协会，帮助贫困母亲治穷、治愚、治病。1995年联合国第四次世界妇女大会后，全国妇联继续配合国家教委执行扫除文盲的计划，并把扫盲纳入“家庭文化建设”活动的重要内容，使扫盲成为政府、社会团体和每个家庭共同的责任。到2000年，共有1500万文盲妇女脱盲，9600万妇女接受实用技术培训。此外，妇联继续动员全社会广泛参与“春蕾计划”，到2000年，使75万多失学女童重返校园。

21世纪初家庭工作有条不紊地展开。大力实施“和谐家庭创建行动”，倡导以德治家、文明立家、平安保家、廉洁守家，以家庭和谐促进城乡社区和谐，服务于和谐社会建设。贯彻落实中央关于进一步加强和改进未成年人思想道德建设的总体部署，家庭教育工作推出新举措，各级妇联发挥优势、突出特色，推动完善学校、家庭、社会“三结合”的教育网络。

**3. 实施“家庭文明工程”，提高妇女健康水平**

2000年1月起至2003年6月，全国妇联会同中央文明办在我国亿万家庭中实施“家庭文明工程”，以提高家庭成员的思想道德素质和科学文化素质，帮助家庭树立文明、健康、科学的生活方式，以家庭的文明进步促进社会的文明进步。工程主要围绕绿化美化生活环境、活跃家庭文体生活、普及科学文化知识和法律知识、破除封建迷信和落后习俗、和睦家庭邻里关系五个方面的内容组织活动。实施“家庭文明工程”的工作步骤是:（1）围绕树立良好道德风尚，改善人际关系，组织家庭奉献活动，弘扬尊老爱幼、扶贫帮困的传统美德和奉献他人、奉献社会的精神。（2）开展家庭文化活动，满足群众愉悦身心、展现自我的内在需求，活跃农村和社区的文化生活，使思想道德教育、科学文化知识、法律知识进入家庭，营造反对迷信愚昧、歪理邪说的健康氛围。（3）开展家庭教育活动，帮助家长提高自身素质，树立以德育教育为根本的观念，学习家庭教育的基本知识，掌握科学的教育方法。（4）广泛开展“美在农家”活动，帮助农民解放思想，转变观念，增强运用科技发展经济、增加收入的能力，改变生存环境，提高生活质量，树立文明、健康的生活方式。

妇女生殖健康水平稳步提高，妇女儿童的健康环境不断改善。从2000

年开始，中国政府先后投入两亿元资金，在西部的 378 个贫困县启动了“降低孕产妇死亡率和消除新生儿破伤风”项目。这一项目通过提高住院分娩率，强化以人为本的服务，降低了项目地区孕产妇死亡率和新生儿破伤风发病率。一些地区还通过开辟孕产妇急救绿色通道，制定住院分娩限价政策，提高农村孕产妇住院分娩的比例，减少了贫困、边远地区的孕产妇死亡数量，使中国孕产妇死亡率从 1992 年的 76.5/10 万下降至 2000 年的 53/10 万。

### 4. 开展“平安家庭”创建活动，加强未成年人思想道德建设

2005 年 7 月，由全国妇联等六部门联合开展的“平安家庭”创建活动，确定了在家庭中实现“四防”（防拐卖、防盗窃、防抢劫、防隐患）、“四无”（无毒品、无赌博、无暴力、无犯罪），营造“五个”环境（安定有序的治安环境、优美文明的社区环境、公平正义的法治环境、诚信友爱的人际环境、安全健康的成长环境），增强“五个”意识（家庭成员的懂法守法意识、安全防范意识、健康文明意识、和睦相处意识、男女平等意识）的目标，坚持“以家庭为主体，以社区为基本单位”。

2001 年，中共中央颁布《公民道德建设实施纲要》，提出：“家庭、学校、机关、企事业单位和社会在公民道德教育方面各有侧重、各有特点，是相互衔接、密不可分的统一整体。”2004 年，中共中央、国务院颁布《关于进一步加强和改进未成年人思想道德建设的若干意见》，指出家庭教育在未成年人思想道德建设中具有特殊重要的作用，要把家庭教育与社会教育、学校教育紧密结合起来。同年，全国妇联会同教育部下发《关于进一步加强家庭教育工作的意见》，就家庭教育工作长效机制三大方面提出了详细的意见，推出了“争做合格家长、培养合格人才”家庭教育宣传实践活动。

### 5. 继续执行家庭教育规划，强调父母接受家庭教育的主体责任

2002 年，全国妇联和教育部为了巩固“九五”期间的家庭教育工作成果，制定下发《全国家庭教育工作“十五”计划》。2007 年，制定《全国家庭教育工作“十一五”规划》。从“计划”到“规划”，家庭教育已初步

形成一套完整的科学体系。

2003 年民政部发布的《婚姻登记工作暂行规范》中明确了婚姻登记机关负有“宣传婚姻法律法规，倡导文明婚俗”的职责。2004 年还会同教育部印发了《家长教育行为规范》，倡导提高家长素质，促进未成年人健康成长。2006 年，修订后的未成年人保护法在“家庭保护”一章再次强调“父母或者其他监护人应当学习家庭教育知识，正确履行监护职责，抚养教育未成年人。有关国家机关和社会组织应当为未成年人的父母或者其他监护人提供家庭教育指导”，充分体现了政府对于家庭教育的重视。2010 年，全国妇联联合教育部、中央文明办等部门印发了《全国家庭教育指导大纲》，建立了 0—18 岁儿童家庭教育理论体系，提高家庭教育的科学性、针对性、实效性，是全国各级各类家庭教育指导服务机构和家庭教育工作人员实施家庭教育指导的基本依据。2011 年颁布的《全国家庭教育工作“十二五”规划》首次提出要重视早期家庭教育工作，大力发展早期家庭教育指导服务，并在早教领导体制、早期家庭教育保育和教育指导、早期家庭教育实践活动等方面对早期家庭教育工作提出了具体要求。

**6. 指导制定反家庭暴力政策，开展各项家庭建设活动**

妇联在反家庭暴力方面做出了极大的努力，在各地妇联的推动下，一些地方相继出台了反家庭暴力等维护妇女权益的地方性法规。2000 年，湖南省人大出台全国第一个反家暴决议；2005 年，河北省人大在全国首次通过了反家暴条例。各级政府依法行政，司法机关公正司法，各级人大加大执法监督力度，有效地维护了妇女的合法权益。到 2008 年各地妇联依法维护妇女儿童权益，推动 25 个省（区、市）出台预防和制止家庭暴力的法规政策，为反家庭暴力法的出台奠定了理论基础。

2009 年，全国妇联下发《全国妇联关于深入推进家庭志愿服务工作的意见》，开展家庭志愿服务工作，以社区为主阵地，以广大妇女和家庭为主体力量，以服务家庭、邻里互助、相互关爱、共同发展为目标，深入开展各种类型的、丰富多彩的家庭志愿服务活动，推动家庭志愿服务工作持续稳步健康发展。2010 年印发《国务院办公厅关于发展家庭服务业的指导意见》，全国妇联与人力资源和社会保障部共同实施巾帼家政服务培训专项工程，帮助更多夫妻更好地兼顾工作与家庭。2011 年，全国妇联、教育部、中央文明办联合颁布《关于进一步加强家长学校工作的指导意见》，提出家长学校应“有挂牌标识、有师资队伍、有固定场所、有教学计划、有活动开展、有教学效果”的规范化建设目标，并在组织管理、教学形式与内容、督导评估等方面作出规定，为家校合作提出更为明确的指南。2012 年，海峡两岸婚姻家庭协会成立，到 2023 年，已召开了十一届海峡两岸婚姻家庭论坛。

### （三）召开妇女代表大会，强化家庭工作

#### 1. 中国妇女第七次全国代表大会①

1993 年 9 月，中国妇女第七次全国代表大会召开，指出随着妇女自身素质的提高和经济收入的增长，她们在婚姻家庭中的各项权利进一步得到尊重。她们积极参加“五好”家庭、文明家庭活动，将中华民族的传统美德与改革开放的时代精神结合起来，正在逐步形成文明健康的婚恋观、家庭观、生育观和教子观。以爱情为基础的自主婚姻和男女平等的家庭生活，已成为当代女性的普遍追求。尊老爱幼，移风易俗，实行计划生育，夫妻分担家务，家庭成员共同进步，正逐步成为我国亿万家庭的文明新风。强调儿童是祖国的希望，民族的未来。加强儿童工作，不仅关系到社会主义事业的长远发展，而且关系到千家万户的实际利益；普及优生、优育、优教知识，促进社会育人环境的优化和家庭教育水平的提高；还要通过各种方式加强儿童少年培训及活动阵地建设。

#### 2. 中国妇女第八次全国代表大会②

1998 年 8—9 月，中国妇女第八次全国代表大会召开，8 月 31 日，中

---

① 全国妇女团结起来，为建设有中国特色社会主义努力奋斗——在中国妇女第七次全国代表大会上的报告，网址链接：https://www.women.org.cn/art/1993/9/1/art_50_13042.html

② 高举邓小平理论伟大旗帜，团结动员各族各界妇女为实现我国跨世纪的宏伟目标努力奋斗——在中国妇女第八次全国代表大会上的报告，网址链接：https://www.women.org.cn/art/1998/8/31/art_51_13045.html

共中央政治局常委、中央书记处书记胡锦涛在祝词中指出：妇女在家庭美德建设中具有不可替代的作用，要努力做到勤俭持家、尊老爱幼、夫妻和睦、邻里团结、坚持移风易俗，实行计划生育，教育培养好下一代，积极推动良好家风的形成和发展，以实际行动促进社会全面进步。1998 年 9 月 10 日，江泽民总书记同部分妇联新一届领导和代表座谈时强调：要坚持以尊老抚幼为荣，努力树立和保持良好的家风。在上敬老人、下育子女，搞好家风家教建设中，妇女发挥着不可替代的重要作用。人的一生要接受家庭教育、学校教育、社会教育。良好的家庭教育，对人的进步的影响是终生难忘的。而母亲对子女的影响尤为重大，往往可以影响他们的一生。如果每一个家庭都能使老人们受到充分的敬重，使子女们得到全面的培育，家家家风好，就一定会促进全社会的风气好。

**3. 中国妇女第九次全国代表大会**[①]

2003 年 8 月，中国妇女第九次全国代表大会召开，指出广大妇女积极参与社会公德、职业道德和家庭美德建设，社会责任感明显增强。在社会上，弘扬文明新风，热心公益事业，参与环境保护；在工作中，关心集体，尽职尽责，勇于奉献；在家庭中，倡导夫妻和睦，敬老扶弱，用科学方法教育子女，崇尚文明健康的生活方式。促进男女平等和儿童健康成长的法律政策体系更加健全；侵害妇女儿童权益的违法犯罪行为和社会丑恶现象受到更加严厉的打击；妇女儿童依法维护自身权利的能力明显增强。充分发挥社区和农村妇女学校、家长学校及信息网络的作用。“春蕾计划”“安康计划”等社会公益活动，得到了海内外大力支持，新建春蕾小学 190 多所，救助了 75 万失辍学女童，为改变贫困地区儿童的生存发展状况作出了贡献。

---

① 以“三个代表”重要思想为指导，团结动员全国各族各界妇女为全面建设小康社会而奋斗——在中国妇女第九次全国代表大会上的报告，网址链接：https://www.women.org.cn/art/2003/8/26/art_52_13048.html

#### 4. 中国妇女第十次全国代表大会[①]

2008年10月，中国妇女第十次全国代表大会召开，指出以和谐家庭建设为主题，推进“文明新风进万家”及美德在农家、学习型家庭、平安家庭、廉洁家庭、节能减排家庭社区行动等和谐创建活动，创评“五好文明家庭”2500多万户。制定实施家庭教育工作规划，建立54万多个家长学校和家庭教育指导机构，发展家庭教育讲师团队伍，宣传普及家庭教育科学知识。协调开展关爱农村留守流动儿童行动，实施女童保护和教育等项目，促进了儿童的健康成长，做好指导推进家庭教育、配合学校教育、参与社会教育的工作，努力培养德智体美全面发展的社会主义建设者和接班人。

## 四、新时代家庭建设（2012年11月至今）

从党的十八大开始，中国特色社会主义进入新时代。以习近平同志为核心的党中央高度重视家庭建设。习近平总书记多次发表重要讲话，作出重要指示，就注重家庭、注重家教、注重家风等发表重要论述，强调把对党的忠诚纳入家庭家教家风的建设中，提出了一系列带有根本性方向性引领性的新思想新论断新要求。进入新时代，党中央进一步把家庭建设融入党和国家的事业大局中进行统筹规划，不断完善家庭政策的体系建设，引领家庭工作迈向新阶段。

### （一）深化家庭家教家风建设，出台各项法律政策

重视家庭工作，拓展家庭工作的内容。2015年，在春节团拜会上，习近平总书记指出：“家庭是社会的基本细胞，是人生的第一所学校。不论时代发生多大变化，不论生活格局发生多大变化，我们都要重视家庭建设，注重家庭、注重家教、注重家风。”2016年12月12日，习近平总书记在接见

① 高举中国特色社会主义伟大旗帜，团结动员全国各族各界妇女为夺取全面建设小康社会新胜利而奋斗——在中国妇女第十次全国代表大会上的报告，网址链接：https://www.women.org.cn/art/2008/10/31/art_53_13049.html

第一届全国文明家庭代表时的讲话中指出："家庭的社会功能都不可替代，家庭的文明作用都不可替代。无论过去、现在还是将来，绝大多数人都生活在家庭之中。我们要重视家庭文明建设，努力使千千万万个家庭成为国家发展、民族进步、社会和谐的重要基点，成为人们梦想启航的地方。"习近平总书记关于家庭建设系列重要论述和指示精神回应了新时代百姓日益增长的对美好生活的新需求新期待，对于加速发展新时期中国家庭工作具有重大历史意义。

宪法历经几次修改，但对家庭的态度始终不变，即都承认家庭受国家保护，现行宪法第四十九条规定"婚姻、家庭、母亲和儿童受国家的保护"。2016 年出台的反家庭暴力法强调预防和制止家庭暴力，反家庭暴力是国家、社会和每个家庭的共同责任，国家禁止任何形式的家庭暴力。2021 年民法典正式实施，婚姻家庭编第一千零四十三条第一款规定："家庭应当树立优良家风，弘扬家庭美德，重视家庭文明建设。"2022 年颁布的家庭教育促进法指出家庭教育是指父母或者其他监护人为促进未成年人健康成长，对其实施的道德品质、知识技能、文化修养、生活习惯等方面的培育、引导和影响。这几部法律的制定，不仅保护了人民群众的利益，也指导了家庭工作。

### （二）重视家庭家教家风建设，以党的决议和政府规划指导家庭工作

面对婚恋观呈现多元趋势，婚姻稳定度下降，离婚率上升，单亲家庭增多，家庭户规模继续缩小，人口流动性加强，人口老龄化严重，少子化趋势明显，家庭伦理道德意识淡薄，家风功能发挥失衡，家庭暴力等问题，党和政府对于家庭建设工作的关注日益增强。2018 年，中共中央、国务院印发了《乡村振兴战略规划（2018—2022 年）》，指出，以乡村公共文化服务体系建设为载体，培育文明乡风、良好家风、淳朴民风，推动乡村文化振兴，建设邻里守望、诚信重礼、勤俭节约的文明乡村。2020 年，党的十九届四中全会《中共中央关于坚持和完善中国特色社会主义制度　推进国家治理体系和治理能力现代化若干重大问题的决定》提出："注重发挥家庭家教家风在基层社会治理中的重要作用。"通过家庭建设服务于基层

社会治理，对于解决社会矛盾和社会问题，具有重大的社会意义。

2021 年 3 月，《中华人民共和国国民经济和社会发展第十四个五年规划和 2035 年远景目标纲要》第五十章专设一节：加强家庭建设，指出以建设文明家庭、实施科学家教、传承优良家风为重点，深入实施“家家幸福安康工程”。充分发挥家庭家教家风在基层社会治理中的作用。2021 年 11 月，党中央发布的《中共中央关于党的百年奋斗重大成就和历史经验的决议》，特别指出“注重家庭家教家风建设，保障妇女儿童权益”。2022 年 10 月，习近平总书记在中国共产党第二十次全国代表大会上的报告中指出，要弘扬中华传统美德，加强家庭家教家风建设，加强和改进未成年人思想道德建设等。注重家庭家教家风建设写入党的决议和政府规划，家庭工作在不断适应变革和创造性过程中自我完善和发展。科学制定家庭政策能够改善民生、提升家庭生活质量，使家庭建设迎来新的发展机遇。

### （三）把家庭工作作为一项重要任务，开展各项家庭建设活动

自 2014 年起，全国妇联以寻找“最美家庭”活动为品牌开展一系列家庭文明建设活动，以“树清廉家风·创最美家庭”为主题在党政机关开展廉洁家庭建设，以“倡导文明新风　争创最美家庭”为主题在农村开展文明家风建设，以“美丽庭院”“绿色家庭”创建为主题开展家庭绿色环保主题实践活动。“春蕾计划”“安康计划”“母亲水窖”“母亲健康快车”等公益品牌蓬勃发展，各种新公益项目覆盖更多困难妇女儿童群体。2016 年，全国妇联组建家庭和儿童工作部，大大加强了家庭工作力度，成为开展家庭工作的主要职责部门。2017 年，全国妇联等六部门出台《关于做好婚姻家庭纠纷预防化解工作的意见》，为群众化解婚姻家庭纠纷提供多元、便捷的服务，开展婚姻家庭纠纷调解、建立婚姻家庭服务新的机制，拓展了婚姻家庭服务新的内涵。

2018 年 11 月，通过《中华全国妇女联合会章程（修正案）》，把“组织开展家庭文明创建，支持服务家庭教育，传承中华民族家庭美德，树立良好家风，推动形成家庭文明新风尚”作为妇联组织的一项重要工作任务。2019 年全国妇联推出家庭建设的指导计划“家家幸福安康工程”，实施家庭文明创建行动、家庭教育支持行动、家庭服务提升行动、家庭研究

深化行动。2019 年颁布《全国家庭教育指导大纲（修订）》，对 0—18 岁的儿童进行家庭教育指导，特别强调了对特殊家庭、特殊儿童的家庭教育指导。2020 年 6 月，全国妇联举办了“绿色生活　让家更美”绿色家庭创建行动，引导广大家庭践行简约适度、绿色低碳的生活方式。2021 年 9 月，国务院妇女儿童工作委员会颁布的《中国妇女发展纲要（2021—2030 年）》和《中国儿童发展纲要（2021—2030 年）》中，第一次把“妇女与家庭建设”和“儿童与家庭”纳入重点目标。2022 年 4 月，全国妇联、教育部等 11 部门印发《关于指导推进家庭教育的五年规划（2021—2025 年）》，把构建覆盖城乡的家庭教育指导服务体系、健全学校家庭社会协同育人机制、促进儿童健康成长确立为今后一个时期家庭教育发展的根本目标。2023 年 4 月，全国妇联等部门联合印发《关于开展“书香飘万家”全国家庭亲子阅读行动的实施意见》，实施“书香飘万家”全国家庭亲子阅读行动。

### （四）多部门共同参与家庭工作，家庭工作延伸到各个方面

2016 年，中央文明委开展第一届全国文明家庭评选表彰活动，全国文明家庭荣誉称号成为家庭文明建设的最高荣誉。全国文明家庭的评选将培育和践行社会主义核心价值观贯穿其中，发扬光大中华民族传统家庭美德，建设新时代的家风文化，通过良好的家风支撑起良好的社会风气。2020 年 5 月，民政部出台了《关于开展婚俗改革试点工作的指导意见》；同年，民政部、全国妇联联合印发了《关于加强新时代婚姻家庭辅导教育工作的指导意见》，提高群众营造幸福婚姻、建设美满家庭的能力，引导建立和维护平等、和睦、文明的婚姻家庭关系。2021 年 7 月，中宣部、中央文明办、中央纪委机关、中组部、国家监委、教育部、全国妇联印发《关于进一步加强家庭家教家风建设的实施意见》，指出以培育和践行社会主义核心价值观为根本，以建设文明家庭、实施科学家教、传承优良家风为重点，强化党员和领导干部家风建设，突出少年儿童品德教育，推动家庭家教家风建设高质量发展。2021 年 7 月，国家卫生健康委发布了关于贯彻落实《中共中央、国务院关于优化生育政策促进人口长期均衡发展的决定》的通知，提出实施三孩生育政策及配套支持措施的重要意义。同年，

国家卫生健康委制定《健康儿童行动提升计划（2021—2025年)》，强调儿童健康是全民健康的基础，是经济社会可持续发展的重要保障。2021年9月30日，国家发展改革委等23部门联合印发《关于推进儿童友好城市建设的指导意见》，提出了推进儿童友好城市建设的总体要求、主要任务和保障措施。2021年10月，商务部等14部门印发了《家政兴农行动计划(2021—2025年)》，统筹保障城市和乡村家政服务需求，促进家政服务业高质量发展。2023年1月，教育部、中央宣传部等十三部门联合印发《关于健全学校家庭社会协同育人机制的意见》，明确了学校家庭社会在协同育人中的各自职责定位及相互协调机制。中央和有关部门相互合作发布有关家庭建设方面的政策规定，初步形成了多个文件相互支持、相互补充的家庭建设政策体系，对于家庭工作主体职责的界定，对家庭工作目标和内容的规划，以及对家长责任、家庭教育工作机构责任、行政部门责任等都有明确要求，家庭政策建设与法规建设同步进行，回应了百姓的新需求新期盼和新情况新问题。

### （五）召开妇女代表大会，深化家庭工作

#### 1. 中国妇女第十一次全国代表大会[①]

2013年10月，中国妇女第十一次全国代表大会召开，指出妇联围绕社会主义核心价值体系建设，开展具有妇女儿童特点和家庭特色的思想道德教育工作，创评各级“五好文明家庭”1560多万个、“平安家庭”1600多万个，创办的“网上家长学校”开通了家庭教育直通车。在各级妇联组织努力下，31个省（区、市）全部完成妇女权益保障法实施办法的修订，28个省（区、市）制定预防和制止家庭暴力的地方性法规和意见，有的地方出台了性别平等法规。引领妇女在家庭建设中发挥独特作用，大力推进家庭道德、家庭平安、家庭文化建设和家庭教育工作，深化“五好文明家庭”和“平安家庭”创建活动，协助有关方面做好未成年人思想道德建设

---

① 高举旗帜、凝心聚力、团结动员各族各界妇女为实现中国梦而奋斗——在中国妇女第十一次全国代表大会上的报告，网址链接：https://www.women.org.cn/art/2013/10/28/art_54_13054.html

工作，大力倡导和弘扬夫妻和睦、尊老爱幼、科学教子、勤俭节约、邻里互助的文明家风，推进家庭的平安、和谐和文明，为夯实社会和谐基础、建设平安中国贡献智慧和力量。

### 2. 中国妇女第十二次全国代表大会[①]

2018年10月30日至11月2日，中国妇女第十二次全国代表大会召开，习近平总书记在同全国妇联新一届领导班子成员集体谈话时指出："做好家庭工作，发挥妇女在社会生活和家庭生活中的独特作用，是妇联组织服务大局、服务妇女的重要着力点。""要引导妇女带动家庭成员，发扬尊老爱幼、男女平等、夫妻和睦、勤俭持家、邻里团结等中华民族传统美德，抵制歪风邪气，弘扬清风正气，以好的家风支撑起好的社会风气。要帮助妇女处理好家庭和工作的关系，做对社会有责任、对家庭有贡献的新时代女性。"

2018年以来，全国上下贯彻落实习近平总书记关于"三个注重"（即注重家庭注重家教注重家风）重要指示，创新开展家庭和儿童工作新局面，丰富发展新时代家风家教内涵，推动社会主义核心价值观在家庭中落地生根。一是家庭教育工作扎实开展，广泛开展"书香飘万家"等亲子阅读活动，因地制宜开设母亲教育讲堂，引导家长为孩子讲好"人生第一课"，帮助孩子扣好人生第一粒扣子，家庭亲子阅读实践等活动吸引1.7亿人次参与。二是全国妇联积极参与反家庭暴力法、全面两孩配套政策等80余件法律法规政策的制定修订，各地妇联对3000多件法律法规政策的制定修订建言献策。三是完善预防化解婚姻家庭纠纷工作机制、推动出台司法解释破解夫妻共同债务认定标准难题，引导妇女抵制封建迷信、带头移风易俗，积极参与"美丽家园"建设。四是大力开展"绿色家庭"创建活动，引导妇女从自己做起、从家庭做起，自觉践行简约适度、绿色低碳的生活方式。五是推动开展以"树清廉家风·创最美家庭"为主题的家

---

① 高举习近平新时代中国特色社会主义思想伟大旗帜，团结动员各族各界妇女为决胜全面建成小康社会，实现中华民族伟大复兴的中国梦而不懈奋斗——在中国妇女第十二次全国代表大会上的报告，网址链接：https://www.women.org.cn/art/2018/11/5/art_946_159086.html

庭助廉活动，引导党员干部廉洁修身、廉洁齐家、当好表率。广泛开展好家风好家训宣传宣讲活动，感染更多家庭跟着学、照着做，为形成爱国爱家、相亲相爱、向上向善、共建共享的社会主义家庭文明新风尚作贡献。

### 3. 中国妇女第十三次全国代表大会①

2023 年 10 月，中国妇女第十三次全国代表大会召开，通过《中华全国妇女联合会章程（修正案）》，第六条任务是教育引导妇女践行社会主义核心价值观，弘扬中华民族家庭美德，带动家庭成员建设文明家庭、实施科学家教、传承优良家风，发挥家庭家教家风在基层社会治理中的重要作用，推动形成社会主义家庭文明新风尚。2023 年 10 月 30 日，习近平总书记同全国妇联新一届领导班子成员集体谈话时指出，“家庭和睦、家教良好、家风端正，子女才能健康成长，社会才能健康发展”“加强对年轻人婚恋观、生育观、家庭观的引导”。2024 年 7 月，党的二十届三中全会通过的《中共中央关于进一步全面深化改革、推进中国式现代化的决定》第 52 条指出：“健全发挥家庭家教家风建设在基层治理中作用的机制。”家庭建设是基层社会治理的根本保证，它在文明城市和文明村镇等创建活动中凸显重要作用，各级基层妇联组织承担了大量的家庭建设工作。所以要建设和共享“妇女之家”“儿童之家”“家长学校”等公共阵地，更多关心普通家庭和困境家庭，推动资源服务向基层倾斜，促进家庭家教家风建设工作向纵深发展。

① 以习近平新时代中国特色社会主义思想为指导，动员引领广大妇女为强国建设民族复兴而团结奋斗——在中国妇女第十三次全国代表大会上的报告，网址链接：https://www.women.org.cn/art/2023/10/30/art_1023_174261.html

# 第二章　妇联家庭工作的变迁与发展

自1949年3月成立中华全国民主妇女联合会，70多年来，全国各级妇联的工作内容主要围绕党的中心工作展开，和家庭相关的工作理念、内容、机构和载体随着时间的推移而发生变化。在70多年历程中，妇联家庭工作机构和机制不断完善：1949年，全国民主妇联常委会成立妇女儿童福利部；1979年，经党中央批准，全国妇联成立儿童部；进入新时代，为贯彻党中央关于妇联组织要加强家庭工作的指示要求，更好地整合家庭工作资源和力量，全国妇联于2016年组建家庭和儿童工作部，使其成为开展家庭工作的主要职责部门，大大加强了家庭工作力度。与此同时，妇联组织努力建立和完善家庭工作的工作机制，包括建立党政领导、有关部门共同参与的家庭工作协调领导机制；建立跨部门合作机制；依靠群众，统筹聚合社会力量，形成社会化工作格局[①]。以下分1949—1966年、1978—2011年、2012—2021年三个阶段综述妇联家庭工作理念、内容和载体的变迁。

---

① 倪婷：《70年妇联组织家庭工作历史考察》，《中国妇运》2019年第5期。

## 一、社会主义改造与建设时期妇联的家庭工作（1949—1966年）

### （一）围绕增进民众的国家认同开展家庭工作

围绕增进国家认同所开展的家庭工作集中体现于婚姻法的宣传贯彻之中。新中国通过的第一部法律，即1950年通过的《中华人民共和国婚姻法》，其之所以成为首部法律，是因为中国传统家族制社会不易形成国家认同，为使个人对家庭的忠诚转到国家，需要对传统家庭进行改造。婚姻法的作用在于打破传统社会的父权、夫权和地方权力，从传统家庭中解放妇女，将国家意志嵌入群众的日常生活。正因如此，新中国成立之初的各项社会改革运动结束之后，党即着手贯彻婚姻法[①]。1953年，中国妇女第二次全国代表大会在北京召开，邓颖超代表全国民主妇联第一届执行委员会作题为《四年来中国妇女运动的基本总结和今后任务》的报告，指出“在今年的贯彻婚姻法运动中，各级党、政机关和人民团体的干部，掌管婚姻事务的干部，特别是区、乡、村干部，普遍学习了婚姻法，在思想上有了进步，开始重视了贯彻执行婚姻法工作，为经常贯彻婚姻法的工作创造了有利条件。从全国各地的农村、街道、工厂中所进行的贯彻婚姻法工作及在群众中普遍进行的宣传工作来看，凡是工作做得较好的地区，都大大提高了群众的觉悟，使他们认识了强迫包办、男尊女卑的封建主义婚姻制度的害处，与婚姻自由、男女平等的新民主主义婚姻制度的好处。不少原来夫妻不和，婆媳不睦的家庭，经过调解，也改善了关系”[②]。妇联采取的具体措施包括：凭借自身特有的资源优势，培养乡村妇女精英，将分散的个体整合入政治体系，共同为贯彻婚姻法运动服务；基于对运动属人民内部思想斗争的认识，坚持宣传教育的基本方针，主要依靠法律和耐心细致的说服教育方法；既注重“树立各种先进典型，通过他们典型动员群众，同

---

① 何平：《婚姻法下乡中的政治动员——侧重于妇联职能的个案考察》，《中共宁波市委党校学报》2009年第1期。

② 四年来中国妇女运动的基本总结和今后任务——在中国妇女第二次全国代表大会上的工作报告，网址链接：https://www.women.org.cn/art/1953/4/16/art_45_13017.html

时也注重抓反面典型，通过他们来警策群众”。总体上看，各地妇联在这一运动中扮演了重要角色，通过组织动员、宣传教育和树立典型等多种方式动员基层妇女，为其走出家庭、进入社会奠定了基础[①]。

### （二）为使妇女贡献于国家建设开展家庭工作

这一工作目标将参与生产的妇女与家庭妇女共同纳入动员的范围之中。中国妇女第二次全国代表大会“确立了进入有计划大规模的经济建设阶段妇女运动的中心任务，再度明确了‘以发动妇女参加生产为中心’的工作方针”[②]。为了实现这一目标，大会报告指出：“必须继续与封建残余思想和封建残余的社会风俗习惯作斗争，必须打破对妇女的封建束缚，使妇女在实际上取得与男子平等的权利和地位。在目前的实际社会生活中，在不同的地区，不同的方面，男女之间还存在着程度不同的不完全平等的情况。贯彻共同纲领第六条所规定的男女平等权利的政策，仍是当前不可忽视的严重的妇女工作任务。这一任务的完成，将大大提高妇女劳动生产的积极性，壮大工农业生产的队伍，为祖国正在开始的计划经济建设发掘出巨大的潜在力量与后备力量。正因如此，我们在计划经济建设的第一年开展了宣传贯彻婚姻法运动，并须在今后继续加强这种宣传，争取男女婚姻自由，保护妇女的一切合法权益，实现男女的平等权利。”不仅仅是参与生产的妇女，职工家属也是妇联关注和动员的对象，她们被“大量组织起来，在搞好家务、鼓励职工积极生产、保证完成生产任务方面起了很大作用……职工家属的工作和家庭妇女的工作，也是城市妇女工作的一个重要方面”[③]。由于妇女往往需要承担绝大部分的家务，为了促进妇女积极参与生产劳动或者作为家属支持职工参与生产劳动，需要处理好妇女与家庭的问题。为此，与家务劳动相关的问题成为妇联家庭工作的一项重要内容，

---

① 何平：《婚姻法下乡中的政治动员——侧重于妇联职能的个案考察》，《中共宁波市委党校学报》2009 年第 1 期。

② 石鑫：《中国妇女第二次全国代表大会与动员妇女参加大规模国家建设》，《中国妇运》2018 年第 2 期。

③ 四年来中国妇女运动的基本总结和今后任务——在中国妇女第二次全国代表大会上的工作报告，网址链接：https://www.women.org.cn/art/1953/4/16/art_45_13017.html

这至少涉及家务劳动社会化和家务劳动的价值两大方面议题，并由此衍生出“五好家庭”评选问题。同时，在观念上区分了封建主义家庭、资本主义家庭和社会主义家庭，指出社会主义家庭在满足夫妻之间、父母子女之间自然的爱，亲属之间的爱以外，还要共同参加生产劳动，在家庭生活中共同消费劳动所得，并以社会主义共产主义思想教育后一代①。

### 1. 推动家务劳动社会化

为动员妇女参加生产劳动，妇联于 1950 年后开始推动家务劳动社会化。鉴于妇联与工会的分工，妇联所开展的家务劳动社会化工作主要集中于农村。对于农村的家务劳动社会化，有一些不同的观点。高小贤通过对 20 世纪 50 年代陕西关中地区“银花赛”的深入剖析指出，妇联广泛动员妇女参与农业劳动取得了良好的效果，但存在的问题之一是，“妇女从家庭走出承担起了农业劳动的大部分活路，可是社会和男人却没有承担起家务劳动的责任。当时的妇女解放理论，看重妇女参加生产劳动的意义，忽视了妇女在家务劳动中的贡献”②。不过，从中国妇女第二次全国代表大会报告看，妇联的态度是：“轻视农村劳动妇女的家务劳动的观点是错误的。为了动员农村劳动妇女参加农业生产，帮助她们在家庭成员间搞好团结分工，以及在可能和完全自愿的条件下，组织农忙托儿所和托儿互助组等办法是可行的；但是，有的地方提倡在农村中办大食堂、成立缝纫组、集体喂猪等等，企图使农村妇女一下子完全摆脱家务劳动，这显然是完全行不通的，因而也是绝对错误的和绝对有害的。”③ 此外，研究表明，家务劳动社会化存在等级化的处理策略，“照顾孩子及其他家庭成员由于涉及哺乳与情感劳动存在不可替代性，位于‘私’领域劳动的中心，‘家庭副业’处于外围，与‘公’领域的社会生产相连，而‘做饭’则介于两者之间，但由于‘做饭’这种劳动的成果或‘产品’直接服务于家庭成员且具有聚

---

① 中国妇女管理干部学院：《中国妇女运动文献资料汇编 · 第二册（1949—1983）》，中国妇女出版社，1988，第 220 页。

② 高小贤：《“银花赛”：20 世纪 50 年代农村妇女的性别分工》，《社会学研究》2005 年第 4 期。

③ 四年来中国妇女运动的基本总结和今后任务——在中国妇女第二次全国代表大会上的工作报告，网址链接：https://www.women.org.cn/art/1953/4/16/art_45_13017.html

集家庭成员的功能，在人民公社化运动中被加以利用与改造，从而具有了新的意义”①。换言之，妇联组织在农村所推动的家务劳动社会化是有条件、区别化的。城市的家务劳动社会化亦稳步推进，工会将家务劳动表述为女工的特殊困难，强调“办好托儿所（站），做好儿童工作，使女工能够减轻繁重的家务负担，从事创造性的劳动”②。

### 2. 肯定家务劳动的社会价值

另外一个重要议题是家务劳动的社会价值。西方的女权主义者常批评家务劳动的社会价值被忽视，但在中国，党和国家“不仅承认和彰显家庭劳动在社会主义生产中的作用，而且一度对于家庭劳动的承担者——家属——给予表彰和极高的政治荣誉”③。1953 年，中国妇女第二次全国代表大会报告指出：“民主妇联应该教育一切孩子们的母亲，带好孩子，正确地教育孩子，使之成为身心健康的儿童，这是一切母亲的光荣职责。民主妇联应该教育广大家庭妇女和职工家属搞好家务，并加强学习，提高政治、文化水平，准备好条件，以备祖国需要时，随时参加祖国的各项建设工作。特别是家庭妇女中的职工家属，尤应以爱护职工，鼓励职工搞好生产作为她们的光荣任务。对于那些已经参加社会活动的职工家属及家庭妇女中的积极分子，必须照顾到她们家庭劳动的必要时间。”④

到了 1957 年中国妇女第三次全国代表大会时，家务劳动的意义得到了进一步的突出体现。会上，报告题目是《勤俭建国、勤俭持家，为建设社会主义而奋斗》，将勤俭持家与勤俭建国相提并论，体现了对家庭的重视。大会肯定参与生产的农村妇女和女工的作用和地位提升，除此以外，还特别指出了妇女在家庭中的变化。农村妇女“在家务劳动和家庭副业生产方面，又作出了难以估计的巨大贡献。由于农村妇女的这种种努力，对

---

① 刘亚：《20 世纪 50 年代华南农村家务劳动社会化中的“等级化”策略》，《中共历史与理论研究》2020 年第 1 期。

② 宋少鹏：《从彰显到消失：集体主义时期的家庭劳动（1949—1966）》，《江苏社会科学》2012 年第 1 期。

③ 同②。

④ 四年来中国妇女运动的基本总结和今后任务——在中国妇女第二次全国代表大会上的工作报告，网址链接：https://www.women.org.cn/art/1953/4/16/art_45_13017.html

于增加农、副业的生产，增加农民家庭的收入，支援祖国的工业建设，起了巨大的作用；同时显示了妇女的才能和智慧。妇女在社会上和家庭里的经济地位大大提高了。妇女在家庭里一般地都能和男人共同当家作主，参与家庭经济管理”[①]。

在展望未来之时，报告对家务劳动的社会价值进行了高度提升，指出“我们要建成社会主义，必须执行毛泽东主席所指示的勤俭建国的方针。要勤俭办厂，勤俭办社，勤俭办一切事业，还要勤俭持家。而我们妇女对于勤俭持家，更担负着特殊重要的责任。所以勤俭建国、勤俭持家，为建设社会主义而奋斗，是今后我国妇女运动的根本方针”，“必须把勤俭持家同勤俭办社并提，爱国爱社应当和爱家并提。因此，我们应当把勤俭持家作为勤俭建国的一个重要方面，作为妇女们支持国家的社会主义建设和建设社会主义新家庭的基本方法”[②]。

之所以要这么做，是因为：首先，社会主义建设面对很多困难，需要通过勤俭持家来克服。“在我国艰苦地建设社会主义的时期，人民的生活是不可能一下子很快地很大地改善的，困难也一定是有的，我们要克服生活上的困难和进一步改善生活，不仅要克勤克俭地参加社会主义建设，从不断发展国民经济的过程中求得逐步的解决；特别重要的还要依靠我们妇女自己，善于勤俭持家。”“国家生产的一切生活资料，很大部分是从家庭里消费的，家庭能否节俭，也影响国家消费物资的供应情况。如果家庭里能从衣、食、住、行各方面注意一点一滴的节约，从一个家庭来计算，数目虽然是不大的；但是若把全国所有的家庭所节约的数量加起来，就能为国家省出大批的消费物资，以缓和物资供应的紧张情况。反过来说，如果很多家庭生活铺张浪费，就要促使国家消费物资供应紧张，影响社会主义建设。家庭里如果能够更进一步地做到积极开源，努力储蓄，那就更能为国家增加建设的资金。因此持家而不勤俭，就要妨害整个国家建设事业的发展，就要扩大国家、集体同家庭之间的矛盾。持家而能勤俭，就大大有

① 勤俭建国、勤俭持家，为建设社会主义而奋斗——在中国妇女第三次全国代表大会上的工作报告，网址链接：https://www.women.org.cn/art/1957/9/9/art_46_13020.html

② 同①。

助于整个国家的增产节约，就能使国家、集体同家庭利益更趋于一致。”[①]其次，家庭主持得好，家庭中参加工作的人才能安心。“勤俭持家，对于我国的社会主义建设事业有着极其重大的意义。家庭是社会的细胞，一切参加社会主义建设的劳动者，都是生活在家庭里的，家庭主持得好坏，对于家庭成员的社会主义积极性，有重大的影响。如果家庭治理得好，参加社会主义建设的家庭成员就‘没有后顾之忧，一心一意搞生产’；如果家庭治理得不好，就要影响他们的生产情绪，从而也就势必要影响到国家和合作社增产计划的完成。”[②]

“勤俭持家，不仅对勤俭建国有着上述的重大意义，同时对家庭本身也有莫大的好处。勤俭持家，不仅能够促进家庭生活的改善，还能够促进家庭关系的和谐，积累可能节省的余钱剩米，就可以备不时之需，防不测之患。勤俭持家，还能养成子女热爱劳动、艰苦朴素的习惯，使他们从小就受到家庭良好的影响，成为善于勤俭建国、勤俭持家的社会主义接班人。”[③]

勤俭持家对家庭产生的影响，还进一步延伸到对国家和社会在经济建设之外的方面产生影响，即“必然使家庭生活过得好，就能够增进家庭成员之间的和睦团结，在社会上树立起良好的生活作风。由此，也说明操持家务，管理家庭，是具有重大的社会意义的。在历史上，家务劳动对社会生产的发展，对于每一个民族的生存和繁荣，从来就是不可缺少的。而在社会主义社会里，家务劳动有了更大的社会意义，成为社会主义建设的劳动中不可缺少的一部分，家务劳动和社会劳动一样，都是光荣的劳动。因此在今天社会里，母亲们、主妇们受到了前所未有的尊重。资产阶级右派分子恶毒地诽谤社会主义社会是轻视家务劳动的，这是有意颠倒是非，制造思想混乱，目前确有些人是轻视家务劳动的，不愿从事家务劳动，这种错误的看法，正是剥削阶级轻视劳动、轻视妇女、抹煞成千成万妇女辛勤劳动的成果的一种错误思想的影响，党正在从各方面教育人民努力清除这种思想。所以只有在党的领导之下，在社会主义社会里，家务劳动才得到

---

① 勤俭建国、勤俭持家，为建设社会主义而奋斗——在中国妇女第三次全国代表大会上的工作报告，网址链接：https://www.women.org.cn/art/1957/9/9/art_46_13020.html

② 同①。

③ 同①。

了正确的估价和应有的尊重。”①

### 3. 评选“五好”家庭

与承认家务劳动的社会价值相呼应，“家庭妇女通过家庭对国家和社会建设所作的贡献被重新评估，并作为社会主义劳动的一部分赋予全新的价值”，为此，各级妇联开始评选五好家庭，将在家庭妇女中推行“五好”视为社会主义建设事业的一部分②。1957年，中国妇女第三次全国代表大会报告专门论述了职工家属的价值，指出：“作为工人阶级一部分的广大职工家属，对于我国工业生产和建设的发展，作出了光荣的贡献。她们勤俭持家，执行‘五好’（勤俭持家好，团结互助好，教养子女好，清洁卫生好，努力学习好），努力支援职工的生产劳动，因此在职工的劳动成果中，是包含着她们的功绩的。她们发挥互助互济精神，组织了劳动的、经济的互助，克服自身的困难。她们积极参加社会活动，为公众服务，受到了社会的尊敬。”③

但是，家务劳动社会化的改革实践短暂地存在数年之后，到了20世纪60年代多告终结，家庭日常维护和照顾的责任重新由妇女来承担④。研究表明，当时随着“家庭副业具有‘单干’性质被否定，家务劳动因具有‘私性’而被抑制，最终表现为在国家话语层面上的消失”⑤。

## 二、改革开放后至党的十八大之前妇联的家庭工作（1978—2011年）

改革开放以来，家庭地位重新获得肯定。1978年，中国妇女第四次

---

① 勤俭建国、勤俭持家，为建设社会主义而奋斗——在中国妇女第三次全国代表大会上的工作报告，网址链接：https://www.women.org.cn/art/1957/9/9/art_46_13020.html

② 倪婷：《新中国第一次“五好”家庭评选活动及其启示》，《中国妇运》2016年第6期。

③ 同①。

④ 刘亚：《20世纪50年代华南农村家务劳动社会化中的“等级化”策略》，《中共历史与理论研究》2020年第1期。

⑤ 宋少鹏：《从彰显到消失：集体主义时期的家庭劳动（1949—1966）》，《江苏社会科学》2012年第1期。

全国代表大会报告指出："宪法规定：婚姻、家庭、母亲和儿童受国家的保护。现在，我们的家庭，还是消费的单位、生育和养育劳动后备力量的单位，在农村人民公社的社员家庭，还有自留地和部分副业生产。把家庭建成革命的民主的和睦的新家庭，有利于国家和集体，有利于巩固社会主义阵地，有利于调动广大群众的政治积极性和劳动积极性，增强群众的团结"，"革命的民主的和睦的新家庭，就是要求每一个家庭成员具有社会主义觉悟，爱劳动，爱学习。家庭成员之间，在政治上互相关心，共同提高，在工作上互相帮助，互相支持，在生活上互相照顾。要勤俭持家，计划开支。实行男女平等，合理分担家务。尊敬体贴老人，共同抚育子女。有事共同商量，发生矛盾，民主讨论解决。要彻底破除封建主义的家长作风和资产阶级的利己主义思想。"① 随着经济的搞活放开和社会主义市场化转型的推进，妇联开始围绕社会主义现代化建设，为服务于社会主义商品经济、市场经济而开展家庭工作。与此同时，继20世纪80年代初期根据中央要求以依法维护妇女儿童权益为己任之后，妇联亦在1988年通过的《中华全国妇女联合会章程》中明确表述其组织的职能是代表和维护妇女儿童权益②，这就让家庭工作出现了新的景象，家庭工作呈现比改革开放之前更为多元化的状态。

### （一）延续家务劳动社会化主题

有研究指出，自20世纪80年代起20年间，一共发生过四次有关妇女回家的争论。第一次争论出现在20世纪80年代初，因知青大量返城、"文化大革命"中受冲击而被精减的人员再就业、生育高峰期出生的人口进入就业年龄、产业结构调整导致出现冗员等因素共同作用，中国社会面临巨大的社会危机，劳动部提出妇女阶段性就业的主张。第二次争论出现在20世纪80年代中后期，随着社会主义商品经济的发展和经济体制改革的深化，社会各领域引入了竞争机制，一些企业开始实施女工阶段性就

① 新时期中国妇女运动的崇高任务——在中国妇女第四次全国代表大会上的工作报告，网址链接：https://www.women.org.cn/art/2016/3/18/art_47_13023.html

② 陈伟杰：《政法传统背景下的妇联妇女权益维护（1980—2016）》，《社会学研究》2021年第2期。

业，劳动部又提出女工阶段性就业的报告。第三次争论发生在20世纪90年代前、中期，国企改革使下岗失业剧增，社会就业形势十分严峻，个别政协委员和劳动部再次提出妇女阶段性就业的相关措施。第四次争论发生在2000年前后，其时城镇人口净增量和国企从业人员下岗规模都十分巨大[①]。

全国妇联的态度是：一方面提倡妇女“要理解改革、支持改革。改革开放给妇女带来了良好的机遇，也向妇女提出了严峻的挑战。一方面，竞争机制的引入，打破了旧有体制对妇女聪明才智的束缚，经济结构的调整和第三产业的发展，为妇女从繁重体力劳动岗位向适合妇女特点职业的转换提供了有利的条件……一些身体素质差、思想文化水平低、参与能力弱、家务负担重的妇女，在竞争中处于不利地位……对于这一切，我们必须有清醒的认识和充分的理解。改革作为一场深刻的社会革命，最终会使社会生产力得到极大的发展，会使全体人民达到普遍的富裕，但在其长期、复杂的过程中，不可能使所有人同时得到均等的好处……只有在改革的深化中才能得到解决和补偿：保护妇女利益的物质基础，只有在社会生产力迅速发展的条件下，才能逐步增强”[②]；另一方面则强调要确保妇女的工作权利。因此，在这四次争论中，全国妇联通过向中央领导汇报、人大政协会议提案和表态、调查研究、开会研讨等多样化的形式表达反对观点，使政府有关部门四度中止出台妇女回家的相关政策。[③]

与反对妇女回家的态度相呼应，家务劳动社会化的议题再次在妇联的家庭工作中得到彰显。1978年，中国妇女第四次全国代表大会报告指出“中国妇女历来以勤劳、聪明、能干著称，具有无穷无尽的创造力。全国解放以来，妇女的文化和科学技术水平有很大提高，然而由于林彪、‘四人帮’的干扰破坏，我国同世界科学技术先进水平本来已经缩小的差距又拉大了。妇女们还有沉重的家务劳动负担，她们的聪明才干更不能充分

① 徐家良：《制度、影响力与博弈：全国妇联与公共政策制定》，中国社会科学出版社，2003，第143-187页。

② 自尊、自信、自立、自强，为夺取改革攻坚阶段的胜利建功立业——在中国妇女第六次全国代表大会上的工作报告，网址链接：https://www.women.org.cn/art/1988/9/1/art_49_13029.html

③ 同①。

发挥”，并提出，妇女今后可以作出贡献的地方是“当好实现四个现代化的后勤兵”，“家务劳动的社会化和现代化，是发展后勤服务事业的重要内容。实现四个现代化，为家务劳动的社会化和现代化不断创造物质和技术条件；家务劳动的社会化和现代化又反过来进一步解放妇女劳动力，为实现四个现代化不断补充力量。妇联组织要积极协助和支持有关部门，采取切实有力的措施，逐步‘把琐碎家务普遍改造为社会主义大经济’，帮助广大男女职工和男女社员，解除后顾之忧，集中精力大干社会主义，有更多的业余时间学习政治理论和文化科学知识，并得到适当休息和娱乐，保障劳动者的身心健康”。家务劳动社会化的内容和主体主要包括以下几个方面：“哺乳室、托儿所、幼儿园等幼托事业，是实现家务劳动社会化的重要方面。广大妇女都要关怀它，爱护它，培植它，和有关部门一道，把这一伟大的事业认真办好”；同时，应“积极办好公共食堂和饮食服务行业，可以减轻广大职工群众为吃饭问题而花费的时间。我们要支持有关部门，兴办各种类型的食堂和主、副食品加工工业，并促进这些行业的半机械化和机械化。积极推广有利生产、方便生活的缝纫组、洗衣房、代销店和各种生活服务事业，努力减轻家务负担”。为此，“妇联组织要热情关怀后勤战线的广大女职工，深入了解她们的情况，反映她们的合理要求，协同有关部门，切实解决她们的实际问题，正确地贯彻执行工资、福利、劳保、奖励等政策。要用专业性和群众性相结合的方法，通过学校和各种形式，积极培训保教人员和其他后勤服务人员，造成一支又红又专的宏大的后勤服务队伍，以适应四个现代化的需要”[①]。

1983 年，中国妇女第五次全国代表大会报告对妇女回家论进行了直接的批判，指出：“广大妇女亲身体会到，只有越来越广泛地参加社会劳动和社会工作，才能不断地提高自己的政治经济和社会地位，才能进一步实现男女平等和妇女的彻底解放。那种认为‘现在我国就业人数过多，妇女家务负担重，应该回到家庭里去，从事家务劳动’的说法，既不符合社会主义男女平等、妇女解放的原则，又势必削弱社会主义现代化建设的力

① 新时期中国妇女运动的崇高任务——在中国妇女第四次全国代表大会上的工作报告，网址链接：https://www.women.org.cn/art/2016/3/18/art_47_13023.html

量，因而是错误的”，同时，强调家务劳动社会化在解决这一问题上的重要性，指出：“在目前条件下，许多家庭还难于摆脱繁重的家务劳动，这种劳动有它一定的社会意义，应该受到尊重。但绝不能因此把妇女劳动的领域限制在家庭里。我们要继续提倡家庭男女成员合理分担家务劳动，并且采取各种有效措施，努力减轻家务劳动的负担。应该看到，随着生产的发展，绝大部分家务劳动将逐步朝着社会化的方向发展。”具体的办法，包括“政府有关部门和有关企业正在大力研制方便食品、各种成衣以及轻便适用的家庭用具，进行厨房现代化的试点，大力发展社会服务事业、托幼事业，为减轻家务劳动而努力奋斗”[①]。“妇联要和政府有关部门配合，发扬艰苦创业的精神，采取多种办法，举办有益于妇女儿童的生产、服务等事业。积极解决孩子‘入托难’和小学生‘吃午饭难’等问题。有些地方妇联举办家务劳动介绍所和家务劳动服务公司，为女职工安心工作创造了方便条件，她们的经验是好的，应该认真总结和逐步推广”[②]。

1993年，中国妇女第七次全国代表大会召开时，正值1992年妇女权益保障法实施之后，《中国妇女发展纲要（1995—2000年）》颁布之前，中国妇女第七次全国代表大会报告根据我国对有关国际公约所作的庄严承诺和妇女的现状，论述了到20世纪末我国妇女发展的十大目标，其中第五点即：“发展社区服务，推进托幼事业，加速家务劳动社会化进程。男女共同承担家务劳动和抚育子女。”[③]这是通过对家务劳动社会化的强调，再次提出反对妇女回家的主张。然而，尽管妇联组织一再呼吁，随着单位制的逐步瓦解，各类单位组织不再承担许多社会福利功能，托幼机构逐渐走向市场化，在相当长的时间内，托幼事业的发展不能满足广大家庭的需要，家务劳动社会化一直没有开创出令人满意的局面。

---

① 奋发自强，开创妇女运动新局面——在中国妇女第五次全国代表大会上的工作报告，网址链接：https://www.women.org.cn/art/1983/9/12/art_48_13026.html

② 同①。

③ 全国妇女团结起来，为建设有中国特色社会主义努力奋斗——在中国妇女第七次全国代表大会上的报告，网址链接：https://www.women.org.cn/art/1993/9/1/art_50_13042.html

### （二）推动家庭教育的开展

妇联家庭工作在这一时期的另一特色是重视家庭教育。虽然关于家务劳动的论述免不了包括父母教育孩子的内容，但正是从改革开放起，妇联才开始将家庭教育作为一项正式的、独立的工作提出来。

1978年，中国妇女第四次全国代表大会报告明确提出："要把学校教育、社会教育、家庭教育密切结合起来，齐心协力地做好儿童的教育工作。我们热切希望教师、保教人员，要以无产阶级的感情，用自己的全部智慧和力量教育好孩子。我们热切希望文学艺术工作者，要创作出版更多更好的儿童读物、儿童文艺。我们热切希望科学教育工作者，为普及科学知识多出力量。我们热切希望在街道工作的广大妇女积极分子，发扬光荣传统，自觉地担负起校外辅导学生的工作。家长们特别是母亲们，要把教育好孩子作为自己义不容辞的光荣任务。我们作母亲的，要以自己的模范行动，使孩子学到共产主义的思想品质，使他们养成好好学习、天天向上的优良性格和习惯。"①

1983年，中国妇女第五次全国代表大会报告继续强调家庭教育的重要性，提出："要重视和改进家庭教育。父母是子女的第一任教师，家庭是教育子女的天然学校，子女的健康成长离不开父母教育与家庭的影响。因此，我们要树立民主和睦、平等相处、互相帮助、勤劳俭朴、好学向上、遵纪守法、文明礼貌的好家风，按照国家的教育方针和培养目标教育子女。"同时，针对计划生育政策逐步推行，独生子女越来越多的社会现实，强调"年轻父母应该充分认识到，疼爱孩子，就要给他们以科学的抚育和良好的品德教育。为此，要不断提高自己的思想觉悟、文化水平和道德修养，学习有关抚育、教育儿童的科学知识，对孩子从小进行爱祖国、爱人民、爱劳动、爱科学、爱社会主义的教育。要注意言传身教，为孩子作表率，克服对子女娇惯溺爱，重智育、轻德育等不利于子女健康成长的现象"②。

---

① 新时期中国妇女运动的崇高任务——在中国妇女第四次全国代表大会上的工作报告，网址链接：https://www.women.org.cn/art/2016/3/18/art_47_13023.html

② 奋发自强，开创妇女运动新局面——在中国妇女第五次全国代表大会上的工作报告，网址链接：https://www.women.org.cn/art/1983/9/12/art_48_13026.html

全国妇联从不同路径推进家庭教育的开展：

其一，从思想政治与理论层面推进。全国妇联“建议各地、各单位的领导，要把改进家庭教育作为对社员、职工、干部、教师和部队指战员等进行思想政治工作的一项重要内容”[①]，同时要求“各地家庭教育工作机构和专家们要进一步发挥作用，加强家庭教育的理论研究，特别要重视对独生子女心理特点和教育的研究工作。通过各种宣传工具，广泛宣传科学抚育、教育子女的知识，不断提高全民族的家庭教育水平”[②]。

其二，从法律政策层面推进。全国妇联提出“要配合有关部门认真贯彻落实《九十年代中国儿童发展规划纲要》，实施未成年人保护法，普及优生、优育、优教知识，促进社会育人环境的优化和家庭教育水平的提高”[③]。

其三，推动构建家庭教育的实体与网络。1998 年，中国妇女第八次全国代表大会报告总结指出：“过去五年进一步加强家庭教育工作及其网络建设，发动全社会的力量促进儿童生存、保护和发展条件的改善。”[④]1998 年 3 月 3 日，全国妇联会同国家教委印发了《全国家长学校工作指导意见（试行）》（妇字〔1998〕9 号），指出“为实现《九十年代中国儿童发展规划纲要》提出的家庭教育目标，更好地实施《全国家庭教育工作‘九五’计划》”，需要“办好家长学校，提高家庭水平”。全国妇联和国家教委共同牵头指导管理全国家长学校工作，各地妇联和教育行政部门分工合作开展指导和协调工作，并建立评估制度，巩固办学成果[⑤]。2004 年，全国妇联

① 奋发自强，开创妇女运动新局面——在中国妇女第五次全国代表大会上的工作报告，网址链接：https://www.women.org.cn/art/1983/9/12/art_48_13026.html

② 同①。

③ 全国妇女团结起来，为建设有中国特色社会主义努力奋斗——在中国妇女第七次全国代表大会上的报告，网址链接：https://www.women.org.cn/art/1993/9/1/art_50_13042.html

④ 高举邓小平理论伟大旗帜，团结动员各族各界妇女为实现我国跨世纪的宏伟目标努力奋斗——在中国妇女第八次全国代表大会上的报告，网址链接：https://www.women.org.cn/art/1998/8/31/art_51_13045.html

⑤ 全国妇联办公厅：《七大以来妇女儿童工作文选（1993 年 9 月—1998 年 6 月）》，中国妇女出版社，1998，第 444-446 页。

会同教育部对1998年的指导意见进行了补充完善，提出了新的家长学校工作指导意见（妇字〔2004〕41号）。除了以面对面形式开展家长学校活动以外，全国妇联还促进了全国网上家长学校网站于2010年开通[①]。2008年，中国妇女第十次全国代表大会报告总结指出："贯彻落实中央关于进一步加强和改进未成年人思想道德建设的总体部署，各级妇联发挥优势、突出特色，推动完善学校、家庭、社会'三结合'的教育网络。制定实施家庭教育工作规划，广泛开展'小公民道德建设计划'和'争做合格家长、培养合格人才'家庭教育宣传实践活动，建立54万多个家长学校和家庭教育指导机构，发展家庭教育讲师团队伍，宣传普及家庭教育科学知识。协调开展关爱农村留守流动儿童行动，推广'代理家长'、'爱心妈妈'等经验，实施女童保护和教育等项目，促进了儿童的健康成长。"[②]

其四，通过表彰家庭教育工作优秀个人和单位推进。2004年，全国妇联会同教育部、共青团中央、公安部、民政部、卫生部、国家人口计生委和国家广电总局下发通知（妇字〔2004〕39号），在全国开展"争做合格家长、培养合格人才"家庭教育宣传实践活动，主要措施包括弘扬"为国教子、以德育人"主旋律，倡导家庭教育读书活动，开展家庭教育传播活动，壮大家庭教育骨干队伍，推进家长学校建设和发展，同时，表彰家庭教育先进典型，在全国评选100个"为国教子、以德育人"好家庭，100名"为国教子、以德育人"好家长，100个"双合格"活动"优秀组织奖"，100名家庭教育工作先进工作者，100个家庭教育工作先进集体，命名31个家庭教育示范县[③]。2009年，全国妇联下发《关于命名全国家庭教育工作示范典型的决定》，树立典型，命名299个单位为"全国示范家长学校（家庭教育指导中心）"，99个单位为"全国家庭教育工作示范社区（村）"，

---

① 全国妇联办公厅：《妇女儿童工作文选·2010》，中国妇女出版社，2012，第819-822页。

② 高举中国特色社会主义伟大旗帜，团结动员全国各族各界妇女为夺取全面建设小康社会新胜利而奋斗——在中国妇女第十次全国代表大会上的报告，网址链接：https://www.women.org.cn/art/2008/10/31/art_53_13049.html

③ 全国妇联办公厅：《妇女儿童工作文选·2004》，中国妇女出版社，2005，第299-302页。

31 个县为“全国家庭教育工作示范县（市、区）”[①]。2005 年，全国妇联和各相关部门成立中国小公民道德建设暨全国“双合格”家庭教育宣传活动领导小组[②]，并对第一届“双合格”获奖者进行了表彰[③]。

其五，通过对各地家庭教育的指导和评估推进。1996 年，为了贯彻《国民经济和社会发展“九五”计划和 2010 年远景目标纲要》，落实《九十年代中国儿童发展规划纲要》，全国妇联会同国家教委下发《全国家庭教育工作“九五计划”》[④]。“九五”期间，各地普遍加大家庭教育工作力度，家庭教育水平得到大幅提高，基本实现了各项计划目标。2002 年，全国妇联和教育部为了巩固“九五”期间的家庭教育工作成果，制定下发《全国家庭教育工作“十五”规划》[⑤]。2007 年，制定《全国家庭教育工作“十一五”规划》[⑥]。2004 年，全国妇联会同教育部下发《关于进一步加强家庭教育工作的意见》（妇字〔2004〕40 号），从家庭教育工作的总体要求和主要任务，家庭教育的重点工作和家庭教育工作长效机制三大方面提出了详细的意见[⑦]。同年，全国妇联会同教育部印发《全国家庭教育工作“十五”计划评估方案》（妇字〔2004〕42 号），要求在各级政府妇女儿童工作委员会指导下，由妇联和教育部门紧密配合，围绕目标管理、组织实施、制度建设和效益成果等方面开展评估[⑧]；还会同教育部印发了《家长教

① 全国妇联办公厅：《妇女儿童工作文选 · 2009》，中国妇女出版社，2011，第 354 页。

② 全国妇联办公厅：《妇女儿童工作文选 · 2005》，中国妇女出版社，2006，第 354 页。

③ 全国妇联办公厅：《妇女儿童工作文选 · 2009》，中国妇女出版社，2011，第 356-361 页。

④ 全国妇联办公厅：《七大以来妇女儿童工作文选（1993 年 9 月—1998 年 6 月）》，中国妇女出版社，1998，第 432-438 页。

⑤ 全国妇联办公厅：《妇女儿童工作文选 · 2002》，中国妇女出版社，2003，第 196-200 页。

⑥ 全国妇联办公厅：《妇女儿童工作文选（2007 年 1 月—2007 年 12 月）》，中国妇女出版社，2009，第 464-468 页。

⑦ 全国妇联办公厅：《妇女儿童工作文选 · 2004》，中国妇女出版社，2005，第 303-306 页。

⑧ 全国妇联办公厅：《妇女儿童工作文选 · 2004》，中国妇女出版社，2005，第 308-314 页。

育行为规范》(妇字〔2004〕43号),以便提高家长素质,促进未成年人健康成长[①]。2010年,全国妇联联合教育部、中央文明办等部门印发了《全国家庭教育指导大纲》,借以“加强家庭教育理论体系建设,规范家庭教育指导内容和要求,提高家庭教育的科学性、针对性、实效性”[②]。

### (三)针对改革开放以来陆续出现的新社会现象,强调树立正确的家庭观念,做好家庭建设工作

#### 1. 强调建设社会主义精神文明,处理好家庭关系

社会逐渐开放,人们的生活、观念逐渐发生变化,给传统的婚恋与家庭观念带来了冲击。对此,全国妇联提出:“怎样过好恋爱、结婚、养育孩子这‘三关’,正确处理好这三者与工作、劳动、学习的关系,是广大年轻妇女面临的重要课题。处理得好,不仅婚姻美满,家庭幸福,而且能够保持旺盛的进取精神,在事业上取得成就,对国家作出贡献。反之,如果处理不好这些问题,就会影响自己的工作、学习和进步,甚至摔大跤,犯错误,造成悲剧。因此,必须用社会主义思想来正确处理这些问题,肃清封建思想残余,抵制西方资产阶级生活方式的影响,努力过好‘三关’。”“当代妇女要做文明、健康、科学生活方式的推动者。要坚持文明进步的婚恋观,倡扬诚挚的爱情,反对封建包办婚姻和资产阶级‘性自由’‘性解放’,坚持文明进步的家庭观,倡扬民主和睦、互助互敬的家风,清除封建宗族和狭隘家庭观念的影响;坚持正确的消费观,倡扬勤俭持家的优良传统。力戒婚嫁丧葬中的铺张浪费,坚持正确的生育观,自觉实行计划生育,消除‘多子多福’、重男轻女等封建残余思想的影响”[③]。与中央将社会主义精神文明建设归纳为社会主义现代化建设道路的十个要点之一相对应,全国妇联提出:“正确对待恋爱、婚姻和生育问题,是建设社

---

① 全国妇联办公厅:《妇女儿童工作文选·2004》,中国妇女出版社,2005,第315-316页。

② 全国妇联办公厅:《妇女儿童工作文选·2010》,中国妇女出版社,2012,第463-473页。

③ 奋发自强,开创妇女运动新局面——在中国妇女第五次全国代表大会上的工作报告,网址链接:https://www.women.org.cn/art/1983/9/12/art_48_13026.html

会主义精神文明的一项重要内容。不仅需要妇女自身的努力，而且需要家庭其他成员的大力支持和配合。家庭是社会的细胞。家庭是否民主和睦，直接影响着每个家庭成员的生产、工作、学习和休息，影响着对子女的教养，影响着对国家和社会的贡献。妇女作为母亲、妻子和主妇，在家庭中居于重要地位，要在建设社会主义新型家庭关系中，充分发挥自己的特殊作用。”① 中国妇女第八次全国代表大会报告总结阶段成就指出：“广大妇女继承中华民族的优良传统，弘扬时代精神，积极参加社会主义精神文明建设，在社会公德、职业道德、家庭美德建设中为倡导和发扬社会新风、维护社会稳定作出了特殊贡献。”② 中国妇女第九次全国代表大会报告继续指出：“妇女参与社会公德、职业道德和家庭美德建设，社会责任感明显增强。在社会上，弘扬文明新风，热心公益事业，参与环境保护；在工作中，关心集体，尽职尽责，勇于奉献；在家庭中，倡导夫妻和睦，敬老扶弱，用科学方法教育子女，崇尚文明健康的生活方式。”③“按照中央关于精神文明建设的整体部署，适应广大妇女的精神文化需求，开展了一系列群众性精神文明创建活动，增强了思想政治工作的针对性和实效性。‘家庭文化艺术节’、‘亿万妇女健身’、‘不让黄赌毒进我家’等活动，传播了科学思想，丰富了群众生活，抵制了‘法轮功’邪教，成为社会主义精神文明建设中一道亮丽的风景。‘三下乡’、‘巾帼文明示范岗’创建、‘中华巾帼志愿者’等活动，体现时代特色，倡导奉献精神，受到了广大群众的欢迎。”④ 可以看出，长期以来，家庭美德构成了社会主义精神文明建设的重要组成部分，因而也成为各级妇联组织的重要工作内容之一。

---

① 奋发自强，开创妇女运动新局面——在中国妇女第五次全国代表大会上的工作报告，网址链接：https://www.women.org.cn/art/1983/9/12/art_48_13026.html

② 高举邓小平理论伟大旗帜，团结动员各族各界妇女为实现我国跨世纪的宏伟目标努力奋斗——在中国妇女第八次全国代表大会上的报告，网址链接：https://www.women.org.cn/art/1998/8/31/art_51_13045.html

③ 以“三个代表”重要思想为指导，团结动员全国各族各界妇女为全面建设小康社会而奋斗——在中国妇女第九次全国代表大会上的报告，网址链接：https://www.women.org.cn/art/2003/8/26/art_52_13048.html

④ 同③。

### 2. 从"五好"家庭走向五好文明家庭、家庭文化建设，通过评比和活动开展塑造家庭新风气

全国妇联延续20世纪50年代建立的传统，在城乡开展"五好"家庭评选活动。"五年来，社会主义的新型婚姻家庭关系得到了发展。1980年9月，五届全国人大三次会议通过修订后的《中华人民共和国婚姻法》，于1981年1月1日施行。婚姻自主、婚事新办、夫妻互爱互助、尊老爱幼、尊婆爱媳的社会主义道德风尚正在发扬。广大城乡妇女积极参加了'五讲四美三热爱'和争创'五好'家庭活动。截至1982年底，全国县、市以上共表彰'五好'家庭384万户"①。"对扫除社会上的歪风邪气，发扬社会主义新风尚，增进家庭民主和睦，实现社会风气根本好转起了积极作用，是群众自我教育的好形式"。为此，全国妇联大力倡议，"广大妇女要积极参加这一活动，争创'五好'家庭，按照'五好'家庭条件严格要求自己，做到：(1) 热爱社会主义祖国、热爱集体、遵纪守法好。(2) 努力生产、工作、学习、完成任务好。(3) 实行计划生育、教育子女、勤俭持家好。(4) 移风易俗、文明礼貌、清洁卫生好。(5) 尊老爱幼、家庭民主和睦、邻里团结互助好。在家庭生活中，夫妻之间要互敬、互爱、互助、互让，共同精心抚育、培养好下一代，履行赡养老人的义务，反对虐待老人和其他家庭成员。近年来，这一活动受到许多地方党委、政府和企事业的重视，得到有关方面的支持，结合'五讲四美三热爱'活动，使这一活动更加广泛、深入地向前发展。我们坚信，经过若干年的努力，'五好'家庭一定会越来越多，从而逐步形成家家和睦、人人友爱的新局面"②。1988年，中国妇女第六次全国代表大会报告指出："城乡普遍开展的'五好'家庭活动，在建设文明健康科学的生活方式方面起到了积极作用。婚事新办、勤俭持家、科学育儿、为国教子，已为越来越多的妇女所接受；民主

---

① 奋发自强，开创妇女运动新局面——在中国妇女第五次全国代表大会上的工作报告，网址链接：https://www.women.org.cn/art/1983/9/12/art_48_13026.html

② 同①。

和睦、邻里团结、敬老爱幼、助人为乐，成为千万家庭的良好风尚。”①

此后，五好家庭评选之外还增加了文明家庭评选。1993年，中国妇女第七次全国代表大会报告指出：“中国的妇女们积极参加‘五好’家庭、文明家庭活动，将中华民族的传统美德与改革开放的时代精神结合起来，正在逐步形成文明健康的婚恋观、家庭观、生育观和教子观。以爱情为基础的自主婚姻和男女平等的家庭生活，已成为当代女性的普遍追求。尊老爱幼，移风易俗，实行计划生育，夫妻分担家务，家庭成员共同进步，正逐步成为我国亿万家庭的文明新风。”② 此外，全国妇联工作在“五好家庭”活动基础上还发展起了家庭文化建设活动，“是把精神文明建设深入到亿万家庭的富有特色的活动，要将它纳入文明共建系列活动之中，坚持不懈，常抓常新，以家庭的文明进步促进社会的文明进步”③。

1996年，《中宣部 全国妇联等有关部门关于深入持续开展“五好文明家庭”创建活动的联合通知》（妇字〔1996〕31号）指出，许多地方将“五好家庭”评选发展为“五好文明家庭”评选相结合具有正面的作用，因此，正式在全国开展“五好文明家庭”创建活动，阐明了指导思想和评选条件，规定了评选、表彰和管理办法，并明确了组织机构④⑤。彭珮云主

---

① 自尊、自信、自立、自强，为夺取改革攻坚阶段的胜利建功立业——在中国妇女第六次全国代表大会上的工作报告，网址链接：https://www.women.org.cn/art/1988/9/1/art_49_13029.html

② 全国妇女团结起来，为建设有中国特色社会主义努力奋斗——在中国妇女第七次全国代表大会上的报告，网址链接：https://www.women.org.cn/art/1993/9/1/art_50_13042.html

③ 同②。

④ 全国妇联办公厅：《七大以来妇女儿童工作文选（1993年9月—1998年6月）》，中国妇女出版社，1998，第384-387页。

⑤ 五好家庭、五好文明家庭的评选标准，随着时代变化而有所调整。1982年，标准为“政治思想好、生产工作好；家庭和睦、尊敬老人好；教育子女、计划生育好；移风易俗、勤俭持家好；邻里团结、文明礼貌好”。1996年，“五好家庭”更名为“五好文明家庭”，标准为“爱国守法，热心公益好；学习进取，爱岗敬业好；男女平等，尊老爱幼好；移风易俗，少生优育好；勤俭持家，保护环境好”。2009年，标准改为“爱国守法，明礼诚信；夫妻和睦，孝老爱亲；学习进取，科学教子；邻里融洽，友爱互助；低碳生活，热心公益”。2012年，北京将“五好文明家庭”更名为“和谐家庭”，指标体系包括会上网、藏书量300册以上、常旅游聚餐等。

席在一次“五好文明家庭”创建活动协调小组工作会议上指出：“妇联在家庭领域开展工作数十年来，这是头一次与众多单位合作开展家庭文明评比。”[①]“五好文明家庭”与各级妇联深入持久开展的“双学双比”、“巾帼建功”活动被合称为“三项主体活动”[②]，其中，“‘五好文明家庭’创建活动注重提高家庭成员素质，倡导文明家风，推动了全社会的家庭美德建设。全国各地涌现出一大批‘五好文明家庭’。实践证明，三项主体活动把妇女工作的优良传统与时代精神相结合，成为贴近妇女群众需求的有效活动形式，是妇联工作坚持党的基本理论、基本路线和基本方针的具体体现，是妇联工作服从和服务于全党全国工作大局的成功实践”[③]。家庭文化建设亦稳定推进，“要为妇女儿童的身心健康和婚姻家庭建设服务，积极推进家庭文化建设，传播先进的家庭教育观念和方法，开展卫生保健宣传培训和心理咨询，引导妇女追求文明健康的生活方式，建立平等、和谐、文明的婚姻家庭关系”[④]。2009 年，围绕全国文明城市（城区）、文明家庭建设工作大局，全国妇联还会同其他部门开展了全国创建学习型家庭示范活动，推选了 84 个全国创建学习型家庭示范城市（城区）和 700 个示范社区[⑤]。

### 3. 实施“家庭文明工程”

1996 年，党的十四届六中全会公报指出：“当前社会主义精神文明建设取得了积极进展和明显效果，但在一些地方和部门的领导工作中，忽视

---

① 全国妇联办公厅：《妇女儿童工作文选（1998 年 8 月—1999 年 12 月）》，中国妇女出版社，2000，第 149 页。

② 自尊、自信、自立、自强，为夺取改革攻坚阶段的胜利建功立业——在中国妇女第六次全国代表大会上的工作报告，网址链接：https://www.women.org.cn/art/1988/9/1/art_49_13029.html

③ 高举邓小平理论伟大旗帜，团结动员各族各界妇女为实现我国跨世纪的宏伟目标努力奋斗——在中国妇女第八次全国代表大会上的报告，网址链接：https://www.women.org.cn/art/1998/8/31/art_51_13045.html

④ 以“三个代表”重要思想为指导，团结动员全国各族各界妇女为全面建设小康社会而奋斗——在中国妇女第九次全国代表大会上的报告，网址链接：https://www.women.org.cn/art/2003/8/26/art_52_13048.html

⑤ 全国妇联办公厅：《妇女儿童工作文选·2009》，中国妇女出版社，2011，第 290-292 页、第 306-307 页。

思想教育，忽视精神文明，‘一手比较硬、一手比较软’的问题还没有解决；在社会精神生活方面存在不少问题，有的还相当严重。”①

为了进一步贯彻落实党的十五大和党的十四届六中全会关于加强家庭美德建设的要求，贯彻落实江泽民总书记关于“要努力树立和保持良好的家风”的重要指示精神，2000年1月起至2003年6月，全国妇联会同中央文明办在我国亿万家庭中实施“家庭文明工程”，以提高家庭成员的思想道德素质和科学文化素质，帮助家庭树立文明、健康、科学的生活方式，以家庭的文明进步促进社会的文明进步。工程主要围绕绿化美化生活环境、活跃家庭文体生活、普及科学文化知识和法律知识、破除封建迷信和落后习俗、和睦家庭的邻里关系五个方面的内容组织活动。实施“家庭文明工程”的工作步骤是：(一) 围绕树立良好道德风尚，改善人际关系，组织家庭奉献活动，弘扬尊老爱幼、扶贫帮困的传统美德和奉献他人、奉献社会的精神。(二) 结合贯彻《中共中央关于加强和改进思想政治工作的若干意见》精神，开展家庭文化活动，满足群众愉悦身心、展现自我的内在需求，活跃农村和社区的文化生活，使思想道德教育、科学文化知识、法律知识进入家庭，营造反对迷信愚昧、歪理邪说的健康氛围。(三) 围绕庆祝“六一”国际儿童节，以贯彻落实江泽民总书记《关于教育问题的谈话》精神为重点，集中开展家庭教育活动，帮助家长提高自身素质，树立以德育教育为根本的观念，学习家庭教育的基本知识，掌握科学的教育方法。(四) 广泛开展“美在农家”活动，帮助农民解放思想，转变观念，增强运用科技发展经济、增加收入的能力，改变生存环境，提高生活质量，树立文明、健康的生活方式②。为加强家庭文化建设，推动家庭文明工程的实施，全国妇联、文化部、中央电视台联合举办首届中国家庭文化艺术节③。

---

① 关于加强社会主义精神文明建设若干重要问题的决议，https://news.cntv.cn/china/20111019/106400.shtml

② 全国妇联办公厅：《妇女儿童工作文选·2000》，中国妇女出版社，2001，第249-252页。

③ 全国妇联办公厅：《妇女儿童工作文选·2000》，中国妇女出版社，2001，第265页。

全国妇联还重视借助各类平台和契机推动家庭建设活动的开展。2009 年，下发《全国妇联关于深入推进家庭志愿服务工作的意见》（妇字〔2009〕33 号），以贯彻落实党的十七大关于完善社会志愿服务体系的决策部署以及中央文明委《关于深入开展志愿服务活动的意见》精神为契机，开展家庭志愿服务工作，其总目标是“以弘扬社会志愿精神，提高公民道德素质，促进形成团结互助、平等友爱、共同进步的社会氛围和人际关系为出发点，以社区为主阵地，以广大妇女和家庭为主体力量，以服务家庭、邻里互助、相互关爱、共同发展为目标，把握家庭志愿服务便民性、便捷性和广泛性的特点，充分发挥广大妇女和家庭的积极性、主动性和创造性，深入开展各种类型的、丰富多彩的家庭志愿服务活动，不断发展壮大各类家庭志愿者队伍，建立健全家庭志愿服务的管理制度，着力打造家庭志愿服务品牌，探索完善家庭志愿服务工作社会化运行的长效机制，推动家庭志愿服务工作持续稳步健康发展”①。

**4. 开展“平安家庭”创建活动**

“平安家庭”创建活动是根据中央综治委关于开展平安建设活动的总体部署，由全国妇联、中央综治办、公安部、司法部、共青团中央、国家广电总局六部委于 2005 年 7 月联合开展的。该活动确定了在家庭中实现“四防”（防拐卖、防盗窃、防抢劫、防隐患）、“四无”（无毒品、无赌博、无暴力、无犯罪），营造“五个”环境（安定有序的治安环境、优美文明的社区环境、公平正义的法治环境、诚信友爱的人际环境、安全健康的成长环境），增强“五个”意识（家庭成员的懂法守法意识、安全防范意识、健康文明意识、和睦相处意识、男女平等意识）的目标，坚持“以家庭为主体，以社区为基本单位，由各级妇联、综治办、共青团、公安机关、司法行政部门、广播电视机构联合组织实施”②。2013 年 6 月 5 日，在全国妇联维权工作研修暨“平安家庭”创建工作推进会上的讲话中，甄砚

---

① 全国妇联办公厅：《妇女儿童工作文选·2009》，中国妇女出版社，2011，第 375 页。

② 全国妇联办公厅：《妇女儿童工作文选·2005》，中国妇女出版社，2006，第 316-317 页。

指出“平安家庭建设”已成为社会管理综合治理的基础性工作，各地围绕平安家庭创建目标开展工作，取得了良好效果[①]。

### （四）反对家庭暴力，开展婚姻家庭纠纷调解，维护妇女正当权益

20 世纪 80 年代以来，妇联工作的重心之一是妇女权益的维护，而其中与家庭工作最为相关的就是反对家庭暴力和开展婚姻家庭纠纷调解。

#### 1. 反对家庭暴力

妇联着力于社会化维权，建立从地方到中央的嵌入式维权网络。在党委、政府的支持下，自 20 世纪 80 年代起，各级妇联用了约 20 年时间，逐步建立起一个包括体制内网络和体制外网络在内的嵌入式妇女权益维护网络，其形式包括妇联主要负责人参政、建立妇女儿童工作委员会实现组织化嵌入政府序列，成立维护妇女儿童权益协调组，使嵌入网络扩展到党的机构之中等。在基层也实现多元化网络建构，确立了地方公安、法院、司法、民政、妇联、街道等参与的基层妇女权益维护机制。在基层法院设立了维护妇女儿童权益合议庭、（妇联干部担任）特邀陪审员制度；在社区层面通过社区法律帮助中心、反家庭暴力庇护（救难）中心、110 报警中心（点）、社区维权岗等开展普法宣传、法律服务和法律援助等。并且，妇联还推动了多部门合作机制的建立[②]。这些举措为反家暴工作的开展构建了重要的通道。

1995 年，世界妇女大会的召开，促进了“家庭暴力”这一概念在国内的传播，开启了反家庭暴力立法的历史进程（罗清，2020），为妇联进一步推进反对家庭暴力提供了重要契机。以妇联在反家庭暴力方面提倡的源头维权为例，在当地妇联的推动下，湖南省和河北省成为地方立法的急先锋。1996 年，湖南省省会长沙市政府在全国首次通过地方性的反家暴文件。2000 年，湖南省人大出台全国第一个反家暴决议。2005 年，河北省人大

---

① 全国妇联办公厅：《妇女儿童工作文选 · 2013》，中国妇女出版社，2015，第 583 页。

② 陈伟杰：《政法传统背景下的妇联妇女权益维护（1980—2016）》，《社会学研究》2021 年第 2 期。

在全国首次通过了反家暴条例[①]。2003 年，中国妇女第九次全国代表大会报告指出："一些地方相继出台了反家庭暴力等维护妇女权益的地方性法规。各级政府依法行政，司法机关公正司法，各级人大加大执法监督力度，有效地维护了妇女的合法权益。"[②]2008 年，中国妇女第十次全国代表大会报告总结成绩指出："各地妇联依法维护妇女儿童权益，积极承担妇女权益保障法修改的基础性工作，主动参与未成年人保护法、物权法、就业促进法、劳动合同法、社会保险法、禁毒法等多部法律法规的制定修改，推动25 个省区市出台预防和制止家庭暴力的法规政策、31 个省区市完成'两纲'中期评估督导工作。"[③] 妇联还开展实事化维权和个案维权，所做的工作包括实施反家庭暴力的国际合作项目，也包括根据妇女权益保障法、反家庭暴力法授予的权利对家庭暴力典型案件进行介入，为受暴者开展法律咨询、心理辅导和政策咨询等服务[④]。

2015 年年底，我国通过《中华人民共和国反家庭暴力法》，于 2016 年3 月 1 日起施行。

### 2. 开展婚姻家庭纠纷调解

2013 年，全国妇联党组成员、副主席、书记处书记甄砚在浙江省婚姻家庭纠纷人民调解组织建设推进会上的讲话中指出，浙江的相关实践是"新时期'枫桥经验'的新实践，是妇女社会化维权服务的新拓展，也是妇联参与社会管理创新的一种新实践"[⑤]，其经验包括集中部门资源优势实现新的合作，建立了婚姻家庭服务新的机制，拓展了婚姻家庭服务新

---

① 陈伟杰：《政法传统背景下的妇联妇女权益维护（1980—2016）》，《社会学研究》2021 年第 2 期。

② 以"三个代表"重要思想为指导，团结动员全国各族各界妇女为全面建设小康社会而奋斗——在中国妇女第九次全国代表大会上的报告，网址链接：https://www.women.org.cn/art/2003/8/26/art_52_13048.html

③ 高举中国特色社会主义伟大旗帜，团结动员全国各族各界妇女为夺取全面建设小康社会新胜利而奋斗——在中国妇女第十次全国代表大会上的报告，网址链接：https://www.women.org.cn/art/2008/10/31/art_53_13049.html

④ 同①。

⑤ 全国妇联办公厅：《妇女儿童工作文选 · 2013》，中国妇女出版社，2015，第 578 页。

的内涵[①]。

## 三、新时代妇联的家庭工作（2012—2021年）

2018年11月2日，习近平总书记在同全国妇联新一届领导班子成员集体谈话时指出，党中央交给妇联组织的重要任务是“做好家庭工作，发挥妇女在社会生活和家庭生活中的独特作用，发挥妇女在弘扬中华民族家庭美德、树立良好家风方面的独特作用，以小家庭的和谐共建大社会的和谐，形成家家幸福安康的生动局面”。郑长忠认为，这是要求妇联“在推动家庭工作过程中，既要重视家庭内部的建设，也要发挥家庭在社会生活和社会治理中的作用。家庭是社会的细胞。家庭发展和治理是社会治理的一个重要组成部分，并且是基层社会治理的基础环节”[②]。因此，妇联在新时代所开展的家庭工作具有增进社会治理的明确目标。不仅如此，“习近平总书记在不同场合发表了一系列重要论述，反复强调家是最小国、国是千万家，家庭和睦则社会安定、家庭幸福则社会祥和、家庭文明则社会文明，千家万户都好，国家才能好、民族才能好，深刻阐明了家国两相依的辩证关系，深刻揭示了家庭家教家风对巩固党的执政基础和群众基础、维护国家长治久安、促进人民幸福安康、实现民族复兴伟业的极端重要性，向全党全社会发出了‘注重家庭、注重家教、注重家风’的动员令”[③]。为落实习近平总书记上述讲话精神，全国妇联于2019年启动“家家幸福安康工程”，促进立德树人家庭教育，弘扬新时代家庭文明新风尚，推动社会主义核心价值观落细落小落实[④]。这一工程“是妇联组织顺应新时代发展要求、加强对广大家庭团结引领和联系服务的创新之举，目的就是

---

① 全国妇联办公厅：《妇女儿童工作文选·2013》，中国妇女出版社，2015，第579页。

② 郑长忠：《新时代家庭工作的逻辑定位与妇联作用》，《妇女研究论丛》2019年第6期。

③ 黄晓薇：《在“家家幸福安康工程”启动部署暨2019年度全国最美家庭揭晓会上的讲话》，《中国妇运》2019年第5期。

④ 沈跃跃：《在“家家幸福安康工程”启动部署暨2019年度全国最美家庭揭晓会上的讲话》，《中国妇运》2019年第5期。

要把涉及家庭领域的工作内容、活动项目、资源力量等有机整合起来、统筹起来、利用起来，努力打造新时代妇联家庭工作‘升级版’”[①]。2021 年 7 月，全国妇联会同中宣部、中央文明办、中央纪委机关、中组部、国家监委、教育部印发《关于进一步加强家庭家教家风建设的实施意见》，意见明确，“妇联组织以实施‘家家幸福安康工程’为抓手，发挥妇女在弘扬中华民族家庭美德、树立良好家风方面的独特作用”[②]。“工程”任务措施包括实施家庭文明创建活动、家庭教育支持行动、家庭服务提升行动和家庭研究深化行动四大内容。

### （一）开展家庭文明创建工作

全国妇联高度重视家庭文明建设工作，于 2013 年下发《关于在家庭文明建设中充分发挥妇联组织作用的意见》（妇字〔2013〕44 号），要求各级妇联深刻认识新时期深化家庭文明建设工作的重要意义和主要任务，创新家庭文明建设工作方式方法，切实将家庭文明建设工作落实在基层，大力选树宣传文明家庭创建先进典型，进一步加强对家庭文明建设工作的领导[③]。在新时代开局之时，家庭文明创建经过多年积累取得了一系列成就。2013 年，中国妇女第十一次全国代表大会报告总结过去五年的成果指出：“围绕社会主义核心价值体系建设，开展具有妇女儿童特点和家庭特色的思想道德教育工作，创评各级‘五好文明家庭’1560 多万个、‘平安家庭’1600 多万个，组织 5500 多名优秀成功女性走进大学校园为女大学生励志引航，创办的‘网上家长学校’开通了家庭教育直通车。”

2014 年，全国妇联首次在全国范围内开展寻找“最美家庭”活动。全国妇联指出：“寻找‘最美家庭’活动是妇联组织推动家庭文明建设的创新实践，是在家庭中培育和践行社会主义核心价值观的有效形式。各级

① 黄晓薇：《在“家家幸福安康工程”启动部署暨 2019 年度全国最美家庭揭晓会上的讲话》，《中国妇运》2019 年第 5 期。

② 中宣部、中央文明办、中央纪委机关、中组部、国家监委、教育部、全国妇联：《关于进一步加强家庭家教家风建设的实施意见》，https://www.gov.cn/xinwen/2021-07/22/content_5626656.htm，2021 年 7 月 22 日。

③ 全国妇联办公厅：《妇女儿童工作文选 · 2015》，中国妇女出版社，2017，第 248-250 页。

妇联组织要坚持与时俱进、常抓常新，进一步深化寻找‘最美家庭’活动，不断丰富内涵，创新组织形式，抢抓节日契机、善用不同节点，在深度挖掘、细化推进上下功夫，打造活动亮点，彰显时代特征，激发广大妇女和家庭的热情关注和积极参与。”[①] 从活动的开展路径上说，“要坚持立足基层、久久为功，依托遍布城乡社区的‘妇女之家’，常态化开展各具特色的寻找‘最美家庭’活动，组织广大妇女和家庭晒家庭幸福生活、议良好家风家教、讲家庭和谐故事、展家庭文明风采、秀家庭未来梦想、树家庭先进典型，激发家庭内部活力，促进家庭自我教育，确保活动常年扎实开展在基层，覆盖城乡社区亿万家庭。要坚持贴近实际、服务需求，注重‘寻找’内容向日常生活渗透，找准活动与时代精神的对接点、与妇女群众的共鸣点、与家庭需求的契合点，富有创造性地组织开展喜闻乐见、便于参与的活动，最大限度调动广大群众参与活动和自觉培树良好家风的积极性和主动性”[②]。从关注对象上说，“要注重拓展活动领域、突出重点人群，着力向学校、机关、企事业单位、部队延伸，向非公有制经济组织、社会组织、楼宇园区延伸，继续推进在党政机关开展‘树清廉家风、创最美家庭’活动，引导女性公众人物注重社会公德、职业道德、家庭美德和个人品德，发挥好‘最美家庭’‘五好家庭’典型的示范作用，为创建全国文明家庭打好基础、当好‘蓄水池’”（全国妇联，2017）。

2015 年春节团拜会上，习近平总书记作了关于“注重家庭、注重家教、注重家风”的重要讲话；3 月 8 日，刘云山同志在妇联简报上作了重要批示。为贯彻上述重要精神，全国妇联于 3 月 17 日召开主题为“深入扎实做好家庭建设工作”的座谈会。沈跃跃同志发表讲话，要求深刻领会习近平总书记关于“注重家庭、注重家教、注重家风”重要论述的精神实质和深刻内涵；贯彻落实“三个注重”的要求，充分发挥妇联组织在家庭工作中的独特优势[③]。

全国妇联还开展了清廉家风建设活动。为深入贯彻落实习近平总书记

---

① 全国妇联：《关于充分发挥妇联组织独特作用，做好妇联家庭文明建设工作的意见》，《中国妇运》2017 年第 1 期。

② 同①。

③ 全国妇联办公厅：《妇女儿童工作文选 · 2015》，中国妇女出版社，2017，第 61-64 页。

关于家风建设特别是领导干部家风建设系列重要指示精神，推动中央和国家机关党员干部增强廉洁修身、廉洁齐家意识，中央直属机关工委、中央和国家机关工委、全国妇联共同研究、下发《关于联合开展“树清廉家风·创最美家庭”主题活动的通知》，要求中央和国家机关各单位机关党委及妇女组织充分认识开展“树清廉家风·创最美家庭”主题活动的重要意义，结合单位实际，创新开展活动，注重结合融入，扩大活动宣传[①]。

继2013年出台相关意见之后，全国妇联于2016年又下发《关于充分发挥妇联组织独特作用　进一步做好妇联家庭文明建设工作的意见》（妇字〔2016〕44号），要求深入学习习近平总书记重要讲话精神，进一步增强做好家庭文明工作的责任感和使命感；进一步深化寻找“最美家庭”活动，推动社会主义核心价值观在家庭中生根；进一步创新家庭教育工作，帮助孩子扣好人生第一粒扣子；进一步开展家风家训宣传展示活动，以好的家风支撑起全社会的好风气；进一步加大媒体宣传力度，为家庭文明建设营造良好社会环境[②]。

“最美家庭”寻找活动实施之后，数年之内取得了可观的成果。2018年，中国妇女第十二次全国代表大会报告指出：“家庭文明建设呈现勃勃生机。贯彻习近平总书记关于‘注重家庭、注重家教、注重家风’的重要指示，立足城乡社区，面向亿万家庭，广泛开展‘五好家庭’创建工作，创新开展寻找‘最美家庭’活动，发动广大家庭自荐互荐、互评互议，累计4.1亿人次参与线上线下寻找，涌现出各级各类‘最美家庭’314.5万户”，并提出要“深化寻找‘最美家庭’活动，抓好时间节点的主题策划，推出各具特色的家庭典型，建立常态化、长效化寻找机制，最大限度发挥活动过程的教育激励作用”[③]。

---

① 全国妇联办公厅：《妇女儿童工作文选·2016》，中国妇女出版社，2018，第586-588页。

② 全国妇联办公厅：《妇女儿童工作文选·2016》，中国妇女出版社，2018，第608-611页。

③ 高举习近平新时代中国特色社会主义思想伟大旗帜，团结动员各族各界妇女为决胜全面建成小康社会，实现中华民族伟大复兴的中国梦而不懈奋斗——在中国妇女第十二次全国代表大会上的报告，网址链接：https://www.women.org.cn/art/2018/11/5/art_946_159086.html

## （二）围绕家庭家教家风工作深入开展家庭教育

在进入新时代前后，妇联继续推进家庭教育，比如，创办“网上家长学校”，开通家庭教育直通车；全国妇联推进家庭教育工作专题调研，有关对策建议得到立法和决策部门的重视与采纳[①]。2015年春节团拜会上，习近平总书记指出：“家庭是社会的基本细胞，是人生的第一所学校。不论时代发生多大变化，不论生活格局发生多大变化，我们都要重视家庭建设，注重家庭、注重家教、注重家风，紧密结合培育和弘扬社会主义核心价值观，发扬光大中华民族传统家庭美德，促进家庭和睦，促进亲人相亲相爱，促进下一代健康成长，促进老年人老有所养，使千千万万个家庭成为国家发展、民族进步、社会和谐的重要基点。”家庭教育、家风传承等日益成为重要的工作内容。

一方面，开展家庭教育法规政策的制定。2012年，全国妇联会同教育部等多部门印发《关于指导推进家庭教育的五年规划（2011—2015年）的通知》[②]。2015—2016年，全国妇联会同教育部等多部门开展对2011—2015年家庭教育五年规划实施情况进行终期评估[③]。2016年，全国妇联联合教育部、中央文明办、民政部、文化部、国家卫生和计划生育委员会、国家新闻出版广电总局、中国科协、中国关心下一代工作委员会共同印发《关于指导推进家庭教育的五年规划（2016—2020年）》，提出到2020年，基本建成适应城乡发展、满足家长和儿童需求的家庭教育指导服务体系[④]。2020—2021年，全国各地妇联开展了规划终期评估。同时，制定了《关于指导推进家庭教育的五年规划（2021—2025年）》，为未来五年的工作提供了指导原则。2019年，全国妇联等九部门印发《全国家庭教育指导大纲

① 高举旗帜、凝心聚力、团结动员各族各界妇女为实现中国梦而奋斗——在中国妇女第十一次全国代表大会上的报告，网址链接：https://www.women.org.cn/art/2013/10/28/art_54_13054.html

② 全国妇联办公厅：《妇女儿童工作文选·2012》，中国妇女出版社，2014，第381-386页。

③ 全国妇联办公厅：《妇女儿童工作文选·2015》，中国妇女出版社，2017，第566-580页。

④ 新华社：《9部门印发指导推进家庭教育的五年规划》，http：//www.xinhuanet.com//politics/2016-11/14/c_1119907287.htm，2016年11月14日。

(修订)》，对2010年通过的《全国家庭教育指导大纲》进行修订（以下简称《大纲》），指出："多年来，《大纲》在指导家庭教育理论研究，规范家庭教育内容，提高家庭教育指导服务科学性、针对性和实效性等方面发挥了重要作用。党的十八大以来，习近平总书记就家庭教育作出一系列重要指示，特别指出，家庭教育最重要的是品德教育，是如何做人的教育。为此，全国妇联、教育部、中央文明办、民政部、文化和旅游部、国家卫生健康委员会、国家广播电视总局、中国科协、中国关工委共同对《大纲》进行了修订。""修订后的《大纲》适用于各级各类家庭教育指导机构、相关职能部门、社会团体、宣传媒体和家庭教育指导者，对新婚夫妇、孕妇、18岁以下儿童家长（父母或其他监护人）开展的家庭教育指导服务行为。"[①]2021年10月23日，《中华人民共和国家庭教育促进法》经十三届全国人大常委会第三十一次会议通过，并将于2022年1月1日起施行。在该法中，妇联在家庭教育中应发挥的作用得到了明确表述，总则第六条规定："教育行政部门、妇女联合会统筹协调社会资源，协同推进覆盖城乡的家庭教育指导服务体系建设，并按照职责分工承担家庭教育工作的日常事务。"其中，在"国家支持"部分，第三十条规定"教育行政部门、妇女联合会应当采取有针对性的措施，为留守未成年人和困境未成年人的父母或者其他监护人实施家庭教育提供服务，引导其积极关注未成年人身心健康状况、加强亲情关爱"；第三十五条规定"妇女联合会发挥妇女在弘扬中华民族家庭美德、树立良好家风等方面的独特作用，宣传普及家庭教育知识，通过家庭教育指导机构、社区家长学校、文明家庭建设等多种渠道组织开展家庭教育实践活动，提供家庭教育指导服务"。在"法律责任"部分，第四十八条规定"未成年人住所地的居民委员会、村民委员会、妇女联合会，未成年人的父母或者其他监护人所在单位，以及中小学校、幼儿园等有关密切接触未成年人的单位，发现父母或者其他监护人拒绝、怠于履行家庭教育责任，或者非法阻碍其他监护人实施家庭教育的，应当予以批评教育、劝诫制止，必要时督促其接受家庭教育指导"。

---

① 中国文明网：《全国妇联等九部门发布〈全国家庭教育指导大纲（修订）〉》，http：//www.wenming.cn/bwzx/dt/201905/t20190522_5124120.shtml，2019年5月22日。

另一方面，扎实严谨地开展家庭教育实践。2018 年，中国妇女第十二次全国代表大会报告总结道：过去五年中，“家庭教育工作扎实开展，家庭亲子阅读实践等活动吸引 1.7 亿人次参与，好家风好家训征集、展示和巡讲活动覆盖 1.2 亿人次。丰富多彩的家庭文明建设活动，有力推动社会主义核心价值观落细落小落实，以良好的家风带动支撑整个社会的良好风气”，指出，“妇联注重把爱家和爱国统一起来，自觉践行社会主义核心价值观，发扬光大中华民族家庭美德，把好思想好品行好家风好习惯一代一代传下去，真正使千千万万个家庭成为国家发展、民族进步、社会和谐的重要基点”，“贯彻落实习近平总书记关于‘三个注重’重要指示，进一步创新开展家庭和儿童工作，丰富发展新时代家风家教内涵，推动社会主义核心价值观在家庭中落地生根”①。其工作内容“紧紧围绕立德树人、培养德智体美劳全面发展的社会主义建设者和接班人，进一步明确妇联开展家庭教育工作的定位和任务，同教育部门一起，统筹协调社会资源支持服务家庭教育，积极推进家庭教育立法进程，完善支持服务体系，广泛开展‘书香飘万家’等亲子阅读活动，因地制宜开设母亲教育讲堂，引导家长为孩子讲好‘人生第一课’，帮助孩子扣好人生第一粒扣子。大力开展‘绿色家庭’创建活动，引导妇女从自己做起、从家庭做起，自觉践行简约适度、绿色低碳的生活方式。推动开展以‘树清廉家风·创最美家庭’为主题的家庭助廉活动，引导党员干部廉洁修身、廉洁齐家、当好表率。广泛开展好家风好家训宣传宣讲活动，感染更多家庭跟着学、照着做，为形成爱国爱家、相亲相爱、向上向善、共建共享的社会主义家庭文明新风尚作贡献”②。

### （三）通过基于家庭的巾帼行动实践乡村振兴

在广大农村，各级妇联“广泛开展‘共建美丽家园行动’等主题实践

---

① 高举习近平新时代中国特色社会主义思想伟大旗帜，团结动员各族各界妇女为决胜全面建成小康社会，实现中华民族伟大复兴的中国梦而不懈奋斗——在中国妇女第十二次全国代表大会上的报告，网址链接：https://www.women.org.cn/art/2018/11/5/art_946_159086.html

② 同①。

活动，支持妇女向生态产业、循环经济进军，引导妇女从自己做起、从家庭做起，身体力行传播环保理念，影响他人、奉献社会，携手共建天蓝地绿水净的美丽中国”[①]。

陈义媛研究指出：“党的十九大以后，为了全面落实《中共中央　国务院关于实施乡村振兴战略的意见》，全国妇联开展了‘乡村振兴巾帼行动’，希望发挥妇联组织的独特作用和妇女的‘半边天’作用，以推动乡村振兴战略的实施。‘乡村振兴巾帼行动’的主要任务之一，就是动员妇女积极参加农村人居环境整治三年行动，开展‘美丽家园’建设活动，推动妇女从家庭做起，清理整治房前屋后环境，清除私搭乱建、乱堆乱放，净化庭院。同时，这一行动还鼓励妇女广泛参与农村垃圾处理、污水治理、村容村貌提升、厕所革命等。”[②]

### （四）行使和履行反家庭暴力法赋予的权利和责任

反家庭暴力的立法工作在新时代开始前后继续推进，妇联组织“履行职能、服务妇女，维护妇女权益、促进妇女发展实现重大突破。源头维权富有成果。积极推动妇女权益保障法执法检查，推动将反家庭暴力法列入全国人大立法规划，争取将妇女儿童发展重要指标纳入‘十二五’规划纲要。在各级妇联组织努力下，31 个省区市全部完成妇女权益保障法实施办法的修订，28 个省区市制定预防和制止家庭暴力的地方性法规和意见，有的地方出台了性别平等法规”[③]。

在包括妇联组织在内的各方主体共同努力下，《中华人民共和国反家庭暴力法》于 2015 年 12 月 27 日经第十二届全国人民代表大会常务委员会第十八次会议通过，于 2016 年 3 月 1 日起施行。反家庭暴力法赋予妇联在家庭暴力预防和处置等方面的责任和权利。其中，在“家庭暴力的预

---

① 高举旗帜、凝心聚力、团结动员各族各界妇女为实现中国梦而奋斗——在中国妇女第十一次全国代表大会上的报告，网址链接：https://www.women.org.cn/art/2013/10/28/art_54_13054.html

② 陈义媛、李永萍：《农村妇女骨干的组织化与公共参与——以“美丽家园”建设为例》，《妇女研究论丛》2020 年第 1 期。

③ 同①。

防”部分，第六条规定“工会、共产主义青年团、妇女联合会、残疾人联合会应当在各自工作范围内，组织开展家庭美德和反家庭暴力宣传教育”；第七条规定“县级以上人民政府有关部门、司法机关、妇女联合会应当将预防和制止家庭暴力纳入业务培训和统计工作”。在“家庭暴力的处置部分”，第十三条规定“家庭暴力受害人及其法定代理人、近亲属可以向加害人或者受害人所在单位、居民委员会、村民委员会、妇女联合会等单位投诉、反映或者求助。有关单位接到家庭暴力投诉、反映或者求助后，应当给予帮助、处理”；第二十二条规定“工会、共产主义青年团、妇女联合会、残疾人联合会、居民委员会、村民委员会等应当对实施家庭暴力的加害人进行法治教育，必要时可以对加害人、受害人进行心理辅导”。

### （五）与党政部门联动开展婚姻家庭纠纷化解

2017 年 3 月，全国妇联会同中央综治办、最高人民法院、公安部、民政部、司法部下发《关于做好婚姻家庭纠纷预防化解工作的实施意见》(妇字〔2017〕13 号)，指出“我国正处于社会转型的历史时期，传统婚姻家庭观念和稳定性受到冲击，相关纠纷易发多发，有的甚至引发刑事案件乃至重大命案，严重损害家庭成员权益、影响社会和谐稳定”，为此就进一步完善矛盾纠纷多元化解机制、做好婚姻家庭纠纷预防化解工作提出意见，要求：健全排查调处制度，发挥综治中心和网格化服务管理作用、发挥公安机关职能和妇联组织在家庭与社区工作上的优势，扎实开展婚姻家庭纠纷排查化解工作；各地建立健全婚姻家庭纠纷人民调解委员会，建设婚姻家庭纠纷人民调解员队伍，加强婚姻家庭纠纷调解工作经费保障；加强结婚登记颁证工作，推进婚姻家庭辅导工作；推进家事审判方式和工作机制改革，把调解贯穿婚姻家庭纠纷全过程。意见下发后，婚姻家庭纠纷化解工作得到各级各地党政部门的重视。公安部、最高人民检察院、最高人民法院分别与全国妇联联合下发关于加强妇女儿童权益保护工作的文件，对包括婚姻家庭纠纷化解在内的各项工作作出安排。全国各地妇联与党政部门相互协同，贯彻上述文件精神，结合本地区实际作出了工作安排。

# 第三章　中国家庭立法的历史回顾

在我国法学上，家庭法一般是指民法上对婚姻家庭关系进行调整的法律规范的总称，这其实是狭义上的家庭法，主要是基于婚姻、血缘等而形成的家庭，并不能涵盖国家法律对家庭的全部规定。本文所谓的家庭立法，是一个广义上的概念，是指与家庭有关的所有立法，既包括传统意义上的家庭法，即民法上调整家庭成员之间人身和财产关系的法律制度，也包括行政法意义上国家对家庭的管理制度（比如户籍制度）和服务制度，还包括社会法意义上对家庭的社会保障制度。因此，这里的家庭立法是一个综合性的法律规范的总称。

本章主要对1949年中华人民共和国成立至今的有关家庭立法进行梳理，进而分析我国家庭立法的利弊得失，并试图提出未来家庭立法的发展方向，为我国完善家庭立法提出参考建议。需要说明的是，考虑到我国的独特国情和实际发展历程，这里的立法并不仅仅针对立法机关的制定法，执政党和政府的一些政策、文件也可能被收纳进来。

根据1949年后我国社会发展及不同阶段的立法需求，我国家庭立法可分为四个阶段。第一阶段——新中国家庭立法的“破”和“立”——国家重构家庭（1949—1978年）、第二阶段——家庭立法工作再出发——继承和发展（1978—2001年）、第三阶段——家庭立法快速发展——若隐若现的家庭（2001—2017年），第四阶段——家庭立法不断完善——重视家庭价值和家庭整体利益（2017年至今）。

## 一、新中国家庭立法的“破”和“立”——国家重构家庭（1949—1978 年）

新中国成立后，废除了国民党政府的“六法全书”，在国民经济和制度建设上都处于百废待兴的状态。废弃原有的封建婚姻家庭制度，建立全新的社会主义家庭制度，是新政权的必然选择。虽然在革命时期，“中国革命在其奋斗的每一阶段都采取了相当激进的立法措施去改造旧的家庭制度，包括废除家长专制，禁止立嗣、养媳，确定婚姻自主、废止多妻和蓄妾，取缔守寡习俗、三年丧制以及繁俗婚丧”[①]，但这些措施只是在有限的革命地区适用，对于原国民党政府管辖区域，封建婚姻、家庭观念和习俗的影响还是非常严重的。因此亟须在立法上破旧立新，进行制度建设，以适应新社会的治理需要。

### （一）《中国人民政治协商会议共同纲领》为家庭立法确定了基调

1949 年 9 月 29 日，具有临时宪法性质的《中国人民政治协商会议共同纲领》（以下简称《共同纲领》）颁布，第六条规定“中华人民共和国废除束缚妇女的封建制度。妇女在政治的、经济的、文化教育的、社会的生活各方面，均有与男子平等的权利。实行男女婚姻自由”。这是社会各界所达成的关于妇女解放、婚姻自由的社会共识，既表明新政权解放妇女的决心，也意味着传统家庭制度中束缚妇女发展的封建内容将会在未来被废除，并从政治、经济、文化教育和社会四个方面保障男女平等的落实。值得注意的是，这里只提到了政治、经济、文化教育和社会四个方面，没有提家庭生活方面。

### （二）1950 年婚姻法奠定了新中国家庭制度的主要内容

1950 年 5 月 1 日，新中国第一部正式的法律——《中华人民共和国婚姻法》颁行。这部法律既“破”又“立”。“破”是指破除旧的婚姻家庭制度，“立”是指建立新民主主义婚姻家庭制度。

---

① 林春：《中国的家庭制度》，《青年研究》1982 年第 6 期。

### 1. 开宗明义归纳了新婚姻家庭制度的主要内容

该法第一条明确规定“废除包办强迫、男尊女卑、漠视子女利益的封建主义婚姻制度。实行男女婚姻自由、一夫一妻、男女权利平等、保护妇女和子女合法权益的新民主主义婚姻制度”，并“废除纳妾制度和童养媳，保护妇女权益，提高妇女在家庭中的地位”。

### 2. 基于男女平等提出了新家庭中的夫妻权利义务

如“夫妻为共同生活的伴侣，在家庭中地位平等”（第七条），这是对《共同纲领》第六条的补充，从此我国妇女在政治、经济、文化教育、社会、家庭上均有与男子平等的权利就被立法确定下来，这点被1954年通过的《中华人民共和国宪法》予以确认并延续至今。再如第八条规定“夫妻有互爱互敬、互相帮助、互相扶养、和睦团结、劳动生产、抚育子女，为家庭幸福和新社会建设而共同奋斗的义务”，为夫妻在新社会确定了全新的不同于旧社会的家庭责任。第九条规定“夫妻双方均有选择职业、参加工作和参加社会活动的自由”，这对于把妇女从家庭中解放出来，参与到社会生产并获得经济收入，进而提高妇女的家庭地位和社会地位，提供了重要的法律支持；同时在新中国成立初期，妇女走出家庭参与社会建设对于新中国的战后重建具有解放生产力的现实意义。财产权方面，1950年婚姻法对家庭财产规定得较为粗疏，其第十条规定夫妻对“家庭财产”享有平等的权利，第二十三条规定离婚时女方婚前财产归女方所有。这对于妇女在家庭中的话语权意义重大，改变了旧社会妇女在家庭中没有财产权利的境况。第十一条规定“夫妻有各用自己姓名的权利”，这打破了旧家庭中妇女结婚后必须随夫姓、家庭同姓的传统，结婚后的妇女有了自己的姓名权。

### 3. 规定了全新的父母子女权利义务

父母对于子女有抚养教育的义务，子女对于父母有赡养扶助的义务，父母子女有互相继承遗产的权利，非婚生子女享受与婚生子女同等的权利。这些规定成为新社会全新的父母子女关系的开始，也被后来的立法所坚守。司法实务中有以下几点值得注意。

（1）父母对子女的抚养教育义务是子女对父母赡养扶助的前提。1950年婚姻法第十三条规定“父母对于子女有抚养教育的义务；子女对于父母有赡养扶助的义务；双方均不得虐待或遗弃”。1963年7月4日，最高人民法院在《关于自幼送人抚养的女儿对其生父赡养义务问题的复函》[①]中，提出“如果汤的生父将其自幼送人抚养时，是有意不尽抚养义务，现在汤家林有理由拒绝其生父的要求，但在其生父年老体弱、无以为生的情况下，也可说服汤家林对其生父在经济上给予适当照顾，本人坚决不愿意也不能勉强。如当时汤家林生父确因生活所迫，无力抚养将女儿送人抚养，则应按婚姻法十三条的规定，不能认为汤家林对其生父已无赡养义务，而仍应对其生父适当担负一部分生活费用”。可见，最高人民法院的意思很明显，父母若故意不对子女尽抚养教育义务，则子女无必须赡养扶助父母的义务。

（2）在涉及家庭纠纷时，最高人民法院认为从家庭团结角度，不宜硬判。如1953年8月6日最高人民法院对华东分院关于赡养问题的批复(法行字第4380号)[②]，“如在被告家庭经济状况较好有赡养扶助的能力，而原告确系生活困难情况下可同意你院处理意见，但在方法上，应尽可能不采用硬性判决的办法，而抓住双方思想情况，找出矛盾的症结，予以说服教育解决，以免影响被告与家庭间的团结和夫妻关系”。

（3）注重家庭中的人伦秩序和妇女权益保护。吴中输在吴凤兰6岁时收养了她，在养女20岁时二人发生关系产下一子并申请结婚登记。最高人民法院《对吴中输与养女吴凤兰请求结婚问题意见的复函》[③]（1953年1月31日）同意东北分院“不准他们结婚”的意见，理由是“婚姻法第十三条第二项规定，养父母与养子女相互间的关系，适用该条第一项规定的亲父母子女间相互关系的规定，故不能结婚。并根据人民群众现在的觉

---

① 【法宝引证码】CLI.3.175396，https://wwwhtbprolpkulawhtbprolcoms.libvpn.cwu.edu.cn/chl/85e5671d80a6e4cebdfb.html，2025年3月17日访问。

② 【法宝引证码】CLI.3.175686，https://wwwhtbprolpkulawhtbprolcoms.libvpn.cwu.edu.cn/chl/b38d6b79489666d7bdfb.html，2025年3月17日访问。

③ 【法宝引证码】CLI.3.140204，https://wwwhtbprolpkulawhtbprolcoms.libvpn.cwu.edu.cn/chl/4be42f7c29c4eb0bbdfb.html，2025年3月17日访问。

悟程度，允许结婚，恐有不良影响”。复函中并要求东北分院注意保障女方的权益，“注意了解一下男方的历史、职业、阶级成分和男女双方情况，看女方与养父结婚是否出于自愿，如男方有威逼利诱等犯罪行为即须考虑予以适当的处罚，同时为照顾女方情绪也要进行一些必要的说服教育，对她的生活作适当安置，不使发生意外”。

1950 年的婚姻法“为家庭注入了新的价值，家庭成员的权益有了法律保障”[①]。1950 年通过的婚姻法所确立的这些原则和规则，为破除传统的封建婚姻和家庭思想，推翻以“夫权”为中心的家庭关系，重塑家庭秩序，解放妇女，提供了重要的法律依据和制度保障。新社会，新家庭，一切都欣欣向荣。在 1950 年通过的婚姻法正式实施前夕，中共中央向全党下发了《关于保证执行婚姻法给全党的通知》，在党内进行政治动员。但该婚姻法在实施过程中还是遇到了比较多的困难，毕竟要革新根深蒂固的旧观念，并非易事。为此，1953 年 2 月 1 日，政务院发布《关于贯彻婚姻法的指示》[②]，要求县级以上各级人民政府应组织贯彻婚姻法运动委员会，制定开展贯彻婚姻法运动的方案。党中央和中央政府先后针对一部法律的实施作出通知和指示，进行政治动员，各地自上而下成立专门的机构积极宣传婚姻法，在新中国历史上是罕见的。不过，确实对婚姻法的宣传和实施起到了重要的促进作用，对新家庭建设意义重大。

### （三）1954 年宪法首次确认国家保护婚姻、家庭、母亲和儿童

1954 年 9 月 20 日，新中国第一部宪法颁布，其第九十六条规定“中华人民共和国妇女在政治的、经济的、文化的、社会的和家庭的生活各方面享有同男子平等的权利。婚姻、家庭、母亲和儿童受国家的保护”。这种表述形式在此后的历次修宪中均得到了完整的保留。值得注意的是，《共同纲领》第六条在确认妇女“有与男子平等的权利”后，紧随其后的是“实行男女婚姻自由”，而 1954 年宪法在规定男女在五大方面的平等权利后，

---

① 范佳洋：《家庭法中的家庭角色变迁——以国家整合为视角》，《法学研究》2022 年第 6 期。

② 【法宝引证码】CLI.2.160232，https://wwwhtbprolpkulawhtbprolcoms.libvpn.cwu.edu.cn/chl/f71403ed1444ba63bdfb.html，2025 年 3 月 17 日访问。

规定的是“婚姻、家庭、母亲和儿童受国家的保护”，有几点值得注意。

首先，宪法从一开始就区分了婚姻和家庭是两个不同的保护对象。长期以来，我国法学上很多时候将婚姻和家庭混为一谈，研究上多放在婚姻制度上，对家庭制度的研究比较少，即使提及家庭法，也多是在谈婚姻法。实际上，婚姻只是家庭的组成模式之一，家庭关系并不等同于婚姻关系。

其次，宪法规定对家庭的保护，说明家庭有其需要保护的独立价值，保护家庭是“国家必须承担相应的义务和责任，又是赋予国家的一种权力。国家据此必须尊重公民在婚姻家庭领域私生活的合法自主权。同时，国家和法律也可以在此范围内，为保护婚姻家庭，而适当干预公民的私生活”。①

最后，宪法规定家庭受国家保护，实质上意味着作为根本法的宪法授权国家机关通过制定具体立法和政策来贯彻和落实国家责任。

### （四）基于户籍管理而形成的“户”成为这一时期行政管理的重要标准

基于人口管理的需要，1958 年 1 月 9 日，全国人民代表大会常务委员会通过的《中华人民共和国户口登记条例》第五条规定“户口登记以户为单位。同主管人共同居住一处的立为一户，以主管人为户主。单身居住的自立一户，以本人为户主。居住在机关、团体、学校、企业、事业等单位内部和公共宿舍的户口共立一户或者分别立户”。可见，户口登记中的户包括家庭户、单身户和集体户三类。在我国历史上的各朝代，一直都有专门的户部来进行人口管理，“将户籍与家庭概念联系起来并作为界定法律上家庭概念的核心标准，具有极其悠久的历史”②。户口登记条例涉及家庭户的规范，包括同主管人共同居住一处的为一户，以主管人为户主，并在户口登记机关办理户籍登记；户口登记的内容需要变更或者更正的时候，由户主或者本人向户口登记机关申报；因结婚、离婚、收养、认领、分户、并户、失踪、寻回或者其他事由引起户口变动的时候，由户主或者本

① 杨遂全：《论国家保护婚姻家庭的宪法原则及其施行》，《中国法学》2001 年第 1 期。

② 朱晓峰：《民法家庭概念论》，《清华法学》2020 年第 5 期。

人向户口登记机关申报变更登记。值得一提的是，1958 年户口登记条例至今有效，且未经过任何修改。

在公安机关登记的家庭户成为我国政府在计划经济时代进行福利分配的基本标准，例如城镇地区的公房分配、农村地区的农业税，都是以户为单位来进行的。以公房分配为例，计划经济时期，我国城镇地区的公房制度，其功能在于保障家庭的居住，是否成立家庭（户）及家庭人口状况是分配的重要条件。“在确定相关人员的分房资格及分房面积时，有无配偶、配偶有无住房、家庭成员的人数多少及居住是否困难等因素有时起到决定性作用。”[①] 尽管公房的承租人是职工个人，但住房调配单上一般会载明包括家庭成员在内的房屋受配人，以及共同居住的家庭主要成员，承租人死亡的，其家庭成员一般还是可以继续承租该房屋的。可以说，国家通过福利配给政策强化了对家庭成员关系的管辖。农业税的征收，也是以“户”为单位，按农业人口每人平均农业收入累进计征。

### （五）社会保障制度中的家庭因素

1951 年 2 月，中央人民政府政务院公布实施《中华人民共和国劳动保险条例》，初步建立了包括养老、工伤、疾病、生育、遗属等内容的职工社会保险制度，其中第十三条“戊、工人与职员供养的直系亲属患病时，得在该企业医疗所、医院、特约医院或特约中西医师处免费诊治，手术费及普通药费，由企业行政方面或资方负担二分之一”；第十四条规定了工人与职员及其供养的直系亲属死亡时的待遇。[②] 这些条款给受工人与职员供养的直系亲属在患病、工人与职员死亡后一些保障，具有一定的家庭保障色彩。国家还建立了针对机关和事业单位职工的社会保险制度。1956 年 6 月，第一届全国人民代表大会第三次会议通过了《高级农业生产合作社

---

① 凌维慈：《住房制度演变中家庭共同居住权益的解体与重构》，《浙江学刊》2024 年第 3 期。

② 1953 年修正后《中华人民共和国劳动保险条例》第十四条，工人与职员及其供养的直系亲属死亡时待遇的规定：甲、工人与职员因工死亡时，由该企业行政方面或资方发给丧葬费，其数额为该企业全部工人与职员平均工资三个月；另由劳动保险基金项下，按其供养的直系亲属人数，每月付给供养直系亲属抚恤费，其数额为死者本人工资百分之二十五至百分之五十，至受供养者失去受供养的条件时为止。详细办法在实施细则中

示范章程》①，农村“五保”制度建立②，该章程还要求农业合作社逐步举办公共卫生、托育、生育物质帮助、居住条件改善等福利事业。这些保障举措皆有家庭保障的意义。

“1969年至改革开放前，受‘文化大革命’的影响，社会保障事业出现倒退。从中央到地方的劳动保险管理机构被撤销或停止工作；企业职工社会保险费用统筹制度被废止。这一时期的社会保障基本上处于无法可依、无章可循的状态”③。

## （六）其他涉及家庭的法律解释或政策

### 1. 家庭团聚方面的政策

为了适当解决远离家乡同家属分居两地的工人、职员回家探亲的问题，1957年11月16日，全国人民代表大会常务委员会第八十五次会议批准通过，国务院颁布《关于工人、职员回家探亲的假期和工资待遇的暂行

(接上页注) 规定之。乙、工人与职员因病或非因工负伤死亡时，由劳动保险基金项下付给丧葬补助费，其数额为该企业全部工人与职员平均工资两个月。另由劳动保险基金项下，按其供养直系亲属人数，付给供养直系亲属救济费，其数额为死者本人工资六个月到十二个月。详细办法在实施细则中规定之。丙、工人与职员因工负伤致成残废完全丧失劳动力退职后死亡时，应按本条甲款的规定，付给丧葬费及供养直系亲属抚恤费。退职养老后死亡时或非因工残废完全丧失劳动力退职后死亡时，应按本条乙款的规定，付给丧葬补助费及供养直系亲属救济费。丁、工人与职员供养的直系亲属死亡时，由劳动保险基金项下付给供养直系亲属丧葬补助费：死者年龄在十周岁以上者，其数额为该企业全部工人与职员平均工资一个月的二分之一；一周岁至十周岁者，为平均工资一个月的三分之一。不满一周岁者不给。【法宝引证码】CLI.2.20，https://wwwhtbprolpkulawhtbprolcoms.libvpn.cwu.edu.cn/chl/96be87573ffd9605bdfb.html，2025年3月17日访问。

① 【法宝引证码】CLI.1.129484，https://wwwhtbprolpkulawhtbprolcoms.libvpn.cwu.edu.cn/chl/6d0fcab3bc0f13f1bdfb.html，2025年3月17日访问。

② 1956年《高级农业生产合作社示范章程》第五十三条：农业生产合作社对于缺乏劳动力或者完全丧失劳动力、生活没有依靠的老、弱、孤、寡、残疾的社员，在生产上和生活上给以适当的安排和照顾，保证他们的吃、穿和柴火的供应，保证年幼的受到教育和年老的死后安葬，使他们生养死葬都有依靠。

③ 杨思斌：《我国社会保障法治建设四十年：回顾、评估与前瞻》，《北京行政学院学报》2018年第3期。

规定》[1]（以下简称《探亲规定》），规定“凡是同父亲、母亲、配偶都不住在一起而又不能够利用公共休假日回家团聚的，原则上每年给假一次，以便回家探亲”。为指导各地制定实施细则，1981 年 3 月 26 日，国家劳动总局发布《关于制定〈国务院关于职工探亲待遇的规定〉实施细则的若干问题的意见》，将《探亲规定》所称的父母，扩大到包括自幼抚养职工长大，现在由职工供养的亲属，不包括岳父母、公婆。

### 2. 关于父母子女关系中义务不能消灭、权利可以声请脱离的司法解释

1951 年 11 月 2 日，最高人民法院对华东分院《关于父母子女间的法律关系可否声请脱离问题的批复》[2]认为“关于张鼎臣同志以其家庭封建落后，申请割断其父子关系与夫妻关系这一问题。你们所拟意见，我们大致同意：惟父母子女间，虽因政治观点，有前进与落后的不同，但在他仍应负的抚养教育义务或赡养扶助义务，不能因此而消灭；至于应受的抚养教育权利或受赡养扶助权利，以及继承遗产的权利，则可以声明抛弃”。

### 3. 关于离婚理由

离婚理由意味着法院对离婚案件的审查深度。1950 年婚姻法规定婚姻自由，婚姻自由包括结婚自由和离婚自由，虽未明确规定离婚理由，但离婚并非绝对自由。据薛宁兰回顾，当时法学界和实务界关于离婚理由，主要有“正当理由”“感情破裂”“理由感情结合论”[3]三种观点之争。实务中，如何把握离婚理由确实给法院带来困惑。1951 年 5 月 18 日，最高人民法院《对内蒙古人民法院 1950 年工作总结中有关执行婚姻法方面存在的问题的意见》[4]认为“因为离婚是应该有理由的，法院在处理离婚案

---

① 【法宝引证码】CLI.1.128029，https://wwwhtbprolpkulawhtbprolcoms.libvpn.cwu.edu.cn/chl/519316c3c28c4335bdfb.html，2025 年 3 月 17 日访问。

② 【法宝引证码】CLI.3.41，https://wwwhtbprolpkulawhtbprolcoms.libvpn.cwu.edu.cn/chl/9c98a9ddbbddfa37bdfb.html，2025 年 3 月 17 日访问。

③ 薛宁兰：《与立法相伴前行：七十年来的婚姻家庭法学研究》，《暨南学报（哲学社会科学版）》2019 年第 10 期。

④ 【法宝引证码】CLI.3.175461，https://wwwhtbprolpkulawhtbprolcoms.libvpn.cwu.edu.cn/chl/a57dc504a85a1b3cbdfb.html，2025 年 3 月 17 日访问。

件时，考查离婚理由是否正当，是判决的基础”。可见，新中国成立初期，法院在审理离婚案件中是按照“正当理由”进行，虽然何为“正当理由”始终没有更具体的司法解释，法官的裁量权非常大。1963 年 6 月 22 日，最高人民法院《关于如何正确理解婚姻法第十七条规定的复函》① 认为“人民法院对于一方坚持要求离婚的，如经调解无效而又确实不能继续维持夫妻关系的，应判决准予离婚。如虽经调解无效，但事实证明他们并没到确实不能继续同居的程度，也可以判决不准离婚”。在这个时期关于离婚理由发生变化，实质上是按照“感情破裂”进行审理的。到“文化大革命”期间，“在处理离婚问题上，主张‘唯正当理由论’，用‘正当理由’代替‘夫妻感情’，甚至有人提出‘在离婚问题上强调夫妻感情是否破裂会助长资产阶级喜新厌旧思想的泛滥’，还有的用政治标准代替婚姻关系的特殊性”。

### 4. 家务劳动具有价值及赡养老人要注意区分法律义务和传统习惯

最高人民法院《关于已出嫁女儿赡养父母和媳妇赡养婆婆问题的批复》② 认为“家庭妇女照料家务抚育子女的劳动应与丈夫获取生活资料的劳动有同等的价值，丈夫劳动所得的工资，亦应认为夫妻共同劳动所得的财产，同时，夫妻双方对于家庭财产有平等的所有权与处理权。因而已出嫁的女儿虽是家庭妇女，没有工资收入，但也可以从她夫妻共同劳动所得的财产中取出适当部分来赡养父母”。另外，认为“对旧社会中媳妇有抚养婆婆义务的提法是不尽符合实际情况，因为媳妇在旧社会中是处于从属地位，所以，只是有抚养婆婆的习惯，不能认为是义务。对责令媳妇要抚养婆婆的做法也不尽妥当，因为责令带有强制性的行为，一般应以动员说服媳妇抚养婆婆为宜，以利双方团结”。

### 5. 离婚时自留地的处置偏重家庭优先

1963 年 10 月 21 日，最高人民法院《关于离婚案件中自留地、自留畜

① 【法宝引证码】CLI.3.175811，https://wwwhtbprolpkulawhtbprolcoms.libvpn.cwu.edu.cn/chl/3841754cd6ecd2ebbdfb.html，2025 年 3 月 17 日访问。

② 【法宝引证码】CLI.3.197，https://wwwhtbprolpkulawhtbprolcoms.libvpn.cwu.edu.cn/chl/0a17a0f871faa66dbdfb.html，2025 年 3 月 17 日访问。

的处理问题的批复》[1]认为“自留地是分给社员家庭长期使用的，生死嫁娶暂不变动。夫妻离婚时，自留地应归在原队安家生产的一方使用，离开原家庭的一方不应分带自留地”。这个意见实则更有利于男性，因为中国婚嫁的传统习俗是女到男家，赘婿招夫毕竟还是少。可以看出，最高人民法院的意见更多考虑到家庭利益。

### （七）政治运动对家庭制度的破坏

从20世纪60年代中期到“文化大革命”结束，我国婚姻家庭制度改革和法治建设被迫停滞，“文化大革命”中，“阶级斗争”对正常家庭关系和家庭伦理的冲击非常大，与此同时旧思想、旧习俗乘机泛滥，严重损害了50年代婚姻家庭制度改革和法治建设所取得的成果[2]。

总之，在这一时期，通过密集立法，破旧立新，我国初步确立了社会主义婚姻家庭制度。一夫一妻、婚姻自由、妇女在家庭中与男子平等、已婚妇女享有姓名权、妇女享有工作权等，作为社会共识深入人心。另外，计划经济体制下，统分统筹，家庭财产极少，因此有关家庭财产的立法和政策阙如。整体上看，这一时期的家庭立法和政策，中国的家庭政策具有突出的意识形态性质。20世纪50年代中后期，开始强调在婚姻家庭领域

---

① 【法宝引证码】CLI.3.140920，https://wwwhtbprolpkulawhtbprolcoms.libvpn.cwu.edu.cn/chl/79d976094a06ee5dbdfb.html，2025年3月17日访问。

② 强调“兴无灭资”，如把正当的恋爱行为扣上“谈情说爱的资产阶级生活方式”的帽子；不恰当地用政治斗争的观点对待亲属之间的关系，如“亲不亲，阶级斗争线上分”。主张夫妻之间，父母子女之间要“划清政治界限”，在处理离婚问题上，主张“唯正当理由论”，用“正当理由”代替夫妻感情，甚至有人提出在离婚问题上强调“夫妻感情是否破裂”会助长资产阶级喜新厌旧思想的泛滥，还有的用政治标准代替婚姻关系的特殊性。从而侵害了当事人的合法权益，使已经“死亡”的婚姻关系不能及时解除。所有这些“左”倾错误思想路线的影响，在“文化大革命”这一特殊的历史时期都达到了登峰造极的程度。如：对要求离婚者集中起来办“学习班”，通过“路线教育”去“解决思想问题”；对工人、贫下中农子女与“地、富、反、坏、右”的子女提出的结婚请求不予办理；挑动妻子揭发丈夫、子女批斗父母；等等。其结果，使社会主义婚姻家庭关系两边遭到践踏，在人民中已经培植起来的优良社会主义道德风尚也受到破坏。见杨大文、刘素萍：《龙翼飞：完善社会主义初级阶段的婚姻家庭制度》，《中国法学》1989年第2期。

里反对资产阶级思想，20 世纪 60 年代初期，最高人民法院《关于贯彻执行民事政策几个问题的意见》[①] 认为婚姻家庭纠纷“一般都或多或少的反映了社会主义的婚姻观点与资本主义的甚至是封建主义的婚姻观点的斗争”，有些甚至“是敌人利用婚姻纠纷，进行破坏活动”“是阶级斗争的一种反映”，“凡因资产阶级思想、喜新厌旧、腐化堕落提出离婚的，法院可建议有关部门给予应有的处分，对方坚决不同意离婚的，法院应协同有关部门严格批评教育错误的一方，促使双方和好，不要轻率判离”。可见，婚姻家庭纠纷的解决也带有了浓厚的意识形态色彩。另外，从 20 世纪 50 年代后期起，社会主义改造完成后，通过单位来管理个人，并涉入家庭，成为一种具有中国特色的实现社会治理的方式。家庭对单位的依赖程度非常高，从结婚、生育，子女托育、上学、就业等，单位都可以解决，单位代替国家成为福利提供者。

## 二、家庭立法工作再出发——继承和发展（1978—2001 年）

1978 年召开的党的十一届三中全会是划时代的，开启了改革开放和社会主义现代化建设新时期，国家工作重心转移到经济建设上，重新重视社会主义法治建设。在这个时期，伴随着改革开放，“国家在法律层面将亲密情感要素视为构建和维系中国人婚姻生活的重要纽带，体现了国家日益尊重个体的主体性地位，并试图将个体主义的亲密体验放置于现代性的优先位置，推动着从‘为他人而活’到‘为自己而活’的婚姻价值转变”[②]。

### （一）1980 年婚姻法

1980 年 9 月 10 日，五届全国人大三次会议通过了新修改的《中华人民共和国婚姻法》，此次修改“重申了 1950 年婚姻法中的基本原则和

---

① 【法宝引证码】CLI.3.175803，https://wwwhtbprolpkulawhtbprolcoms.libvpn.cwu.edu.cn/chl/2efbb6f92c69fd3ebdfb.html，2025 年 3 月 17 日访问。

② 于志强：《中国家庭转型的现代化实践及其国家形塑》，《社会科学研究》2024 年第 5 期。

行之有效的规定，同时又根据新时期调整婚姻家庭关系的实际需要，在内容上作了必要的修改和补充”。[①] 与家庭相关的修改内容，主要有以下几个方面。

### 1. 增加了有关家庭的内容

与 1950 年婚姻法相比，总则增加了有关家庭的内容。继承 1950 年婚姻法基本原则，重申“实行婚姻自由、一夫一妻、男女平等的婚姻制度”，首次明确婚姻法实质是婚姻家庭法，其第一条规定“本法是婚姻家庭关系的基本准则”。规定弱势家庭成员的合法权益受法律保护，“保护妇女、儿童和老人的合法权益”，老人受保护首次被规定到法律中。规定家庭人口再生产“实行计划生育”。

### 2. 事实上以夫妻共同财产和约定财产制取代了家庭共同财产制

1950 年婚姻法确立的家庭共同财产制，被夫妻共同财产制和约定财产制取代。第十三条“夫妻在婚姻关系存续期间所得的财产，归夫妻共同所有，双方另有约定的除外”。约定财产制的效力高于法定财产制，如果夫妻对婚后财产没有约定，则推定婚姻存续期间所获得的财产归夫妻共同所有。“由此，家庭关系的契约性初显”[②]。不过 1980 年婚姻法并没有明确夫妻共同财产的认定标准。1984 年最高人民法院《关于贯彻执行民事政策法律若干问题的意见》专门规定了离婚时财产处理的司法意见，要求“坚持男女平等和保护妇女、儿童合法权益的原则，查清家庭财产，夫妻共同财产和婚前财产的状况，合情合理地予以解决”，对婚前个人财产和婚后财产做了比较细致的区分，这个标准实际上一直延续至今，此后的立法和司法解释都是在此基础上结合新情况新问题进行的完善。对农民离婚时的财产分割，也有涉及，“（15）夫妻关系存续期间从事的多种经营和承包责任田的当年收益，离婚时，应作为夫妻共同财产处理。对生产资料和离婚当年无收益的养殖、种植专业，应从有利于生产考虑，予以合理调整或作价

---

① 马忆南：《20 世纪之中国婚姻家庭法学》，《中外法学》1998 年第 2 期。

② 范佳洋：《家庭法中的家庭角色变迁——以国家整合为视角》，《法学研究》2022 年第 6 期。

处理”[①]，由于当时家庭联产承包责任制刚刚开始实施，这个司法意见没有考虑到妇女对承包土地的未来收益，只是局限于“当年收益”，这是不公平的。总体上讲，以夫妻共同财产和约定财产制取代家庭共同财产制，是个体主义取代家庭主义的开端。

### 3. 婚姻家庭的解体变得更加容易

法律规定离婚可以协议离婚，也可以诉讼离婚。协议离婚时“婚姻登记机关查明双方确实是自愿并对子女和财产问题已有适当处理时，应即发给离婚证”。诉讼离婚时法院将“夫妻感情确已破裂”作为法院判决离婚的唯一标准，意味着婚姻家庭的解体不再考虑其他家庭成员，而仅仅以夫妻感情作为判断标准。“对感情破裂标准的采纳反映了立法者的个体主义婚姻观，同时意味着法律对亲密关系强有力的介入”[②]。1984 年最高人民法院《关于贯彻执行民事政策法律若干问题的意见》对“感情破裂”的认定规定了一些具体情形，其中也规定了法院可以判决不离的情形，如“因生女孩或女方采取节育措施而提出离婚的，应依靠有关组织和群众对其重男轻女、传宗接代的封建思想进行批评教育，促使其认识错误，尽量调解和好。如果夫妻感情原来较好，即使调解无效，也可判决不准离婚”。1989 年最高人民法院《关于人民法院审理离婚案件如何认定夫妻感情确已破裂的若干具体意见》[③]（已于 2021 年 1 月 1 日废止）从婚姻基础、婚后感情、离婚原因、夫妻关系的现状和有无和好的可能等方面，规定人民法院在认定“感情破裂”时的 14 种情形，其中“10. 一方好逸恶劳、有赌博等恶习，不履行家庭义务、屡教不改，夫妻难以共同生活的”是唯一兼顾家庭利益的。2001

---

① 最高人民法院《关于贯彻执行民事政策法律若干问题的意见》（1984）“（12）婚前的个人财产和双方各自所用的财物，原则上归个人所有。在婚姻关系存续期间，夫妻各自或共同劳动所得的收入和购置的财产，各自或共同继承、受赠的财产，都是夫妻共同财产。婚前财产与婚后财产无法查清的，或虽属婚前个人财产，但已结婚多年，由双方长期共同使用、经营、管理的，均可视为夫妻共同财产。……未成年子女的财产由负责抚养的一方代为管理”。【法宝引证码】CLI.3.2099，https://wwwhtbprolpkulawhtbprolcom-s.libvpn.cwu.edu.cn/chl/70c7def33bc1f97bbdfb.html，2025 年 3 月 17 日访问。

② 刘征峰：《家庭关系法律适用和续造的抽象界限》，《法学》2024 年第 6 期。

③ 【法宝引证码】CLI.3.141951，https://wwwhtbprolpkulawhtbprolcoms.libvpn.cwu.edu.cn/chl/89d2d577a68624cfbdfb.html，2025 年 3 月 17 日访问。

年婚姻法（已失效）修订时在第三十二条进一步细化了感情破裂标准；《中华人民共和国民法典》第一千零七十九条继续沿用了感情破裂标准。总体上看，这一时期婚姻家庭的解体趋于容易，即使司法文件要求“维护社会主义的婚姻家庭关系”，但总体上对个体感情的尊重超过对家庭稳定的维护。

### 4. 将养老育幼的责任主体扩大至代际家庭成员

1980 年婚姻法第二十二条规定：“有负担能力的祖父母、外祖父母，对于父母已经死亡的未成年的孙子女、外孙子女，有抚养的义务。有负担能力的孙子女、外孙子女，对于子女已经死亡的祖父母、外祖父母，有赡养的义务。”第二十三条规定：“有负担能力的兄、姊，对于父母已经死亡或父母无力抚养的未成年的弟、妹，有抚养的义务。”1984 年《关于贯彻执行民事政策法律若干问题的意见》又将适用情形从直系一代死亡扩大到“确无能力抚养或均丧失抚养能力”等[①]。之所以如此规定，跟当时的社会实际情况有关。改革开放初期，一方面，由政府全面提供各种家庭福利的时代结束了；另一方面，全面的社会保障体系没有建立起来。因此，养老抚幼的需要只能由家庭承担并扩大至代际家庭成员。2001 年婚姻法修订后基本延续了这一规定。

### 5. 有条件地承认事实婚姻

1980 年婚姻法要求合法婚姻必须进行结婚登记。在最高人民法院早期的司法批复中也是不承认事实婚姻的[②]。但鉴于事实婚姻具有一定的规模，

---

① 1984 年《关于贯彻执行民事政策法律若干问题的意见》“(24) 根据婚姻法第二十二条规定的精神，有负担能力的祖父母、外祖父母，对于父母一方死亡、另一方确无能力抚养或父母均丧失抚养能力的未成年的孙子女、外孙子女有抚养的义务。(25) 有负担能力的孙子女、外孙子女，对子女已经死亡或子女确无力赡养的祖父母、外祖父母，有赡养的义务。(26) 由兄、姐抚养长大的有负担能力的弟、妹，对丧失劳动能力、孤独无依的兄、姐，有抚养的义务”。

② 如最高人民法院民事审判庭关于李玲与王景年婚姻纠纷案的复函（1982 年 8 月 9 日〔82〕民他字第 13 号）；最高人民法院民事审判庭关于未经结婚登记以夫妻名义同居生活一方死亡后另一方有无继承其遗产权利的答复（1987 年 7 月 25 日〔1987〕民他字第 40 号）。【法宝引证码】CLI.3.11644，https://wwwhtbprolpkulawhtbprolcoms.libvpn.cwu.edu.cn/chl/037b4f79a3b8bd73bdfb.html，2025 年 3 月 17 日访问。

1989 年最高人民法院发布《关于人民法院审理未办结婚登记而以夫妻名义同居生活案件的若干意见》规定“为保护妇女和儿童的合法权益，有利于婚姻家庭关系的稳定，维护安定团结，在一定时期内，有条件地承认其事实婚姻关系”。不过这个司法意见区分了事实婚姻和非法同居[①]，实际上就是有条件地承认了同居家庭，带有浓厚的时代特点。其中规定“同居生活期间一方死亡，另一方要求继承死者遗产，如认定事实婚姻关系的，可以配偶身份按继承法的有关规定处理；如认定非法同居关系，而又符合继承法第十四条规定的，可根据相互扶助的具体情况处理”。直到 1994 年 2 月 1 日《婚姻登记管理条例》生效后，不再承认事实婚姻，未办结婚登记即以夫妻名义同居生活，一律按非法同居关系对待[②]。自此，同居家庭也不再受法律保护，同居家庭的子女为非婚生子女，其与父母的关系适用于 1980 年婚姻法规定的婚生子女和父母的关系，但其父母不再互相享有配偶权。

### 6. 规定了父母对子女的管教权

1980 年婚姻法延续了 1950 年婚姻法规定的父母对子女有抚养教育义务，在第十七条更明确规定“父母有管教和保护未成年子女的权利和义

① 《关于人民法院审理未办结婚登记而以夫妻名义同居生活案件的若干意见》规定“1.1986 年 3 月 15 日《婚姻登记办法》施行之前，未办结婚登记手续即以夫妻名义同居生活，群众也认为是夫妻关系的，一方向人民法院起诉‘离婚’，如起诉时双方均符合结婚的法定条件，可认定为事实婚姻关系；如起诉时一方或双方不符合结婚的法定条件，应认定为非法同居关系。2.1986 年 3 月 15 日《婚姻登记办法》施行之后，未办结婚登记手续即以夫妻名义同居生活，群众也认为是夫妻关系的，一方向人民法院起诉‘离婚’，如同居时双方均符合结婚的法定条件，可认定为事实婚姻关系；如同居时一方或双方不符合结婚的法定条件，应认定为非法同居关系”。【法宝引证码】CLI.3.4529，https://wwwhtbprolpkulawhtbprolcoms.libvpn.cwu.edu.cn/chl/c68ce47f1b0b4964bdfb.html，2025 年 3 月 17 日访问。

② 《关于人民法院审理未办结婚登记而以夫妻名义同居生活案件的若干意见》规定“3. 自民政部新的婚姻登记管理条例施行之日起，未办结婚登记即以夫妻名义同居生活，按非法同居关系对待”。《婚姻登记管理条例》第二十四条规定：“未到法定结婚年龄的公民以夫妻名义同居的，或者符合结婚条件的当事人未经结婚登记以夫妻名义同居的，其婚姻关系无效，不受法律保护。”【法宝引证码】CLI.2.9144，https://wwwhtbprolpkulawhtbprolcoms.libvpn.cwu.edu.cn/chl/21cc2f2304e4c699bdfb.html，2025 年 3 月 17 日访问。

务”。很显然，立法者在这里有意区分了教育和管教，而且对未成年子女的管教和保护不仅是父母的义务，而且是他们的权利。尽管此后再无司法解释对“何为管教”予以明确，但有关管教的规定实则还是一个败笔，有家庭暴力合法化之嫌。梁慧星认为“对子女的抚养教育及对未成年子女的管教和保护，本质上为权利义务的结合，并侧重于父母对社会的法律义务，已非通常意义上的民事权利”[①]。2001 年婚姻法修订时取消了“管教”的表述。

### （二）1982 年宪法及 1993 年、1999 年宪法修正案

这一时期，宪法涉及家庭的条款主要是三个方面的内容。

一是农村集体所有制下农户家庭对某些集体土地的使用权。自 1955 年我国完成土地改革后，劳动群众集体所有制一直是我国农村的主要经济形式。1978 年 11 月 24 日，安徽省凤阳县小岗村 18 位农民发起的“大包干”生产责任制，实际上是“集体所有，农户经营”。1982 年 1 月 1 日，中共中央批转《全国农村工作会议纪要》[②]（中央一号文件），指出目前农村实行的各种责任制，都是社会主义集体经济的生产责任制。1982 年宪法第八条第一款确认农户家庭在法律规定的范围内经营自留地、自留山、家庭副业和饲养自留畜[③]，并未把家庭联产承包责任制规定进宪法，彭真同志在第五届全国人民代表大会第五次会议《关于中华人民共和国宪法修改草案的报告》中指出“宅基地和自留地、自留山，归农户长期使用，但是不属于农户私有”。1983 年 1 月，中共中央《关于印发〈当前农村经济政策的若干问题〉的通知》指出我国农村“普遍实行了多种形式的农业生产责任制，而联产承包制又越来越成为主要形式”。同年，农地第一轮承包在全国普遍展开。不过，这时候的家庭联产承包，无论政策上还是法律上，出

---

① 梁慧星：《中国人身权制度》，《中国法学》1989 年第 5 期。

② 【法宝引证码】CLI.16.109228，https://wwwhtbprolpkulawhtbprolcoms.libvpn.cwu.edu.cn/chl/b4d5eb99d57d5ee3bdfb.html，2025 年 3 月 17 日访问。

③ 1982 年宪法第八条：农村人民公社、农业生产合作社和其他生产、供销、信用、消费等各种形式的合作经济，是社会主义劳动群众集体所有制经济。参加农村集体经济组织的劳动者，有权在法律规定的范围内经营自留地、自留山、家庭副业和饲养自留畜。

租、转包等变更经营主体的做法都被禁止。1982 年宪法（第十条第二款）、1986 年制定的土地管理法（第二条）和民法通则（第八十条）都明确规定，不得侵占、买卖、出租或者以其他形式非法转让土地。1986 年，最高人民法院在《关于审理农村承包合同纠纷案件若干问题的意见》中也规定："承包人在未经发包人同意私自转包、转让承包合同的，承包合同无效。"1993 年《中华人民共和国宪法修正案》以"农村中的家庭联产承包为主的责任制"取代"农村人民公社、农业生产合作社"。1999 年《中华人民共和国宪法修正案》将"家庭联产承包责任制"表述为"家庭承包经营为基础、统分结合的双层经营体制"，这一规定至今仍然保留。在这段历史时期内，"村民联结模式由'政治共同体'退回'血缘共同体'"①。因此，对农村家庭财产的范围和法律保护就非常迫切了，需要具体法律予以规范。

二是将"计划生育"列入宪法。实际上 1978 年宪法就已经将"计划生育"列入。1982 年 2 月 9 日，中共中央、国务院在《关于进一步做好计划生育工作的指示》② 中，针对农村实行生产责任制后出现的新情况，明确提出了城乡计划生育的具体要求："国家干部和职工、城镇居民，除特殊情况经过批准者外，一对夫妇只生育一个孩子。农村普遍提倡一对夫妇只生育一个孩子，某些群众确有实际困难要求生二胎的，经过审批可以有计划地安排。不论哪一种情况都不能生三胎。"这一时期的计划生育立法主要是各省、自治区、直辖市制定的有关计划生育方面的地方性法规。1991 年，中共中央、国务院发布了《关于加强计划生育工作严格控制人口增长的决定》，"提倡晚婚晚育，少生优生；提倡一对夫妇只生育一个孩子"成为我国这一时期的计划生育政策主要内容③。育龄夫妻履行计划生育成为家

---

① 李文润：《中国原生乡村治安秩序浅析及其启示》，《江西警察学院学报》2023 年第 3 期。

② 【法宝引证码】CLI.16.1195，https://wwwhtbprolpkulawhtbprolcoms.libvpn.cwu.edu.cn/chl/bddea540da332f1dbdfb.html，2025 年 3 月 17 日访问。

③ 《中共中央、国务院关于加强计划生育工作严格控制人口增长的决定》（中发〔1991〕9 号），【法宝引证码】CLI.16.5184，https://wwwhtbprolpkulawhtbprolcoms.libvpn.cwu.edu.cn/chl/8d47b50a52dd0cafbdfb.html，2025 年 3 月 17 日访问。

庭义务。不过，“旨在控制人口数量的计划生育政策，却意外地改变了中国的人口结构，促使中国人口迅速老龄化，并且造成独生子女等社会、家庭问题。”①

## （三）民法通则中与家庭有关的规定

我国在改革开放后没有立刻走大民法的立法模式，而把婚姻法、收养法从民法中独立出来。因此，《中华人民共和国民法通则》（以下简称“民法通则”）中有关家庭的规定比较少，主要体现在以下几个方面。

### 1. 监护制度

民法通则确定了未成年人和精神病人的监护制度。未成年人的监护人主要是父母，父母已经死亡或者没有监护能力的，主要是由代际家庭成员担任监护人②。精神病人的监护人，主要是由配偶、父母、成年子女、其他近亲属等来担任监护人。可以看出，我国当时的监护制度，主要是以家庭成员担任监护人为主。

### 2. 对农村承包经营户民事权益的保护

民法通则单列一节对个体工商户、农村承包经营户的民事权利进行了规定。鉴于个体工商户属非法人团体，实则是自然人到工商管理机关申请并获得批准进行商事活动，与家庭的关系不大。而农村承包经营户是根据婚姻和血缘关系所联系起来的组织体即家庭来进行农业生产的，但是这一时期我国民事立法上缺乏家庭视角，对家庭财产的实体保护规定相对匮乏，主要侧重于家庭财产承担民事责任方面。如民法通则第二十九条规定：“个体工商户、农村承包经营户的债务，个人经营的，以个人财产承担；家庭经营的，以家庭财产承担。”1999 年 7 月 8 日起施行最高人民法院《关于审理农业承包合同纠纷案件若干问题的规定（试行）》第三十一

---

① 胡昌明：《计划生育法律政策的负面影响》，《法律和社会科学》2009 年第 2 期。

② 民法通则第十六条：未成年人的父母是未成年人的监护人。未成年人的父母已经死亡或者没有监护能力的，由下列人员中有监护能力的人担任监护人：（一）祖父母、外祖父母；（二）兄、姐；（三）关系密切的其他亲属、朋友愿意承担监护责任，经未成年人的父、母的所在单位或者未成年人住所地的居民委员会、村民委员会同意的。

条规定："以个人名义签订承包合同，但有证据证明其承包经营收益的主要部分是供家庭成员享用的，应当以其家庭财产承担责任。"忽略农村承包经营户家庭成员的承包份额和利益保护，尤其是对于农村妇女的土地权益保护，存在的问题比较多。①

#### 3. 对家庭中的弱势人群进行保护

民法通则第一百零四条规定："婚姻、家庭、老人、母亲和儿童受法律保护。"这和 1980 年婚姻法的内容是一致的。

### （四）土地管理方面的法律

#### 1. 宅基地使用权

尽管 1982 年《村镇建房用地管理条例》和 1986 年土地管理法对农民申请宅基地作了一些规定，但缺乏家庭角度。1998 年土地管理法第六十二条在 1986 年土地管理法的基础上，增加了"一户只能拥有一处宅基地"的规定，确立了宅基地使用权以"户"为单位的申请原则。但这一时期，宅基地使用权仅有占有和使用权能，而无收益权能。家庭解体时家庭成员间基于宅基地使用权的纠纷还比较少。

#### 2. 农村"外嫁女"土地权益

1992 年 9 月 1 日实施的《中华人民共和国妇女权益保障法》第二十八条规定："国家保障妇女享有与男子平等的财产权利。"第二十九条规定："在婚姻、家庭共有财产关系中，不得侵害妇女依法享有的权益。"第三十条规定："农村划分责任田、口粮田等，以及批准宅基地，妇女与男子享有平等权利，不得侵害妇女的合法权益。妇女结婚、离婚后，其责任田、口

① 1999 年最高人民法院《关于审理农业承包合同纠纷案件若干问题的规定（试行）》第三十四条：承包方是夫妻的，在承包合同履行期间解除婚姻关系时，就其承包经营的权利义务未达成协议，且双方均具有承包经营主体资格的，人民法院在处理其离婚案件时，应当按照家庭人口、老人的赡养、未成年子女的抚养等具体情况，对其承包经营权进行分割。【法宝引证码】CLI.3.22674，https://wwwhtbprolpkulawhtbprolcoms.libvpn.cwu.edu.cn/chl/8cd10ba40d35ead4bdfb.html，2025 年 3 月 17 日访问。

粮田和宅基地等，应当受到保障。”但在实践中，农村妇女土地权益的保护依然是严峻的。

由于传统婚姻习俗，农村女性成年结婚后一般会到夫家生活，致使“外嫁女”群体由于婚姻关系的变动，带来土地承包经营权、宅基地分配权、征地补偿款分配权、股份分红权、村集体福利在内的应有土地权益受损。尽管法律上并无对“外嫁女”这些权益的禁止性规定，但是一些村规民约和村民会议决定却会侵犯“外嫁女”的这些权益。其背后，是“父权逻辑与平权逻辑冲突，个人本位对传统家庭本位观念产生冲击”①。村规民约“没有区分农业经济条件下直接依赖土地的劳动方式和工业化、城市化条件下离土不离乡的经济活动方式。将计划经济时代的生产秩序和义务观念取代了工业化过程中的自由观念，武断地给女性结婚赋予了‘离土离乡’的内涵，将过去的分配原则简单地套用在现时代”②。

### （五）刑法与刑事诉讼法

新中国成立至1979年《中华人民共和国刑法》（以下简称“1979年刑法”）通过前，我国没有颁行统一的刑法典，单行刑法也屈指可数，仅有零星的单行刑法和司法文件等规范性文件甚至直接依据刑事政策惩治犯罪行为。1979年刑法单设第七章“妨害婚姻、家庭罪”，对婚姻、家庭秩序提供刑法保护。第七章共有六条，分别规定了暴力干涉婚姻自由罪（第一百七十九条）、重婚罪（第一百八十条）、破坏军婚罪（第一百八十一条）、虐待罪（第一百八十二条）、遗弃罪（第一百八十三条）、拐骗儿童罪（第一百八十四条）。另外，刑法确立对个人财产和家庭财产的保护③，对罪犯判处没收财产时明确规定“不得没收属于犯罪分子家属所有或者应有的财产”，并延续至今。但遗憾的是，在1997年刑法中，专章设立妨碍

① 王梅竹：《二元法秩序下“外嫁女”土地权益纠纷及其解决》，《民间法》2019年第1期。

② 陈端洪：《排他性与他者化：中国农村“外嫁女”案件的财产权分析》，《北大法律评论》2003年第2期。

③ 1979年刑法第八十二条：“本法所说的公民私人所有的合法财产是指下列财产：（一）公民的合法收入、储蓄、房屋和其他生活资料；（二）依法归个人、家庭所有或者使用的自留地、自留畜、自留树等生产资料。”

婚姻家庭罪的立法模式被取消了，1979 年刑法中的那六个罪名被规定到第四章“侵犯人身权利、民主权利罪”。这也从侧面说明，同样的内容，相比婚姻家庭秩序，立法者更希望从个人权利角度进行刑法保护。

这一时期刑法或刑事司法政策都比较鼓励家庭成员或亲友“大义灭亲”。例如 1979 年刑法第一百六十二条、第一百七十二条[①]以及 1997 年刑法第三百一十条[②]都没有把家人基于家庭亲情而藏匿犯罪嫌疑人或做有利于犯罪嫌疑人的证言作例外规定，实质上是“将‘大义灭亲’义务强制施加于犯罪人亲属，这种义务性的条款违背了人性尊严与基本的亲情伦理”[③]。最高人民法院、最高人民检察院、公安部于 1984 年 4 月 16 日联合发布了《关于当前处理自首和有关问题具体应用法律的解答》[④]，规定“并非出于犯罪分子主动，而是经家长、亲友规劝、陪同投案的。无论是公安机关通知犯罪分子的家长后，或者家长、监护人主动投案后，犯罪分子被送去归案的，只要能如实地交代罪行，并接受司法机关的审查和裁判，都应当按投案自首对待”。1998 年《最高人民法院关于处理自首和立功具体应用法律若干问题的解释》[⑤]延续了这个规定精神，只是在表述上略有差异，并至今有效。

后期，刑事司法政策开始出现考量家庭稳定的迹象。如 1998 年《最

① 1979 年刑法第一百六十二条：“窝藏或者作假证明包庇反革命分子的，处三年以下有期徒刑、拘役或者管制；情节严重的，处三年以上十年以下有期徒刑。”第一百七十二条：“明知是犯罪所得的赃物而予以窝藏或者代为销售的，处三年以下有期徒刑、拘役或者管制，可以并处或者单处罚金。”

② 1997 年刑法第三百一十条：“明知是犯罪人而为其提供隐藏处所、财物，帮助其逃匿或作虚假证明包庇的，处三年以下有期徒刑、拘役或管制；情节严重的，处十年以上有期徒刑。”

③ 李娟：《“大义灭亲”条款的历史考察与当代诠释——以司法解释为切入点》，《江西社会科学》2015 年第 3 期。

④ 【法宝引证码】CLI.A.1268841，https://wwwhtbprolpkulawhtbprolcoms.libvpn.cwu.edu.cn/qikan/b3d2ba2cbb4e0041fba35ffb6dc6ab18bdfb.html，2025 年 3 月 17 日访问。

⑤ 【法宝引证码】CLI.3.19721，https://wwwhtbprolpkulawhtbprolcoms.libvpn.cwu.edu.cn/chl/a34a7701d7fadd8abdfb.html，2025 年 3 月 17 日访问。

高人民法院关于审理盗窃案件具体应用法律若干问题的解释》[①]第一条规定“（四）偷拿自己家的财物或者近亲属的财物，一般可不按犯罪处理；对确有追究刑事责任必要的，处罚时也应与在社会上作案的有所区别”。1999年最高人民法院关于《全国法院维护农村稳定刑事审判工作座谈会纪要》[②]多处涉及对家庭稳定的维护。如要求法院“对于因婚姻家庭、邻里纠纷等民间矛盾激化引发的故意杀人犯罪，适用死刑一定要十分慎重，应当与发生在社会上的严重危害社会治安的其他故意杀人犯罪案件有所区别”；法院“在办理拐卖妇女、儿童犯罪案件时要严格把握此类案件罪与非罪的界限。对于买卖至亲的案件，要区别对待：以贩卖牟利为目的‘收养’子女的，应以拐卖儿童罪处理；对那些迫于生活困难、受重男轻女思想影响而出卖亲生子女或收养子女的，可不作为犯罪处理；对于出卖子女确属情节恶劣的，可按遗弃罪处罚；对于那些确属介绍婚姻，且被介绍的男女双方相互了解对方的基本情况，或者确属介绍收养，并经被收养人父母同意的，尽管介绍的人数较多，从中收取财物较多，也不应作犯罪处理”。另外，把《最高人民法院关于审理盗窃案件具体应用法律若干问题的解释》[③]第四条中“入户盗窃”的“户”，解释为“家庭及其成员与外界相对隔离的生活场所，包括封闭的院落、为家庭生活租用的房屋、牧民的帐篷以及渔民作为家庭生活场所的渔船等。集生活、经营于一体的处所，在经营时间内一般不视为‘户’”。再有，考虑到家庭生计困难，以是否营利来区分出卖亲生子女的行为是否构成犯罪，如2000年公安部、全国妇联《关于打击拐卖妇女儿童犯罪有关问题的通知》[④]补充规定“出卖亲生子女的，由公安机关依法没收非法所得，并处以罚款；以营利为目的，出卖不满十四周岁子女，情节恶劣的，借收养名义拐卖儿童的，以及出卖捡拾的儿童

---

① 【法宝引证码】CLI.3.19715，https://wwwhtbprolpkulawhtbprolcoms.libvpn.cwu.edu.cn/chl/ec24cc7341f5411abdfb.html，2025年3月17日访问。

② 【法宝引证码】CLI.3.26458，https://wwwhtbprolpkulawhtbprolcoms.libvpn.cwu.edu.cn/chl/20390c15c2b7e1bebdfb.html，2025年3月17日访问。

③ 【法宝引证码】CLI.3.19715，https://wwwhtbprolpkulawhtbprolcom-s.libvpn.cwu.edu.cn/chl/ec24cc7341f5411abdfb.html，2025年4月1日访问。

④ 【法宝引证码】CLI.4.27145，https://wwwhtbprolpkulawhtbprolcoms.libvpn.cwu.edu.cn/chl/5f44ab68d7d388dfbdfb.html，2025年3月17日访问。

的，均应以拐卖儿童罪追究刑事责任。出卖十四周岁以上女性亲属或者其他不满十四周岁亲属的，以拐卖妇女、儿童罪追究刑事责任”。

### （六）涉“一老一小”立法中的家庭因素

1990年8月29日，中国政府签署了《儿童权利公约》并于1992年4月2日对中国生效，中国政府声明对该公约第六条有保留，“将在符合其宪法第二十五条关于计划生育的规定的前提下，并根据《中华人民共和国未成年人保护法》第二条的规定，履行《儿童权利公约》第六条所规定的义务”。该公约序言载明缔约国承诺对未成年人的家庭予以必要的保护和协助[①]，确认了儿童的家庭生活权[②]。1992年1月1日，我国首部《中华人民共和国未成年人保护法》通过，其中专章规定了对未成年人的“家庭保护”，共五条，分别规定父母或其他监护人监护职责和抚养义务、尊重未成年人接受教育的权利、家庭教育、不得允许或者迫使未成年人结婚或缔结婚约，不履行监护职责或者侵害被监护的未成年人的合法权益的应当依法承担责任。从内容上看，对未成年人的家庭保护责任由父母或其他监护人承担，没有规定家庭其他成员的责任。

在家庭教育方面，实际上早在1978年中共中央印发的《全日制小学暂行工作条例》中就明确提出学校教育需要与家庭教育取得联系，家长与老师相互配合，共同教好学生。1986年《中华人民共和国义务教育法》、1992年《中华人民共和国未成年人保护法》两部法律对家长及家庭对未成年人的家庭教育的实施提供了一定的法律保障。1992年国务院发布的《九十年代中国儿童发展规划纲要》要求提升儿童的素质，首先就要提高家长及家庭的教育水平，保证90%以上的家长都能够掌握不同程度的保育、教育知识。全国妇联、教育部等单位为家庭教育工作多次发文并组织实施，对未成年人家长或监护人进行指导和服务，帮助家长树立正确的家

---

① 《儿童权利公约》：“深信家庭作为社会的基本单元，作为家庭所有成员、特别是儿童的成长和幸福的自然环境，应获得必要的保护和协助，以充分负起它在社会上的责任。”

② 《儿童权利公约》：“确认为了充分而和谐地发展其个性，应让儿童在家庭环境里，在幸福、亲爱和谅解的气氛中成长。”

庭教育观念和方法，掌握家庭教育的科学知识，指导家长进行科学的家庭教育。

1996年10月1日起施行的《中华人民共和国老年人权益保障法》是新中国首次就老年人权益保障的专门立法，其中专章规定对老年人的家庭赡养与扶养。彼时我国社会生产力水平还不高，社会养老保险制度还未真正建立，养老问题还是主要靠家庭，因此该法第十条规定“老年人养老主要依靠家庭，家庭成员应当关心和照料老年人”。根据该法规定，赡养人是指老年人的子女以及其他依法负有赡养义务的人，赡养人应当履行对老年人经济上供养、生活上照料和精神上慰藉的义务，照顾老年人的特殊需要。因此，我国这一时期还是以家庭养老为主、其他形式养老为辅的养老体制。

### （七）社会保障制度中的家庭因素

计划经济时期的社会保险福利制度给企业和单位发展带来巨大的压力和包袱，明显不符合经济改革的需要。1986年，国务院颁布《国营企业实行劳动合同暂行规定》，规定对劳动合同制职工的退休养老基金实行社会统筹。1986年7月，国务院颁布《国营企业职工待业保险暂行规定》，失业保险制度开始建立。1991年6月，国务院发布了《关于企业职工养老保险制度改革的决定》。社会保险制度开始改革探索，“出现了政府无暇顾及和家庭保障功能弱化的‘双弱’格局”[①]。不过，“20世纪80年代国有企业改革的深入，城市涌现出大批贫困职工。为了保障这类群体的基本生活，稳定社会秩序，我国政府主要采取‘送温暖工程’等救济措施”[②]。

进入20世纪90年代，社会保障的工作重心在于建立我国城镇职工的社会保险制度和城市居民的最低生活保障制度。但“随着中国正式社会保障制度的陆续搭建，社会保障制度又开始走向另一极端——过于强调其‘社会化’功能，而忽视了家庭保障功能”[③]。如1994年全国人大常委会

---

① 王增文：《社会保障家庭要素融入及政策的演进考量》，《东岳论丛》2020年第2期。

② 杨思斌：《我国社会保障法治建设四十年：回顾、评估与前瞻》，《北京行政学院学报》2018年第3期。

③ 同①。

通过了《中华人民共和国劳动法》，仅两处考虑到家庭，一个是地方政府在确定最低工资标准时要考虑到“劳动者本人及平均赡养人口的最低生活费用”，另一个是“劳动者死亡后，其遗属依法享受遗属津贴”[①]。其后《中华人民共和国劳动法》在2009年、2018年修订过2次，都延续了这样的规定。1999年国务院发布的《失业保险条例》中，仅一处考虑到家庭，即第二十条规定：“失业人员在领取失业保险金期间死亡的，参照当地对在职职工的规定，对其家属一次性发给丧葬补助金和抚恤金。”这里的“家属”主要是指“其供养的配偶、直系亲属”。

在社会救助方面，1993年上海市率先建立城市居民最低生活保障制度，1994年国务院颁布《农村五保供养工作条例》，1999年国务院颁布《城市居民最低生活保障条例》。这一时期的社会救助开始着眼于家庭救助[②]，但主要是生活救助，侧重保障人的生存权。

### （八）户籍管理工作中一些有利于家庭的规定

我国的户籍管理制度一直是在1958年《中华人民共和国户口登记条例》基础上进行的。为适应改革开放、建立社会主义市场经济体制和发展经济的需要，1998年7月，国务院批转公安部《关于解决当前户口管理工作中几个突出问题的意见》，虽然该政策制定没有明确表示是从家庭团聚角度出发，但事实上对家庭团聚有很大促进意义。如其中规定：1. 实行婴儿落户随父随母自愿的政策；2. 放宽解决夫妻分居问题的户口政策，对已在投靠的配偶所在城市居住一定年限的公民，根据自愿的原则准予在该城市落户；3. 满足一定年龄的老人可以投靠子女并在其所在城市落户。1999年，人事部、公安部联合发布《关于进一步做好解决干部夫妻两地分居问题工作的通知》。这些都体现了我国政府在政策制定时开始注重家庭需求，家庭价值开始受到关注。

---

① 这里的遗属，各地规定的范围略不同，但主要是参照1953年《中华人民共和国劳动保险条例》，指受劳动者供养的直系亲属。

② 1999年《城市居民最低生活保障条例》第二条：“持有非农业户口的城市居民，凡共同生活的家庭成员人均收入低于当地城市居民最低生活保障标准的，均有从当地人民政府获得基本生活物质帮助的权利。”

综上所述，党的十一届三中全会后，随着改革开放事业的推进，家庭立法因应社会经济发展水平开始重新发展。但整体上看，立法中的家庭视角比较缺乏，立法主要侧重于关注个体权益的保护。20 世纪 90 年代末期，个别政策上才开始重视家庭需求和家庭利益。

## 三、家庭立法快速发展——若隐若现的家庭（2001—2017 年）

经过近十年的社会主义市场经济的发展，进入 21 世纪，中国社会经济水平有了较大程度的提高。2001 年 12 月 11 日，中国正式加入世界贸易组织，这是我国改革开放和社会主义现代化建设进程中的一个重要里程碑。2007 年，中国成为世界第三大经济体，3 年后成为世界第二大经济体。中国改革开放和经济发展进入加速期，伴随经济高速发展的，是法律制度的快速发展。2011 年 1 月，全国人大常委会委员长吴邦国郑重宣告：中国特色社会主义法律体系已经形成。涉及家庭的立法和政策制定也进入快车道。

### （一）2001 年婚姻法

2001 年 4 月 28 日，在继承 1980 年婚姻法的基础上，根据新情况新需要，全国人大常委会通过了修改后的《中华人民共和国婚姻法》。涉及家庭的内容，主要有以下几个方面。

#### 1. 总则部分增加了两项重要内容

一是第三条增加了“禁止家庭暴力”的规定。这是家庭暴力首次进入全国性法律中。1995 年，北京世界妇女大会制定并通过了《北京宣言》和《行动纲领》，《行动纲领》将私生活领域的家庭暴力纳入基于性别的暴力中，中国开始了从地方到国家的反家庭暴力立法运动，家庭暴力逐渐成为法律问题。1996 年，长沙市公布《关于预防和制止家庭暴力的若干规定》，2000 年 3 月 31 日，湖南省第九届人民代表大会常务委员会第十四次会议通过《关于预防和制止家庭暴力的决议》。2001 年婚姻法修改时将禁止家庭暴力纳入总则，并在第五章专门规定了针对家庭暴力的救助措施和法律责任，但是这种立法模式是“分散且不系统的”[①]，家庭暴力问题单靠婚姻法是解决不了的，需要多部门合作，全社会参与。2001 年实施的《最高人民法院关于适用〈中华人民共和国婚姻法〉若干问题的解释（一）》〔简称为“婚姻法解释（一)”〕将“家庭暴力”界定为行为人以殴打、捆绑、残害、强行限制人身自由或者其他手段，给其家庭成员的身体、精神等方面造成一定伤害后果的行为，规定“持续性、经常性的家庭暴力，构成虐待”。但婚姻法解释（一）对于家庭成员的范围并未作出进一步的明确，对家庭暴力行为的列举也比较狭窄。随后的《中华人民共和国妇女权益保障法》《中华人民共和国未成年人保护法》在修改时增加了有关家庭暴力的规定，绝大多数省、自治区、直辖市也相继出台了预防和制止家庭暴力的专门性法规和规范性文件。但是，“关于家庭暴力的规定大多是宣示性、原则性的，缺乏可操作性，适用范围也极其有限”[②]。最高人民法院、最高人民检察院、公安部、司法部于 2015 年 3 月 2 日共同发布的《关于依法办理家庭暴力犯罪案件的意见》是我国第一个全面的反家庭暴力刑事司法指导性文件，其中明确提出“处理时要兼顾维护家庭稳定、尊重被害人意愿”。2016 年 3 月 1 日，《中华人民共和国反家庭暴力法》实施，其中家庭暴力告诫制度、人身安全保护令制度、强制报告制度等，既为家庭成员遭受家庭暴力时提供救济和保护，也为国家公权力适度介入家庭提供了制度依据。“这些措施给施暴人以法律上的警示、给受暴人以及时的法律保护，但它并非意在‘割裂’家庭，而是以国家法律的名义，有限度地进入家庭，为家庭关系的重新恢复提供了可能”[③]。

二是增加了“忠实义务”条款，即“夫妻应当互相忠实，互相尊重；家庭成员间应当敬老爱幼，互相帮助，维护平等、和睦、文明的婚姻家庭关系”。这条被后来的《中华人民共和国民法典》吸收，但是夫妻忠实义务是法律义务还是道德义务是有争议的。不过，根据婚姻法解释（一）的

---

① 罗清：《中国〈反家庭暴力法〉诞生中的三重叙事》，《法制与社会发展》2020 年第 1 期。

② 同①。

③ 张剑源：《赋权与说和：当代中国法律对个体—家庭关系变迁的回应》，《思想战线》2018 年第 2 期。

规定，若当事人一方以对方违反忠实义务起诉，法院不受理[①]。

**2. 具体列举了夫妻共同财产的范围及个人财产的范围，细化了夫妻约定财产**

此次婚姻法修改，吸取了1993年最高人民法院《关于人民法院审理离婚案件处理财产分割问题的若干具体意见》中关于夫妻共同财产的列举，并首次于法律层面明确了夫妻个人财产的范畴，还详细规定了约定财产制的适用方式。《中华人民共和国婚姻法》虽然仍在第一条声明“本法是婚姻家庭关系的基本准则”，依然延续了1980年婚姻法规定的法定夫妻共同财产制为主，有约定的从约定的财产安排方案，但是，2001年婚姻法对家庭财产基本上不再涉及。本次修改旨在通过列举共同财产和个人财产的范围来分清个人财产和夫妻共同财产，目的在于定分止争。但实际上却使人们更担忧婚姻对个人财产安全性的影响，组建婚姻家庭开始逐渐变成个人财产的安全保卫战，家庭价值间接被质疑。因应大众关切和实践中的审理需要，最高人民法院在2001年、2003年、2011年先后发布了三个《关于适用〈中华人民共和国婚姻法〉若干问题的解释》，从内容上看，主要是解决离婚财产纠纷。实质上，“从1993年离婚财产分割意见到2001年婚姻法变迁看，现行婚姻法已经消除了个人财产向夫妻共同财产转化的可能性”[②]。尤其“婚姻法解释（三）蕴含了如下基本价值观，而这些价值观不利于社会主义婚姻家庭道德建设：将婚姻关系的人身属性和财产属性分离，将婚姻法从属于合同法和物权法，将婚姻家庭制度从属于市场经济制度”[③]。

---

① 婚姻法解释（一）第三条：“当事人仅以婚姻法第四条为依据提起诉讼的，人民法院不予受理；已经受理的，裁定驳回起诉。”【法宝引证码】CLI.3.38081，https://wwwhtbprolpkulawhtbprolcoms.libvpn.cwu.edu.cn/chl/6b8af665569a6f93bdfb.html，2025年3月17日访问。

② 徐方亮：《〈民法典〉时代“家产制”的反思》，《私法》2022年第1期。

③ 闵奎元：《法律的道德影响：以〈婚姻法解释（三）〉为例》，《河北法学》2021年第6期。

### 3. 列举了准予离婚的理由

2001年婚姻法延续了1980年婚姻法的“感情确已破裂”标准，不过第三十二条第三款又具体列举了几种情形，调解无效的，应准予离婚[①]，从内容上推测，立法者主观上认为这些情形属于“感情破裂”的表现。有人认为这种立法模式“涉嫌画蛇添足”[②]。仔细看列举的这些情形，会发现其实都跟家庭整体利益有关，跟感情是否破裂关系不大，有可能会造成感情破裂，但也可能不会。所以离婚标准的确立，是否要考虑家庭利益，值得思考。《中华人民共和国民法典》延续了这一立法体例。另外，2003年的《婚姻登记条例》取代了1994年的《婚姻登记管理条例》，新条例顺应社会经济的发展和2001年婚姻法的修改，“充分体现了政府转变职能，弱化对结婚、离婚这类民事行为的行政管理色彩，强化服务意识、坚持执政为民的宗旨”[③]。简化了结婚和离婚手续，快结快离，当事人为自己负责成为新条例的特色。但是这一时期的婚姻登记工作，没有婚姻家庭的辅导，离婚调解工作也没有跟上。实践中草率结婚离婚的现象增多，在一定程度上影响了婚姻家庭的稳定性。

### 4. 依法保护夫或妻在家庭土地承包经营中享有的权益等

规定夫或妻在家庭土地承包经营中享有的权益等，应当依法予以保护。实践中面临的问题依然比较多。这部分会在农村土地承包部分具体展开。

---

① 2001年婚姻法第三十二条：有下列情形之一，调解无效的，应准予离婚：（一）重婚或有配偶者与他人同居的；（二）实施家庭暴力或虐待、遗弃家庭成员的；（三）有赌博、吸毒等恶习屡教不改的；（四）因感情不和分居满二年的；（五）其他导致夫妻感情破裂的情形。

② “其一，先规定的是无过错的概括的离婚理由，后规定的是过错的具体的离婚理由。不同的离婚标准，缺乏科学性和可行性。其二，规定诸多的离婚情形，又对请求离婚的主体不加限制，不管是过错方提出离婚，也不管是无过错方提出离婚，只要调解无效，一律准予离婚，立法不公明显。其三，法律规定诸多的具体离婚原因，都是一些婚姻的外部征象，不能对婚姻死亡起决定作用。”见李忠芳：《评析我国婚姻法修正的得与失——寻求婚姻家庭立法发展的新起点》，《金陵法律评论》2006年第1期。

③ 民政部召开新闻通气会，细解《婚姻登记条例》，【法宝引证码】CLI.AR.1477，https://wwwhtbprolpkulawhtbprolcoms.libvpn.cwu.edu.cn/lawexplanation/1726668b665e0e1a45c334b80dd88c7abdfb.html，2025年3月17日访问。

#### 5. 关于家务劳动的规定

法律依然未明确规定家务劳动的价值，但是有两条被视为对家务劳动价值的间接承认。一是2001年婚姻法第十七条将夫妻婚后所得共同制确认为中国的法定夫妻财产制。这条之所以被视为对家庭劳动价值的承认，是因为“尽管另一方收入很低，甚至没有职业，婚后所得财产也被视为夫妻双方共同努力的结果……就这个意义而言，婚后所得共同制确认了家务劳动的价值……有利于保护妇女的合法权益”[①]。然而，该条规定忽略了实际生活中，双职工夫妻中承担家务较多的一方，其职业发展往往在一定程度上受到影响，离婚后个人谋生能力相对较弱，虽然夫妻共同财产均等分割的方式在一定程度上肯定了家务劳动的价值，但实际上是以表面的平等掩盖了实际上的不平等。二是约定财产制中的离婚补偿权。2001年婚姻法第四十条规定：“夫妻书面约定婚姻关系存续期间所得的财产归各自所有，一方因抚育子女、照料老人、协助另一方工作等付出较多义务的，离婚时有权向另一方请求补偿，另一方应当予以补偿。”但彼时此条仅适用于夫妻分别财产制，夫妻分别财产制并非主流，其实质上是否定了家务劳动的价值。

### （二）对农户承包农村土地首次进行系统的法律调整

2002年8月29日颁布，2003年3月1日起施行的《中华人民共和国农村土地承包法》第二章专章规定了“家庭承包”，承包方是集体经济组织中的农户，该农户的家庭成员须满足是该农村集体经济组织成员。自1986年民法通则颁布以来，各项法律规范都沿用了“农户”这一称谓，却没有明确它的内涵和外延。有人认为“承包方虽以户为单位承包经营土地，但发包方是按户内的现有人口数平均分配土地，家庭承包经营权不是抽象的存在，而是落实在每个家庭成员的每一份土地上，它实质上不是家庭这一单元集体的承包经营权，而是家庭成员个体的承包经营权”[②]。不过，

---

① 夏吟兰：《对中国夫妻共同财产范围的社会性别分析——兼论家务劳动的价值》，《法学杂志》2005年第3期。

② 汪洋：《土地承包经营权继承问题研究——对现行规范的法构造阐释与法政策考量》，《清华法学》2014年第4期。

司法实务中一般认为“家庭承包是以农户为单位而不是以个人为单位。以家庭承包方式取得的承包经营权具有社会保障功能，它为集体成员提供基本的社会保障。当承包的农户中的一人或几人死亡时，承包地仍由其他家庭成员继续承包经营（即继续履行承包合同直至承包合同期满），不发生继承的问题”①，这也是最高人民法院的态度②。

该法还正面回应了农村妇女对承包土地的权益问题③。实际生活中，对农村妇女土地权益的保护依然面临困难。因此，《中国妇女发展纲要(2001—2010 年)》确定妇女与经济领域的第一个主要目标就是“保障妇女获得经济资源的平等权利和机会”，在相关策略措施的第一项提出：“确保妇女平等获得经济资源和有效服务。主要包括获得资本、信贷、土地、技术、信息等方面的权利；农村妇女享有与居住地男子平等的土地承包权、生产经营权、宅基地分配权、土地补偿费、股份分红等权利。”

### （三）刑事诉讼法及司法政策上涉及家庭成员的“亲亲相隐”被关注到

2012 年修改后的刑事诉讼法第一百八十八条第一款规定：“经人民法院通知，证人没有正当理由不出庭作证的，人民法院可以强制其到庭，但是被告人的配偶、父母、子女除外。”2018 年，《中华人民共和国刑事诉讼法》修正时将上述内容保留并规定于第一百九十三条第一款。“此举被视

---

① 案件字号：(2005) 沈中民 (3) 合终字第 897 号，【法宝引证码】CLI.C.36007，https://wwwhtbprolpkulawhtbprolcoms.libvpn.cwu.edu.cn/pfnl/a25051f3312b07f3fc3308e34a407331d7e1ffdc2f496f93bdfb.html，2025 年 3 月 17 日访问。案件字号 (2010) 长民初字第 819 号，【法宝引证码】CLI.C.744619，https://wwwhtbprolpkulawhtbprolcoms.libvpn.cwu.edu.cn/pfnl/a25051f3312b07f337109427349fe608c23c38a4bccceda2bdfb.html，2025 年 3 月 17 日访问。

② “李维祥诉李格梅继承权纠纷案”，《最高人民法院公报》2009 年第 12 期，第 37-39 页。

③ 农村土地承包法第六条：农村土地承包，妇女与男子享有平等的权利。承包中应当保护妇女的合法权益，任何组织和个人不得剥夺、侵害妇女应当享有的土地承包经营权。第三十条：承包期内，妇女结婚，在新居住地未取得承包地的，发包方不得收回其原承包地；妇女离婚或者丧偶，仍在原居住地生活或者不在原居住地生活但在新居住地未取得承包地的，发包方不得收回其原承包地。

为我国关于近亲属证人拒绝作证制度的重大历史进步”[①]。当然，《中华人民共和国刑事诉讼法》的规定距离真正的亲属拒证权制度还是有一定的差异的，我们现在的规定只是不能强制一定范围的亲属到庭。“考虑到强制配偶、父母、子女在法庭上对被告人进行指证，不利于家庭关系的维系，规定被告人的配偶、父母、子女除外。”[②]亲属拒证权制度背后是基于人性和家庭关系的考虑，亲属若被强制作证，既有可能破坏正常的家庭关系，又可能本能地袒护包庇，一旦查实反而致亲属违法。此制度也符合我国历史上长期存在的“亲亲相隐”的传统。

2010年2月8日，最高人民法院发布《关于贯彻宽严相济刑事政策的若干意见》，其中规定“17. 对于亲属以不同形式送被告人归案或协助司法机关抓获被告人而认定为自首的，原则上都应当依法从宽处罚；有的虽然不能认定为自首，但考虑到被告人亲属支持司法机关工作，促使被告人到案、认罪、悔罪，在决定对被告人具体处罚时，也应当予以充分考虑”。“22. 对于因恋爱、婚姻、家庭、邻里纠纷等民间矛盾激化引发的犯罪，应酌情从宽处罚。”轰动全国的案号为（2016）苏06刑初38号[③]的一审法官撰文认为：“在涉及家庭矛盾类杀人案，尤其是杀婴案中，量刑时应充分注意刑罚惩罚、警示功能与家庭关系修复功能的平衡，既不能简单判处重

① 冯霞、阮昊翔：《关于我国台湾地区亲属拒证权之探讨》，《海峡法学》2021年第2期。

② 王兆国：《关于〈中华人民共和国刑事诉讼法修正案（草案）〉的说明》，中华人民共和国中央人民政府网，https://www.chinacourt.org/article/detail/2012/03/id/474478.shtml，访问日期：2024年12月2日。

③ 2015年11月20日，儿媳产下一女婴，因取名、出院买烟火等家庭琐事，在如东县中医院住院部4楼14-16产科病房内照顾儿媳及孙女的季某某心生不快，产生杀害孙女的念头。当月24日21时许，季某某趁儿媳施某某等人熟睡之际，将孙女抱至该院住院部大楼东北侧地下室楼梯转角处，采用脚踩头部及身上等方式致孙女死亡，后将孙女尸体放在楼梯转角处的纸盒内离开。回到产科病房后，季某某亦假装寻找孙女，于当晚被公安机关抓获归案。经法医鉴定，被害女婴系严重颅脑损伤死亡。经南通市精神卫生中心司法鉴定所鉴定，季某某罹患癔症，案发时不处于疾病发作期，具有完全刑事责任能力。一审法院综合考虑被告人认罪悔罪态度、案发前后的精神状况、家庭成员关系融洽程度，以及坦白、取得谅解等法定或酌定从宽处罚情节，在体现惩罚、警示功能的同时，注重修复受损的家庭关系和被告人的回归，法院以故意杀人罪判处季某某有期徒刑10年。

刑，一杀了之，也不能单纯满足家属愿望，轻判放纵犯罪。”[①]

在宽严相济刑事政策的影响下，2011年，最高人民法院、最高人民检察院（以下简称“两高”）发布《关于办理诈骗刑事案件具体应用法律若干问题的解释》第四条规定：“诈骗近亲属的财物，近亲属谅解的，一般可不按犯罪处理。诈骗近亲属的财物，确有追究刑事责任必要的，具体处理也应酌情从宽。”2013年，“两高”发布《关于办理盗窃刑事案件适用法律若干问题的解释》第八条规定：“偷拿家庭成员或者近亲属的财物，获得谅解的，一般可以不认为是犯罪；追究刑事责任的，应当酌情从宽。”2013年，“两高”又发布《关于办理敲诈勒索刑事案件适用法律若干问题的解释》第六条也规定：“敲诈勒索近亲属的财物，获得谅解的，一般不认为是犯罪；认定为犯罪的，应当酌情从宽处理。”2015年5月11日，最高人民法院《关于审理掩饰、隐瞒犯罪所得、犯罪所得收益刑事案件适用法律若干问题的解释》第二条明确规定：“掩饰、隐瞒犯罪所得及其产生的收益行为符合本解释第一条的规定，认罪、悔罪并退赃、退赔，且具有下列情形之一的，可以认定为犯罪情节轻微，免予刑事处罚：（二）为近亲属掩饰、隐瞒犯罪所得及其产生的收益，且系初犯、偶犯的。”这些司法解释的相关规定都是从家庭成员或近亲属的角度出发，在获得谅解后，一般不按犯罪处理。其背后是考量家庭或亲情关系修复和社会稳定，一定程度上也是“亲亲相隐”思想的体现。

### （四）社会保障制度中的家庭视角

国家根据社会需求分类构建社会保障制度，先后出台了一系列的政策（见下表）。这些制度多是基于家庭整体进行救助。不过，“国家出于社会治理的需要，在制定相关规范性法律文件或出台政策性文件时，往往通过扩大或限缩家庭概念内涵的方式来强化家庭特定功能的保障和落实。”[②]

① 李梦龙：《刑罚惩罚与家庭修复功能的衡平》，《人民司法（案例）》2017年第2期。
② 朱晓峰：《民法家庭概念论》，《清华法学》2020年第5期。

| 发布时间 | 名称 | 涉及家庭的内容 |
|---|---|---|
| 2003 年 | 关于实施农村医疗救助的意见 | 农村五保户，农村贫困户家庭成员等 |
| 2003 年 8 月 | 城市生活无着的流浪乞讨人员救助管理办法 | 住所地政府帮助受助人员解决家庭困难 |
| 2003 年 12 月 | 城镇最低收入家庭廉租住房管理办法 | 城镇最低收入家庭 |
| 2006 年 | 关于解决农民工问题的若干意见 | 解决农民工的社会保障及家庭需求 |
| 2009 年 1 月 | 关于开展新型农村社会养老保险试点的指导意见 | 个人（家庭）、集体、政府合理分担农村居民养老责任 |
| 2010 年 | 社会保险法 | 以个人为主，家庭因素基本不考虑 |
| 2011 年 6 月 | 国务院关于开展城镇居民社会养老保险试点的指导意见 | 个人（家庭）、集体、政府合理分担农村居民养老责任 |
| 2014 年 5 月 | 社会救助暂行办法 | 以家庭为单位进行救助 |

2004 年，党的十六届四中全会提出了构建社会主义和谐社会的目标，社会保障成为国家的基本社会政策，同年宪法修正案将社会保障作为一项基本国策确立下来①，奠定了社会保障法律体系的基石。随着国家经济发展水平的不断提高以及综合国力的不断提升，2008 年，曾有一次社会救助法征求意见稿面向社会征求意见。2010 年，社会保险法颁布，建立基本养老保险、基本医疗保险、工伤保险、失业保险、生育保险等社会保险制度，保障公民在年老、疾病、工伤、失业、生育等情况下依法从国家和社会获得物质帮助的权利，范围更加广泛，比宪法规定的物质帮助权范围要大。社会保险制度的完善在一定程度上减缓了家庭压力，实际上也是对家庭的一种保护。

2014 年 5 月 1 日起施行的《社会救助暂行办法》规定了最低生活保障、特困人员供养、受灾人员救助、医疗救助、教育救助、住房救助、就业救助以及临时救助共八大类型的救助，对困难家庭和困难人群予以救助，满足其获得物质帮助权的宪法权利。整体上看，我国社会救助制度主要是以家庭为单位展开的，第九条规定："国家对共同生活的家庭成员人均

① 2004 年宪法第十四条第四款"国家建立健全与经济发展水平相适应的社会保障制度"。

收入低于当地最低生活保障标准，且符合当地最低生活保障家庭财产状况规定的家庭，给予最低生活保障。”医疗救助、教育救助、住房救助、就业救助都是针对最低生活保障家庭和特困人员的。因此最低生活保障家庭的认定就非常重要，但是如何界定“共同生活的家庭成员”则没有明确的标准，实践中争议也比较大，引发了不少的纠纷。例如《北京市社会救助家庭经济状况认定指导意见（试行）》第一条规定家庭经济状况认定对象包括家庭成员和相关赡养、抚养、扶养义务人，也就是说可以对认定对象家庭成员之外的相关赡养、抚养、扶养义务人家庭经济状况进行核对，但是这些赡养人、抚养人、扶养人并没有跟认定对象生活在一起。

2014 年 10 月 3 日，国务院发布《关于全面建立临时救助制度的通知》，临时救助是国家对遭遇突发事件、意外伤害、重大疾病或其他特殊原因导致基本生活陷入困境，其他社会救助制度暂时无法覆盖或救助之后基本生活暂时仍有严重困难的家庭或个人给予的应急性、过渡性的救助。临时救助既包括对家庭的救助，也包括对个人的救助。家庭救助主要是针对三类家庭：因火灾、交通事故等意外事件，家庭成员突发重大疾病等原因，导致基本生活暂时出现严重困难的家庭；因生活必需支出突然增加超出家庭承受能力，导致基本生活暂时出现严重困难的最低生活保障家庭；遭遇其他特殊困难的家庭。临时救助制度弥补了我国社会救助体系中的“短板”，“使城乡困难群众基本生活都能得到有效保障，兜住底线”①。

### （五）涉“一老一小”的家庭立法

2008 年，全国老龄办、国家发改委等九部门发布《关于全面推进居家养老服务工作的意见》中明确，居家养老服务是指以社区为依托，依靠政府和社会力量帮助居家老年人提供服务，如家政服务、生活照料、精神慰藉和康复护理等。2012 年对老年人权益保障法修改后，确立了延续至今的

---

① 国务院关于全面建立临时救助制度的通知（国发〔2014〕47 号），【法宝引证码】CLI.2.237128，https://wwwhtbprolpkulawhtbprolcom-s.libvpn.cwu.edu.cn/chl/f9764f0f99c8bc6ebdfb.html，2025 年 4 月 1 日访问。

社会养老服务体系[①]。这与 1996 年老年人权益保障法“老年人养老主要依靠家庭”（第十条）相比，是非常大的变化。国家和社会承担了更多的养老服务，老年人的家庭养老压力减轻了不少。2012 年老年人权益保障法还规定了一个非常著名的条款：“常回家看看”条款[②]，大众对该条款争议很大，认为该条款把道德义务法律化了，而且该条款无法强制执行，2015 年、2018 年老年人权益保障法还是都保留了该条款。实际上立法者是想通过该条款倡导、引导与老人分开居住的家庭成员能经常回来抚慰老人，让老人能享受亲情温暖，这符合儒家社会传统。

2006 年修订后未成年人保护法对“家庭保护”部分修改比较多。1. 对家庭环境提出了具体要求。父母或监护人不仅仅是履行监护职责和抚养义务，还“应当创造良好、和睦的家庭环境”（第十条）。2. 禁止对未成年人实施家庭暴力。彼时，《中华人民共和国反家庭暴力法》尚未制定，《中华人民共和国未成年人保护法》在修改时就加入了不得实施家庭暴力的内容。3. 学习家庭教育知识成为父母或监护人的法律义务，国家和社会要为父母或监护人提供家庭教育指导。家庭教育首次进入法律视野。实际上在 2004 年《中共中央、国务院关于进一步加强和改进未成年人思想道德建设的若干意见》（中发〔2004〕8 号）中就已经要求重视和发展家庭教育，并对家庭教育工作的开展做了具体部署。2010 年，全国妇联、教育部等印发《全国家庭教育指导大纲》（妇字〔2010〕6 号），相当详细地规定了不同阶段家庭教育指导的内容。地方性的家庭教育立法就如何实施政府推进或政府主导家庭教育进程进行了规定。直至 2016 年 1 月 1 日，家庭教育促进法明确了家庭的家庭教育主体责任，并就家庭教育的家庭责任、国家支持、社会协作进行了比较详细的规定。

---

① 2012 年修订后的《中华人民共和国老年人权益保障法》第五条：“国家建立多层次的社会保障体系，逐步提高对老年人的保障水平。国家建立和完善以居家为基础、社区为依托、机构为支撑的社会养老服务体系。倡导全社会优待老年人。”

② 2012 年修订后的《中华人民共和国老年人权益保障法》第十八条：“家庭成员应当关心老年人的精神需求，不得忽视、冷落老年人。与老年人分开居住的家庭成员，应当经常看望或者问候老年人。用人单位应当按照国家有关规定保障赡养人探亲休假的权利。”

另外，2017年的民法总则新增了成年人意定监护制度[①]，实际上这一制度早在2012年修正后的老年人权益保障法第二十六条就有规定，不过是针对老年人设置的。2017年民法总则第三十三条规定了针对所有成年人的意定监护制度，被后来的《中华人民共和国民法典》全部吸收。从内容上看，成年人在自己具有完全民事行为能力的情况下，未雨绸缪，为自己选定监护人，在自己丧失民事行为能力或部分丧失行为能力时担任自己的监护人。可以看出，意定监护的监护人可以是近亲属以外的其他人，这是非常挑战中国人的传统家庭观念的。在意定监护制度出现之前，中国的监护问题往往是家庭的责任，无论法律上还是道义上，家庭成员或者说近亲属是主要的监护人。而"成年人意定监护造成的家庭关系失衡，会影响人们既有的家庭伦理观念，淡化长辈与晚辈的双向亲情关系"[②]。

### （六）人口立法和政策中的家庭受到重视

2015年12月31日，中共中央、国务院《关于实施全面两孩政策 改革完善计划生育服务管理的决定》提出"尊重家庭在计划生育中的主体地位，坚持权利与义务对等，寓管理于服务之中，引导群众负责任、有计划地生育"。2016年人口与计划生育法对计划生育家庭给予奖励，尤其是农村家庭，要求"地方各级人民政府对农村实行计划生育的家庭发展经济，给予资金、技术、培训等方面的支持、优惠；对实行计划生育的贫困家庭，在扶贫贷款、以工代赈、扶贫项目和社会救济等方面给予优先照顾"（第二十八条）。2016年12月30日，国务院转发《国家人口发展规划（2016—2030年）》，其中，把"人口均衡发展作为重大国家战略，完善家庭发展支持体系，建立完善包括生育支持、幼儿养育、青少年发展、老人赡养、病残照料、善后服务等在内的家庭发展政策。完善税收、抚育、教育、社会保障、住房等政策，减轻生养子女家庭负担。加强婚姻家庭辅

---

① 《中华人民共和国民法典》第三十三条："具有完全民事行为能力的成年人，可以与其近亲属、其他愿意担任监护人的个人或者组织事先协商，以书面形式确定自己的监护人，在自己丧失或者部分丧失民事行为能力时，由该监护人履行监护职责。"

② 孙颖：《成年人意定监护制度背后的家庭与个人：法律与文化之间》，《华东政法大学学报》2024年第3期。

导，推进新型家庭文化建设，开展幸福家庭创建活动”。这些内容后来在2021年年底修改人口与计划生育法时基本上都予以吸收，尤其第二十七条规定：“国家采取财政、税收、保险、教育、住房、就业等支持措施，减轻家庭生育、养育、教育负担。”可以看出，国家在人口立法政策中越来越重视家庭发展。2018年，国家卫生健康委员会甚至设立人口监测和家庭发展司，其职责为：承担人口监测预警工作并提出人口与家庭发展相关政策建议，完善生育政策并组织实施，建立和完善计划生育特殊家庭扶助制度。

## 四、家庭立法不断完善——重视家庭价值和家庭整体利益（2017年至今）

2017年10月18日，习近平总书记在党的十九大上郑重宣示：“中国特色社会主义进入了新时代，这是我国发展新的历史方位。”新时代，国家面临多重新挑战，但“增进民生福祉是发展的根本目的”“在幼有所育、学有所教、劳有所得、病有所医、老有所养、住有所居、弱有所扶上不断取得新进展”。习近平总书记非常重视家庭家教家风建设，有一系列重要论述。早在2015年年初，他就曾说：“不论时代发生多大变化，不论生活格局发生多大变化，我们都要重视家庭建设，注重家庭、注重家教、注重家风，紧密结合培育和弘扬社会主义核心价值观，发扬光大中华民族传统家庭美德，促进家庭和睦，促进亲人相亲相爱，促进下一代健康成长，促进老年人老有所养，使千千万万个家庭成为国家发展、民族进步、社会和谐的重要基点。”[①] 家庭建设需要法律制度的支持和引导。这一时期，我们在家庭立法方面取得了不少成绩。

### （一）民法典对家庭的规范或影响

2020年5月28日，第十三届全国人民代表大会第三次会议通过《中华人民共和国民法典》，“婚姻家庭”作为第五编被正式纳入，“调整因婚姻家庭产生的民事关系”（第一千零四十条），从名称上看婚姻和家庭都有体现，改变了我国之前立法在名称上只有婚姻没有家庭的惯例。与2001

① 《在二〇一五年春节团拜会上的讲话》，《人民日报》2015年2月18日第2版。

年婚姻法相比，民法典婚姻家庭编新增涉及家庭内容主要有以下几点。

### 1. 规定了优良家风条款

民法典第一千零四十三条规定："家庭应当树立优良家风，弘扬家庭美德，重视家庭文明建设"。"与传统私法所体现出的个体主义不同，优良家风条款以家庭'整体'为社会基本单位，实现个体作为家庭成员与公民之间的权利整合与身份转化"[①]。家庭第一次作为身份法主体出现在法律上。该条款虽然更具有倡导性，但法律实践中也不是不可以适用的，而且该条款在一定程度上修正了我国之前婚姻家庭关系财产法化倾向。

### 2. 明确了近亲属和家庭成员的范围

近亲属是我国民法上一个非常重要的概念，但是长期以来法律都未能明确规定[②]，民法典第一千零四十五条第二款规定："配偶、父母、子女、兄弟姐妹、祖父母、外祖父母、孙子女、外孙子女为近亲属。"民法典的规定跟1988年的司法解释是一致的。不过，我国各个部门法对近亲属的外延认定有很大不同，如《最高人民法院关于适用〈中华人民共和国民事诉讼法〉的解释》第八十五条规定："与当事人有夫妻、直系血亲、三代以内旁系血亲、近姻亲关系以及其他有抚养、赡养关系的亲属，可以当事人近亲属的名义作为诉讼代理人。"刑事诉讼法第一百零六条规定"刑事诉讼法中规定的近亲属是指夫、妻、父、母、子、女、同胞兄弟姐妹"。《最高人民法院关于适用〈中华人民共和国行政诉讼法〉的解释》第十四条规定"行政诉讼法上的'近亲属'包括配偶、父母、子女、兄弟姐妹、祖父母、外祖父母、孙子女、外孙子女和其他具有扶养、赡养关系的亲属"。未来立法中应统一近亲属的范围，避免法律适用中的混乱。

家庭是我国社会治理的一个基础单位，何为家庭，一直没有法律进行界定，家庭成员的范围更是一直含糊不清。民法典第一千零四十五条第

---

① 徐婧：《〈民法典〉优良家风条款的法功能预期及司法实现》，《厦门大学学报（哲学社会科学版）》2024年第2期。

② 1988年4月2日颁布施行的《最高人民法院关于贯彻执行〈中华人民共和国民法通则〉若干问题的意见（试行）》指出民法通则中的近亲属包括配偶、父母、子女、兄弟姐妹、祖父母、外祖父母、孙子女、外孙子女。

三款规定“配偶、父母、子女和其他共同生活的近亲属为家庭成员”，其他近亲属只有共同居住才属于家庭成员，排斥非近亲属成为法律意义上的家庭成员。很多部门法在使用“家庭成员”概念时并未明确其范围，导致了法律适用困境。我们知道，虐待属于家庭暴力的一种，《最高人民法院关于适用〈中华人民共和国民法典〉婚姻家庭编的解释（一）》认为“持续性、经常性的家庭暴力，可以认定为民法典第一千零四十二条、第一千零七十九条、第一千零九十一条所称的‘虐待’”。《中华人民共和国刑法》上的虐待罪，将虐待对象条件限制为家庭成员，但对家庭成员没有明确规定，而《中华人民共和国反家庭暴力法》第三十七条规定“家庭成员以外共同生活的人之间实施的暴力行为，参照本法规定执行”。这就带来一个问题，虐待罪的对象究竟包不包括共同生活的非家庭成员？法院在实际审理案件时，并没有严格按照法律规定来认定家庭成员[①]。例如，在引起大众关注的“牟林翰虐待案”中，人民法院强调被告人与被害人建立男女朋友关系后，存在共同生活的客观事实，认定双方形成实质上的家庭成员关系，符合虐待罪的构成要件。

### 3. 规定了日常家事代理

《中华人民共和国民法典》第一千零六十条[②]规定了夫妻之间的日常家

---

① 法院的认定标准主要分为两类，一是具有近亲属关系的，即认为存在家庭关系，如赵小玲、黄唯耀等共有物分割一案。二是具有亲属关系且共同生活的，如孙惠君等与张磊等合同纠纷一案，原被告间是姑侄关系，由于长期共同生活，法院认定存在家庭关系。在民法典生效之前，法院在认定是否存在家庭关系时，并不局限于近亲属，也包括旁系血亲和姻亲，同时辅之以是否共同生活的标准。即使在民法典生效之后，也有法院根据实际情况，将满足共同生活条件的非近亲属认定为家庭成员。如在高建会与刘艳杰、石家庄变形金刚物流有限公司机动车交通事故责任纠纷一案中，法院认为“高建会虽不是高风海的近亲属，但作为高风海的亲外甥，一直与高风海共同生活，对高风海尽了主要抚养义务，属共同生活的家庭成员，有权作为原告主张因高风海死亡造成的损失”。法院依据民法典第一千零四十五条，认定其属于共同生活的家庭成员，有权获得死亡赔偿金。参见林珊：《何以为“家”：〈民法典〉视域下家庭成员身份与亲属身份适当分离的逻辑证成》，《甘肃政法大学学报》2022 年第 6 期。

② 第一千零六十条：“夫妻一方因家庭日常生活需要而实施的民事法律行为，对夫妻双方发生效力，但是夫妻一方与相对人另有约定的除外。夫妻之间对一方可以实施的民事法律行为范围的限制，不得对抗善意相对人。”

事代理规则。日常家事代理自始未出现在新中国的《中华人民共和国婚姻法》中。2001 年，最高人民法院婚姻法解释（一）第十七条第一项即“夫或妻在处理夫妻共同财产上的权利是平等的。因日常生活需要而处理夫妻共同财产的，任何一方均有权决定”，被认为是我国的日常家事代理规则，但实际上这里仅是最高人民法院就共同财产的平等处理权做出的进一步解释，与通常的家事代理还是不一样的。2018 年，最高人民法院《关于审理涉及夫妻债务纠纷案件适用法律有关问题的解释》（以下简称夫妻债务解释）第二条规定：“夫妻一方在婚姻关系存续期间以个人名义为家庭日常生活需要所负的债务，债权人以属于夫妻共同债务为由主张权利的，人民法院应予支持。”也被认为是日常家事代理的体现，但是这里规定的仅仅是共同债务的问题，不足以涵盖所有的日常家事代理。之所以规定日常家事代理，是因为“如果要求所有民事法律行为都必须由夫妻双方共同实施，必然加大婚姻生活成本及社会经济活动成本，客观上既不必要也不可能。为了方便经济交往和婚姻家庭生活，保护夫妻双方和相对人的合法权益，维护交易安全，有必要赋予夫妻双方日常家事代理权”①。

《中华人民共和国民法典》第一千零六十四条规定的夫妻共同债务，被认为是日常家事代理的特别规定。关于何为“为家庭日常生活需要”，《中华人民共和国民法典》没有规定，最高人民法院也没有通过司法解释予以明确。浙江省高级人民法院《关于妥善审理涉夫妻债务纠纷案件的通知》（浙高法〔2018〕89 号）规定“以下情形，可作为各级法院认定‘为家庭日常生活需要所负债务’的考量因素：(1) 单笔举债或对同一债权人举债金额在 20 万元（含本数）以下的……”，是全国省级高院中首次通过一个确定数额作为判定是否属于家庭日常生活负债的情形，在全国范围内引发了较大关注。

#### 4. 规定了亲子确认规范

民法典第一千零七十三条规定对亲子关系有异议且有正当理由的，父或者母可以向人民法院提起诉讼，请求确认或者否认亲子关系；对亲子关

① 黄薇主编《中华人民共和国民法典释义》，法律出版社，2020，第 1985 页。

系有异议且有正当理由的，成年子女可以向人民法院提起诉讼，请求确认亲子关系。这一规定是对家庭关系法律规范的重要完善。

### （二）全国人大常委会备案审查意见对家庭的影响意义重大

备案审查是全国人大常委会法制工作委员会的常规工作，对报送备案的法规、司法解释等规范性文件进行审查，对与宪法法律相抵触的法规、司法解释等规范性文件依法予以撤销、纠正或者处理。在 2023 年 12 月 26 日全国人民代表大会常务委员会法制工作委员会《关于 2023 年备案审查工作情况的报告》中，披露了有关地方议事协调机构所发布的针对某类违法犯罪嫌疑人家庭成员及近亲属的惩戒措施被全国人大常委会法工委督促废止的案例。全国人大常委会法工委形成如下审查意见："任何违法犯罪行为的法律责任都应当由违法犯罪行为人本人承担，而不能株连或者及于他人，这是现代法治的一项基本原则；有关通告对涉罪人员近亲属多项权利进行限制，违背罪责自负原则，不符合宪法第二章关于'公民的基本权利和义务'规定的原则和精神，也不符合国家有关教育、就业、社保等法律法规的原则和精神。"[①] 全国人大常委会法工委所披露这个案件及相应的审查意见，实际上是对宪法所保护的家庭制度的维护，反映了国家保护家庭的意志；同时也对全国各级决策部门是一次提醒。对于依法治国意义重大。

### （三）对家庭的社会救助制度进一步完善

2018 年 1 月，民政部会同财政部印发《关于进一步加强和改进临时救助工作的意见》（民发〔2018〕23 号）。2019 年 9 月，民政部会同财政部、国务院扶贫办印发《关于在脱贫攻坚兜底保障中充分发挥临时救助作用的意见》（民发〔2019〕87 号）进一步完善对符合条件的家庭和个人及时给予临时救助。2019 年 12 月 19 日，民政部会同统计局印发《关于在脱贫攻坚中切实加强农村最低生活保障家庭经济状况评估认定工作的指导意见》

---

① 沈春耀：全国人民代表大会常务委员会法制工作委员会关于 2023 年备案审查工作情况的报告，http://www.npc.gov.cn/npc/c2/c30834/202312/t20231229_433996.html，访问日期：2024 年 11 月 17 日。

（民发〔2019〕125号），要求地方认定低保对象时，要根据家庭实际生活状况，坚持定性定量相结合，统筹考虑家庭成员收入、财产、刚性支出等情况，综合评估认定家庭实际贫困状况。2020年6月3日，民政部会同财政部出台《关于进一步做好困难群众基本生活保障工作的通知》（民发〔2020〕69号），将低收入家庭中的重度残疾人、重病患者参照单人户纳入低保范围，有效缓解了重病、重残等支出较大的低收入家庭的基本生活困难。2020年8月，中共中央办公厅、国务院办公厅出台《关于改革完善社会救助制度的意见》，要求各地进一步完善社会救助体系，加大对支出型贫困家庭的救助力度，对不符合低保或特困救助供养条件的低收入家庭和刚性支出较大导致基本生活出现严重困难的家庭，根据实际需要给予相应的医疗、住房、教育、就业等专项社会救助或实施其他必要救助措施。

### （四）关注家庭发展的立法和政策频繁发布

2017年，原国家卫计委出台《"十三五"全国计划生育事业发展规划》（国卫指导发〔2017〕5号），在"提高计划生育家庭发展能力"部分，提到"支持有条件的地方和单位开展托育服务"。2021年6月26日，中共中央、国务院发布《关于优化生育政策促进人口长期均衡发展的决定》，其中规定优化生育政策促进人口长期均衡发展的首要原则是"以人民为中心。顺应人民群众期盼，积极稳妥推进优化生育政策，促进生育政策协调公平，满足群众多元化的生育需求，将婚嫁、生育、养育、教育一体考虑，切实解决群众后顾之忧，释放生育潜能，促进家庭和谐幸福"。其中提到的目标"到2035年，促进人口长期均衡发展的政策法规体系更加完善……家庭发展能力明显提高"和具体工作要求，都是从人口发展角度来促进家庭发展的。

2021年8月20日修订后的人口与计划生育法要求县级以上人民政府应制定人口与计划生育实施方案，方案中"应当规定调控人口数量，提高人口素质，推动实现适度生育水平，优化人口结构，加强母婴保健和婴幼儿照护服务，促进家庭发展的措施"（第十一条）。"家庭发展"首次被规定进法律中。该法在第四章"奖励和社会保障"部分，新增内容多有助于家庭发展，如第二十七条规定"国家采取财政、税收、保险、教育、住房、就业等支持措施，减轻家庭生育、养育、教育负担”；第二十八条要求县级以上人民政府采取措施推动建立普惠托育服务体系，提高婴幼儿家庭获得服务的可及性和公平性；第三十条规定了地方政府要加强对家庭婴幼儿照护的支持和指导，增强家庭的科学育儿能力；等等。

2022 年 7 月 25 日，17 个中央部门联合发布《关于进一步完善和落实积极生育支持措施的指导意见》，在优生优育服务水平、普惠托育服务体系、生育休假和待遇保障机制、强化住房、税收等支持措施、优质教育资源供给、生育友好的就业环境等方面提出了更为详细的工作要求，例如，在住房支持方面，要求“各地在配租公租房时，对符合条件且有未成年子女的家庭，可根据其未成年子女数量，在户型选择方面给予适当照顾；优化公租房轮候与配租规则，将家庭人数及构成等纳入轮候排序或综合评分的因素，对符合条件且子女数量较多的家庭可直接组织选房；完善公租房调换政策，对因家庭人口增加、就业、子女就学等原因需要调换公租房的，根据房源情况及时调换”“对购买首套自住住房的多子女家庭，有条件的城市可给予适当提高住房公积金贷款额度等相关支持政策”。在税收方面，“实施好 3 岁以下婴幼儿照护费用个人所得税专项附加扣除政策”。在就业方面，“推动创建家庭友好型工作场所”等。

2024 年 10 月 19 日，国务院办公厅发布《关于加快完善生育支持政策体系推动建设生育友好型社会的若干措施》（国办发〔2024〕48 号），要求“完善生育支持政策体系和激励机制，健全覆盖全人群、全生命周期的人口服务体系，有效降低生育、养育、教育成本”，并提出了具体要求。

可以看到，我国目前的家庭发展政策主要是从人口均衡发展角度提出的，并且主要是以政策形式出台。这是因为我国人口结构正在发生深刻变化，正如 2021 年《中共中央、国务院关于优化生育政策促进人口长期均衡发展的决定》“预计‘十四五’期间我国人口将进入中度老龄化阶段，2035 年前后进入重度老龄化阶段”。时间紧、任务重，“引发对国家、家庭以及家庭中的个体三者关系的重新思考和秩序整理”[①]，目前更适合通过政策来规范家庭发展。

① 张力：《托育服务中的家庭失灵与国家义务》，《浙江学刊》2023 年第 4 期。

总之，进入中国特色社会主义新时代，国家领导人非常重视家庭家教家风建设，国家立法和政策也根据实际情况不断调整和完善。家庭价值和家庭整体利益被重新重视。

## 五、对家庭立法的展望

1949 年新中国成立至今，我国的家庭立法既有初期的朝气蓬勃，也有一段曲折；改革开放以来，随着我国社会经济的发展，家庭立法也不断发展，取得了巨大的成就。进入社会主义新时代后，因应社会发展和人民需求，我国法律进入新一轮的废、改、立周期。家庭立法，既要继承已有的好的立法内容，也要审视一些有争议的，或者不适应现实的规定，进行修改，还要根据新情况、新需要制定新的法律。

结合当前人口出生率低，年轻人中“不婚不育”观念流行，家庭类型多元化等现象，笔者提出一点儿粗浅的立法建议。一是适当时候制定《中华人民共和国家庭发展促进法》。家庭对个体的重要性无论怎么强调都不为过，必须承认，当下我国家庭面临的问题非常严峻，单靠家庭本身无法解决，需要国家支持和社会参与。目前主要是通过政策来促进家庭发展，由于政策属于政府规范性文件，能使用的法律工具有限，比如，不能设定惩戒措施，没有罚则，导致执行上的困境。而且把家庭发展措施上升到法律，也符合我国依法治国的总体要求。因此建议适当的时候启动《中华人民共和国家庭发展促进法》立法程序。二是从家庭角度评估我国现有涉及家庭的立法，落实我国宪法关于家庭受国家保护的规定。从前文我们也能发现，在刑法、民法、行政法（社会法）等方面，还是存在不利于家庭整体利益的规定，有必要启动相应的修改程序。详细内容可参见拙作[①]。

① 刘永廷：《论我国家庭政策的制度性支持》，《中华女子学院学报》2020 年第 3 期。

# 第四章　中国家庭政策的变化与发展

家庭是最基本和最普遍的社会团体，是各种社会团体中最永久的一种，家庭制度是最古老、最原始的制度之一。基于血缘、婚姻和抚养等关系的家庭，作为社会的基本结构，在人类历史上长期维持着人类种族和文化的延续，很难想象出一个和家庭完全没有发生过关系的例子。[①] 中国家庭不只是生产和再生产的经济单元，也是秩序单元、教化单元和福利单元，并负有社会化和保护其成员的责任。[②] 家庭是社会的微缩样本，家庭的前途命运同国家和民族的前途命运紧密相连。家庭也是一个政策视角。本文旨在对新中国家庭政策进行全面回顾和反思，对其演进轨迹、特征、内在不足以及政策发展趋势进行探讨。

## 一、家庭政策概念界定及分类

家庭政策目标多样、内容广泛，从而导致家庭政策概念界定困难，家庭政策研究呈现出跨学科特点。对家庭政策的界定在理论上并未达成一致，它在很大程度上受到人口结构、社会文化、政治制度与社会运动等因素的影响。“家庭政策”一词由西方引介而来，但在不同国家社会文化和制度背景下，呈现出不同的价值导向和内容。传统家庭政策界定方法为内

① 费孝通：《生育制度》，北京联合出版公司，2018，第 154 页。

② 胡湛、彭希哲：《家庭变迁背景下的中国家庭政策》，《人口研究》2012 年第 2 期。

容涵盖范围界定法、政策目的界定法与政策思想来源界定法。[①]

## （一）从内容涵盖范围角度界定

有学者提出了涵盖范围较为宽泛的广义家庭政策概念，它包括所有直接或间接对家庭产生影响的政策与项目。从这一视角而言，家庭政策几乎与社会政策同义，各类社会问题如收入、住房、人口、教育、健康、老龄化等都与家庭存在间接或直接联系。奥尔德斯（Aldous）认为，家庭政策与人口政策、经济政策、健康政策、福利政策及社会援助政策等有着极为密切的关系。因此，作为与人类有关的政策，家庭政策就是每种政策的一个方面。[②]例如，保护职业女性的政策，如果其目标是支持作为母亲的妇女，该政策就属于家庭政策。反之，如果其目标是支持作为个体公民与工人的妇女，则不属于家庭政策。广义的家庭政策概念缺乏很强的实际操作性，可能造成运用上的困难，同一种政策的种类归属容易产生混乱。从狭义的概念看，家庭政策要比社会政策的范围小很多。

家庭在社会政策制定与实施中均具有十分重要的地位和功能。从社会政策的制定层面看，家庭模式特征及功能变迁状况是一国社会福利制度进行顶层制度设计所必须考量的基础条件变量，社会政策的实施只有建立在家庭功能、类型和需要之上，才能充分发挥和实现其政策效能。[③]汉特雷斯（Hantrais）将家庭政策界定为以家庭单位为目标并对家庭资源及家庭成员行为施加影响的政策。[④]胡湛和彭希哲（2012）认为，家庭政策主要是指政府用于稳定家庭和承担家庭功能而针对家庭所推行的社会政策，是政府执政理念的具体体现和治理策略的具体实践。[⑤]社会政策的发展变

---

① 吕亚军、刘欣：《家庭政策概念的辨析》，《河西学院学报》2009 年第 6 期。

② Aldous, J., Dumon, W. A. & Johnson, K.*The politics and programs of family policy: United States and European Perspectives* (Leuven: Leuven University Press, 1980).

③ 李泉然：《西方家庭政策的改革：制度演进与福利意涵》，《社会建设》2020 年第 7 期。

④ Hantrais, L. & Marie-Therese Letablier. *Families and Family Policies in Europe* (London and New York: Longman,1996).

⑤ 胡湛、彭希哲：《家庭变迁背景下的中国家庭政策》，《人口研究》2012 年第 2 期。

迁实质上经历了一个对国家—家庭责任范围不断重新界定的过程。[①] 吴帆（2012）从政策功能的角度，认为家庭政策是以家庭整体为目标对象，旨在增强家庭发展能力、替补与完善家庭功能、提升家庭成员的福利水平。[②]

## （二）从政策目的角度界定

从政策目的角度，家庭政策可分为明确型家庭政策（Explicit Family Policy）和含蓄型家庭政策（Implicit Family Policy）两类，两者的主要区别在于有无明确的政策目标及施政部门。明确型家庭政策一般明确以家庭作为政策对象制订专门计划和实施特定服务，如家庭生活教育、计划生育、产妇与儿童健康服务等，并且往往都会设立专司规划与实施部门；含蓄型家庭政策并非特别以家庭作为政策对象，但对家庭有间接影响的政府政策，如失业救助等，且通常政府不会为此设立家庭的专职部门，一般是将这类家庭政策纳入社会福利政策、税收政策和就业政策等政策体系中。[③] 这种分类引起了很多争议，因为没有明确的家庭政策，并不代表不重视家庭政策。

现代国家的家庭政策主旨在于影响或改变现存家庭生活模式的原则和程序。不论一个国家的家庭政策是明确的还是含糊不清的，其本质都在于解决具体家庭问题，维持或增强家庭的某些功能，如维护婚姻家庭关系、解决家庭成员问题和住房问题、维持家庭收入和家庭结构完整等，具体如产假、离婚率、儿童照顾、贫困家庭保障等。[④] 英国学者米勒（J.Millar）主张用“直接”和“间接”影响来分析，直接影响的政策又可归纳为三方面：第一，规范家庭行为的法规，如有关婚姻、性行为、流产、父母权利和义务以及儿童保护的法律；第二，保障家庭收入的政策，如税收津贴、家庭和儿童津贴、父母假及津贴、儿童抚养等；第三，为家庭提供服务的

---

① Lewis,Jane. “Gender and the Development of Welfare Regimes”, *Journal of European Social Policy*,1992,2(3):159-173.

② 吴帆：《第二次人口转变背景下的中国家庭变迁及政策思考》，《广东社会科学》2012 年第 2 期。

③ 吕亚军、刘欣：《家庭政策概念的辨析》，《河西学院学报》2009 年第 6 期。

④ 王洁秀、刘继同：《发达国家现代家庭福利制度研究》，中国社会科学出版社，2021，第 7 页。

政策，如儿童照料、住房补贴、社会服务和社区照料等。①张国芳等借鉴国外学者家庭政策工具的分类方法，将家庭政策划分为权威工具、激励工具、劝导工具、能力建设工具和系统变革工具，这种划分方式将政策目标与实施对象的行为动机联系起来。②

### （三）从政策思想来源角度界定

政策思想来源的界定方式借用了安德森（Andersen）对社会政策的经典区分，将家庭政策划分为自由主义模式、保守主义模式与社会民主主义模式。③自由主义模式（以英、美和加拿大为代表）主张尽可能限制国家在社会政策领域中的权利，降低国家对家庭的干预程度。保守主义模式（以德、法为代表）将社会团结原则视为社会政策的基础，认为通过强化自然社会契约可以有效地解决社会问题，只需支持有特殊需要的家庭。也有学者把这种给家庭结构和功能出现缺陷的家庭提供修补、应急和救助的政策称为残补式（deficit intervention）家庭政策，包括贫困家庭、丧失劳动力的伤残家庭、老年家庭、单亲家庭或者作为家暴受害者的妇女儿童等。社会民主主义模式（以北欧国家为代表）认为，社会产品的再分配要通过家庭完成，主张给家庭提供最大的支持。在一些西方福利国家，表现为覆盖全体成员的一整套“从摇篮到坟墓”的普惠型家庭政策。但是，随着政府日益庞大的福利开支和职工工作积极性难以调动等问题的出现，这种政策也随之遭到质疑。

各国家庭政策的制定与实施受当时社会客观环境的影响，同时也体现了政府对家庭需求的理解与反应。“政策”是一个宽泛的概念，法律法规包含在政策之中。中国的政策类型多样，主要包括中共中央文件、宪法、全国人大法律、中共中央与国务院联合发布文件、国务院行政法规、国务

---

① Millar, J.“ Family policy and social policy,”in Alcock, A.& Erskine, A. &May,M.(eds.), *The student's companion to social policy* (Oxford: Blackwell Publiers, 2003).

② 张国芳、阮莉怡：《政策工具视域下中国家庭政策的内容研究——基于 1987—2021 年 152 份中央政策文本的分析》，《社会工作与管理》2023 年第 5 期。

③ Esping-Andersen,G. *The Three Worlds of Welfare Capitalism*（Cambridge: The Polity Press,1990）.

院职能部门规章、地方性法规、自治条例和单行条例八大类。[①]整体来看，中国的家庭政策大致可以从两个层面概括。在普遍性层面上，以制度安排型政策为主，包括婚姻政策、生育政策、教育政策、养老政策和就业政策等，如婚姻法及计划生育政策，都对中国家庭产生了深远影响。在特殊性层面上，包括针对特殊家庭、特殊人群和专项计划三类政策，针对特殊家庭的家庭政策，如对计划生育家庭的奖励，贫困家庭、低收入家庭、残疾人家庭、留守儿童家庭帮扶等一系列的社会救助与福利政策；针对特殊人群的家庭政策，如女性就业支持政策、儿童保护和发展政策、五保户老人的补助政策等；专项计划是对家庭的临时风险救助政策，如因遭遇火灾、交通事故、突发重大疾病的家庭和个人建立临时救助制度，如新冠疫情期间医务人员及其家属保障政策等。

## 二、中国家庭政策的历史演变

家庭问题既是其他各类社会问题的重要根源，又是各类社会问题最集中、最典型的反映。与家庭相关的每项政策法规的增加和调整，都会对普通人的日常生活产生深远的影响。整体来看，中国本土化实证研究较少，国外引介性研究较多。在既有实证研究中，以生育政策效果为主题的实证研究成果显著。政策实证研究主要是从某一具体家庭生活或政策某一具体领域展开，一般有两种类型，一类是描述家庭生活问题和家庭行为的现状研究，另一类是政策效果评估研究，前者居多，后者较少。[②]本文从中央和国家层面，以及民政部、卫健委等职能部门角度，概括目前中国家庭法律政策的总体情况，勾勒出中国现代家庭政策体系的框架和发展脉络。

自1949年中华人民共和国成立，尤其是改革开放以来，城乡家庭结构和生活方式发生了诸多变化，家庭政策也日渐完善。刘继同（2018）按照婚姻家庭政策发展脉络，将中国家庭政策划分为倡导婚姻自由的婚姻法

① 刘继同：《当代中国婚姻家庭政策历史经验、结构特征、严峻挑战与发展方向》，《人文杂志》2018年第4期。

② 王丹、张桂凤、涂爱仙：《回顾与展望：中国家庭政策研究四十年综述》，《青年探索》2023年第5期。

时代（1949—1957 年），妇女解放和城乡二元家庭户籍政策时代（1958—1979 年），计划生育政策和“一孩化”家庭时代（1980—2009 年），家务服务社会化政策萌芽时代（2010—2015 年）以及计划生育政策调整、家庭教育和反家庭暴力立法时代（2016 年至今）。[①] 这一划分以重要政策出台为时间节点，反映出当代中国家庭生活、家庭关系与家庭政策变迁的轨迹和发展进程。

新中国成立伊始，封建家长制、封建礼教束缚、男尊女卑、三从四德、强迫包办、买卖婚姻等诸多社会问题存在。鉴于此，1950 年 4 月，中央人民政府委员会第七次会议通过《中华人民共和国婚姻法》，该法明确规定：国家“实行男女婚姻自由、一夫一妻、男女权利平等，保护妇女和子女合法利益的新民主主义婚姻制度”。[②] 该法具有划时代的意义，凸显了当时以婚姻法为主、家庭政策依附在婚姻政策下、国家在社会主义新型婚姻家庭政策建设中扮演主导性和建设性角色的时代性特征。1950 年婚姻法的 27 个法条中，仅有 4 条涉及亲子关系，且对其他家庭成员及其他亲属关系未做任何规定。[③]1954 年 9 月，新中国第一部社会主义类型的宪法规定，婚姻、家庭、母亲和儿童受国家的保护，这一点在 1986 年的《中华人民共和国民法通则》中再次体现，在合法权益保护对象上，增加了“老人”。

1958 年，全国范围的“大跃进”和人民公社化运动揭开了社会主义建设新时期，妇女大规模走出家门，参加生产劳动和经济建设，幼儿园和托儿所大量涌现。这一时期，国家仍然扮演主导性和政治性角色，国家成为限制、控制和部分取代家庭的力量，城乡户籍、集体食堂、男女同工同酬以及频繁的政治运动是典型例证。[④]1958 年 1 月，全国人大常委会讨论通过《中华人民共和国户口登记条例》，该条例规定“公民由农村迁往城

① 刘继同：《当代中国婚姻家庭政策历史经验、结构特征、严峻挑战与发展方向》，《人文杂志》2018 年第 4 期。

② 张希坡：《中国婚姻立法史》，人民出版社，2004，第 205-207 页。

③ 夏吟兰等：《中国民法典释评 · 婚姻家庭编》，中国人民大学出版社，2020，第 3 页。

④ 同①。

市，必须持有城市劳动部门的录用证明，学校的录取证明，或者城市户口登记机关的准予迁入的证明，向常住地户口登记机关申请办理迁出手续”，该条例以法律形式严格限制农民进入城市，从此形成延续至今的“城乡分策”的二元结构户籍管理模式和二元化社会福利制度。①“城乡分策”从此成为全面、深刻影响家庭的政策。在计划经济体制下，政府对社会的干预程度非常高，在城市表现为单位，在农村表现为人民公社和村集体。土地、牲畜和生产工具根据家庭人口多少（包括孩子在内），按比例分配到户。家庭同农村权力机关之间签订各种形式的合同，规定生产定额，保证收购价格。在城市中，国家长时期控制着就业机会，城市居民主要以工资为主。②“单位”是一个功能很齐全的组织，如住房、幼儿入托、食堂、交通补贴、冬季取暖补贴、家庭生活困难补助等。1978 年改革开放以后，解放思想、市场竞争、自由平等、个人主义、效率优先、兼顾公平等成为主流价值观，家庭政策环境随之发生了很大变化。随着改革开放和我国经济转型，单位的福利功能被剥离。同时，政府没有负担起对家庭的福利供给，家庭需要的服务只能从市场获得，家庭和个人的经济负担逐渐增加。③1980 年 9 月 25 日，中共中央《关于控制我国人口增长问题致全体共产党员、共青团员的公开信》发布，标志着中国进入计划生育和“一孩化家庭”时代。④通过计划生育政策规范人们的生育意愿和家庭生育行为，人为地影响了家庭结构，中国的核心家庭增多，原来家庭养育多个子女的花费可以更多地用来提高生活水平，因此，更多的家庭实行优育优教。随着城乡经济体制改革不断深化，企业劳动、工资、社会保险三项制度改革，尤其是 20 世纪 90 年代国营企业职工下岗分流、减员增效，城乡贫困和家庭最低生活问题变得突出。⑤这一时期，随着社会生活急剧变化，婚

① 秦章：《我国户籍制度的现状和改革思路》，《内部文稿》2002 年第 6 期。

② 安·比尔基埃、克里斯蒂亚娜·克拉比什-朱伯尔、玛尔蒂娜·雪伽兰、弗朗索瓦兹·佐纳邦德：《家庭史：现代化的冲击》，袁树仁等译，生活·读书·新知三联书店，1998，第 335 页。

③ 刘永廷：《论我国家庭政策的制度性支持》，《中华女子学院学报》2020 年第 3 期。

④ 张维庆：《中国人口和计划生育史》，中国人口出版社，2007，第 88 页。

⑤ 多吉才让：《中国最低生活保障制度研究与实践》，人民出版社，2001，第 1 页。

姻家庭领域出现了许多新情况。男女平等状况深受市场经济冲击。1980年代修订婚姻法时，我国婚姻状况已经发生重大变化，纳妾、童养媳、干涉寡妇再婚等现象已经不是突出问题，自由恋爱、自主结婚已占主导地位，但包办、买卖婚姻以及其他干涉婚姻自主现象还存在。①1995年，全国人大作出了修改婚姻法的决定，经过多方面调查研究，2001年，第九届全国人大常委会第二十一次会议通过婚姻法修正案。②1980年婚姻法、2001年婚姻法涉及亲属制度、家庭关系的部分失之简单。2001年修订的婚姻法共五十一条，完全涉及亲子关系或其他家庭成员关系的只有十三条。③长期以来，我国婚姻家庭立法重视婚姻关系的调整，轻视家庭关系的调整，很长时间面临着仅有婚姻法、没有家庭法的现实。

2001年，原国家计生委正式成为世界家庭组织的成员。2002年以党的十六大为标志，中共中央开始重新解释"效率优先、兼顾公平"的含义，并在随后几年陆续形成了"科学发展观""和谐社会""建设社会主义新农村""基本公共服务均等化""加快推进以改善民生为重点的社会建设"等新政策理念，在低保政策领域，已经实现了城镇低保到农村低保的全面推进；在医疗保险领域，从城镇职工医疗保险到城乡居民医疗保险制度的全面实施，实现了全民医保的国家战略；在教育领域，实现了九年义务教育免费；在养老领域，实现了从职工养老保险到城乡居民养老保险的扩展，一些地区还实行了高龄津贴制度。适度普惠性社会福利服务开始全面发展。④2004年12月，世界家庭组织、原国家人口和计划生育委员会、中华全国妇女联合会在中国海南省三亚市共同举办了世界家庭峰会。2010年，温家宝总理在两会上庄严承诺"让人民生活得更加幸福、更有尊严"，

① 夏吟兰等:《中国民法典释评·婚姻家庭编》，中国人民大学出版社，2020，第23页。

② 蒋月:《20世纪婚姻家庭法：从传统到现代化》，社会科学文献出版社，2015，第378页。

③ 夏吟兰等:《中国民法典释评·婚姻家庭编》，中国人民大学出版社，2020，第3-4页。

④ 岳经纶、陈泽群、韩克庆:《中国社会政策（第二版）》，上海人民出版社，2022，第14-15页。

国务院常务会议首次研究家庭服务业政策。[①]2011年，在制定国家发展战略中首次纳入家庭视角，将提高家庭发展能力写入《中华人民共和国国民经济和社会发展第十二个五年规划纲要》，在2012年和2013年政府工作报告中也强调了基于家庭的发展。

党的十八大以来，以习近平同志为核心的党中央高度重视家庭家教家风的重要作用。按照习近平总书记的判断，“全面建成小康社会突出的短板主要在民生领域”，这意味着贫困和民生领域福利保障是最主要的社会问题。这一时期，贫困、疾病、文盲愚昧、就业、失业、住房、婚姻家庭、社会救助和最低生活保障等社会问题突出且日趋多样，例如，婚姻家庭生活稳定性降低、离婚率居高不下、独生子女问题、流动和留守儿童、妇女合法权益保护和男女地位平等问题凸显。[②]在构建和谐社会与和谐家庭的背景下，如何构建中国特色现代家庭福利政策议题应运而生。[③]2011年，《国务院关于开展城镇居民社会养老保险试点的指导意见》（国发〔2011〕18号），开始建立城镇居民的基本养老保险制度，它的实施范围与新型农村社会养老保险试点基本一致。[④]同年9月，为解决中低收入家庭住房困难，促进实现住有所居目标，国务院办公厅《关于保障性安居工程建设和管理的指导意见》出台。2012年4月，国务院常务会议审议并原则通过《女职工劳动保护特别规定（草案）》，将女职工生育享受的产假由90天延长至98天，并规范了相关待遇。2013年，原卫生部和原国家人口计生委组建成立国家卫生和计划生育委员会，增设计划生育家庭发展司，整合了分散在国务院不同部门的相同或相似的职责，标志着国家功能角色的转变。2013年，党的十八届三中全会决定“启动实施一方是独生子女的夫妇可生育两个孩子的政策”，“单独两孩”政策正式实施，标志着中国的政

---

① 刘继同：《中国特色“社会政策框架”与“社会立法”时代的来临》，《社会科学研究》2011年第2期。

② 张建、陈一筠：《家庭与社会保障》，社会科学文献出版社，2000，第1页。

③ 刘继同，左芙蓉：《“和谐社会”处境下和谐家庭建设与中国特色家庭福利政策框架》，《南京社会科学》2011年第6期。

④ 丁建定：《中国共产党百年社会保障政策：时代目标与实践取向》，《社会保障评论》2021年第5期。

策方向由限制生育向积极生育支持政策转变。2014 年，首次发布中国家庭发展状况的白皮书《中国家庭发展报告》，标志着国家由限制家庭向支持者、保护者、建设者角色转变，家庭政策研究中家庭发展能力成为重要分析工具。2010 年第六次全国人口普查以来，我国人口发展的内在动力和外部条件发生了显著改变，出现重要转折性变化，人口总规模增长惯性减弱，劳动年龄人口波动下降，老龄化程度不断加深。①2016 年，最重要的家庭政策有二：一是全面放开“二孩政策”，这意味着三十多年的独生子女政策正式结束；二是实施《中华人民共和国反家庭暴力法》，拉开了中国反家庭暴力的历史序幕。这两项政策均具有里程碑意义，标志着国家由传统规范和限制角色转变为支持和保护家庭。

党的十八大以来，中国特色现代家庭政策框架日益清晰，制度整合、系统集成、协同高效。第一，一些社会保障项目，如养老、医疗出现了全面的整合趋势，不仅城乡居民养老、医疗保险制度进行整合，且公务员和事业单位养老金制度开始与城镇职工养老金制度并轨，基本养老金全国统筹也开始了实质性推进；第二，中央加大在教育、医疗等领域的投入；第三，随着精准扶贫、健康中国、乡村振兴等一系列理念的提出，政府在贫困群体、老年群体、困难儿童、残障人士、退伍军人等特殊群体的社会政策领域集中发力。②

党的十九大以来，明确优化生育政策、促进人口长期均衡发展的新时代人口工作目标任务，健全和落实人口工作领导机制，出台积极生育支持措施，人民群众满意度获得感不断增强。

2018 年，国家卫生健康委员会下设人口监测与家庭发展司，承担人口监测预警工作并提出人口与家庭发展相关政策建议，完善生育政策并组织实施，建立和完善计划生育特殊家庭扶助制度。2020 年和 2021 年，是家庭政策法律文件颁布最为集中的两个政策年。尤其是民法典的颁布，是

---

① 《人民日报专访李晓超：第七次全国人口普查登记将于 11 月 1 日开始，这次普查新在哪》，国家统计局官网，www.stats.gov.cn/5j/zxfb/202302/t202303_1900817.html，2020 年 8 月 12 日。

② 岳经纶、陈泽群、韩克庆：《中国社会政策（第二版）》，上海人民出版社，2022，第 15 页。

我国法治进程中的一件大事，这是新中国成立以来第一部以“法典”命名的法律，单设婚姻家庭编。2021 年是“十四五”的开局之年，也是“两个一百年”奋斗目标交汇与转换之年。2021 年 5 月，继“单独两孩”和“全面两孩”政策后，我国生育政策迎来了第三次重大调整，中共中央政治局审议《关于优化生育政策促进人口长期均衡发展的决定》作出“一对夫妻可以生育三个子女政策及配套支持措施”的重大决策。2021 年 10 月，《中华人民共和国家庭教育促进法》颁布实施，国家对家庭教育进行专门立法，从法律层面保障家庭教育的实施。2022 年，为落实人口与计划生育法，进一步完善和落实积极生育支持措施，《关于进一步完善和落实积极生育支持措施的指导意见》颁布，将婚嫁、生育、养育、教育一体考虑，完善和落实财政、税收、保险、教育、住房、就业等积极生育支持措施，加快建立积极生育支持政策体系。2023 年 1 月，教育部等 13 部门发布《关于健全学校家庭社会协同育人机制的意见》，要进一步完善学校积极主导、家庭主动尽责、社会有效支持的协同育人机制。按照 2020 年的《国务院办公厅关于促进养老托育服务健康发展的意见》要求，2023 年卫健委牵头制定了《家庭托育点管理办法（试行）》。2024 年 1 月，卫健委等 8 部门印发《关于全面开展健康家庭建设的通知》，全面部署健康家庭建设工作。2024 年 5 月，已有 22 个省份和新疆生产建设兵团实现了医保个人账户省内异地家庭共济。[①]

总的来说，中国家庭法律政策框架从无到有、从单一到综合，涵盖范围从少到多、从点到面。政策有短期的、有中长期的；有约束性的、有倡导性的；有明确量化目标的，但更多的是非量化指标。中国家庭政策呈现典型“U”字形发展模式，婚姻法是保护建设家庭，二元户籍和计划生育是规范限制家庭，“全面两孩”到“三孩”政策是支持保护家庭。[②]

家庭政策的演变过程实际上是经历了一个对政府—家庭责任界限不断重新界定的过程，体现了国家在处理公、私两个领域问题时的介入程度，同时也体现了家庭政策受到历史条件的制约。国家在公私边界问题上，改

① 《图表：20 多个省份实现医保个人账户省内异地家庭共济》，中国政府网，www.gov.cn/zhengce/202405/content_6952379.htm，2024 年 5 月 18 日。

② 刘继同：《当代中国婚姻家庭政策历史经验、结构特征、严峻挑战与发展方向》，《人文杂志》2018 年第 4 期。

革开放前后有着明显的由“公”转“私”的变化，市场化以来，家庭的私人性得到广泛接受，最近几年又有向“公”发展的趋势。中国家庭政策大致上经历了从替代家庭走向支持家庭的演变过程。

以上政策基本是按政策发布的时间脉络梳理的，如果非要确立一个政策区分点，改革开放被当作明显的政策分界点。改革开放以前，在“家国同构”传统理念影响下，基于一种国家主义的治理逻辑，家庭是国家的“候补角色”。而改革开放后，市场的介入、单位制的削弱、福利保障的减少、分配方式的变化以及公共服务产业化等被描述为“家国分离”。[①] 党的十八大以来，家庭政策明显增多，国家政策回应现实能力有所增强，政府逐渐地给家庭“减压”，为家庭分担责任。家庭逐渐从一种政策背景和条件发展成为一种政策目标，“从幕后走到了台前”。

## 三、以问题为导向的家庭政策分类

家庭政策是为达成社会目标对公共资源所做的一次高效投入。[②] 我国已经实施了一系列家庭政策，包括婚姻政策、计划生育政策、未成年子女教育政策、促进健康和养老的政策、困难家庭补助政策、最低生活保障政策等，规范家庭成员的抚养、赡养、扶助等行为。对中共中央、国务院及各部委政策法律文件中有关婚姻家庭的条目进行分类，可简要概括为以下几个类别。

### （一）从人口问题出发，关注家庭规模和结构变化

家庭政策的制定往往与人口问题相关。20 世纪 70 年代至 21 世纪之初，我国主要实施计划生育政策，控制人口总量过快增长，并逐步形成与此相配套的计划生育家庭奖励和扶助政策。同时，与之密切相关的户籍政策、跨省婚姻登记政策共同影响着家庭的结构和规模。独生子女家庭是中国社会家庭变迁的一个独特现象。人口转变推动家庭规模小型化、结构核心化和类型多元化，中国逐渐从以联合家庭为绝大多数过渡到以核心家庭为绝

① 吴小英：《公共政策中的家庭定位》，《学术研究》2012 年第 9 期。

② 吕青、赵向红：《家庭政策》，社会科学文献出版社，2012，第 35 页。

大多数，然后又逐渐扩展到单亲家庭、丁克家庭、空巢家庭、隔代家庭、大龄单身家庭等多种类型。2000 年以来，大多数省份陆续修订计划生育条例，取消对二胎生育时间的限制。近年来，我国人口发展出现了一些显著变化，在人口减少趋势下，出生人口减少将加快老龄化，“未富先老”挑战增加，养老金收支缺口面临较大压力，家庭对老人照料的需求增长。中国人口政策经历了从“双独两孩”“单独两孩”“全面两孩”，再到 2021 年的“三孩生育政策”，中国生育政策渐进式改革，计划生育政策逐渐放开。从分布看，人口更多地流入发达地区，随着城镇化推进，农村地区人口持续流出。[①] 婚姻家庭法律和政策越来越重视长期低生育率和大规模劳动力人口流动背景下，人口老龄化和家庭保障功能的弱化问题。但截至目前，我国各地生育配套措施大多针对生育多孩家庭，对二孩、三孩支持力度较大，这不利于更好地提高一孩生育率，生育一孩和生育多孩家庭都应该得到生育支持。[②]

### （二）从福利问题出发，关注社会保障和困难群体

我国婚姻家庭政策长期关注社会保障和福利制度不健全背景下的弱势群体，重视福利制度变迁对困难家庭中的儿童、残疾人等特殊人群的影响。我国已经建立起一套针对城乡困难家庭的社会政策体系，包括以最低生活保障制度为核心的、对城乡困难家庭收入支持的政策和相关配套政策。中国的福利保障政策还包括对一些特殊群体的帮扶和救助，如留守儿童关爱保护政策、扶贫搬迁帮扶政策、灾后重建政策、低收入妇女“两癌”救助政策、军人军属法律援助政策等。从社会福利问题出发的这部分政策涉及的群体类型最为多样化。2010 年，全国人大常委会法制工作委员会成立“社会法室”，第十一届全国人民代表大会常委会第十七次会议通过社会保险法，国家颁布多项社会福利政策，社会救助、社会保险、社会

① 国务院发展研究中心课题组、许伟、雷潇雨等：《推动中国人口高质量发展的政策建议》，《发展研究》2024 年第 2 期。

② 朱海龙、李平洋、黄仙红：《中国生育政策体系：思想基础、历史路径与体系重构》，《社会政策研究》2024 年第 3 期。

组织、儿童福利、住房保障、医疗健康等多领域福利立法取得进展。[①] 政府通过对市场初次分配进行调节，利用“托底”的方式保障生活遇到困难的群体，保障家庭的基本生活需要，缩小社会成员之间及家庭之间在收入分配上的差距，弥补了一些家庭的功能不足和缺失，这些政策是社会主义市场经济必不可少的重要内容。

### （三）从社会性别视角出发，关注女性权益和婚姻家庭稳定

从社会性别视角出发，中国家庭政策关注婚姻不稳定、家庭成员冲突等问题，化解婚姻家庭纠纷；保护怀孕、生育、哺乳期女职工，强调平衡工作和家庭的政策体系建设，延长产假，从产假转向育儿假，为所有照顾者提供时间和支持。例如，最高人民法院自 2016 年 6 月 1 日起在全国范围内选择部分法院开展家事审判方式和工作机制改革试点工作。2018 年，《关于进一步深化家事审判方式和工作机制改革的意见（试行）》印发，凝聚多方合力化解家庭矛盾，探索完善心理辅导干预、家事调查、案后回访等制度。为减少轻率离婚和冲动离婚现象，维护家庭稳定，民法典 · 婚姻家庭编设置了“离婚冷静期”，自婚姻登记机关收到离婚申请之日起 30 日内，任何一方可以向登记机关撤回离婚申请。离婚冷静期是宪法保护婚姻和家庭的民法表达。同时，收取非监护方的子女抚养费是法律支持单亲父母的重要工具。民法典 · 婚姻家庭编还规定了夫妻关系存续期间，一方有隐藏、转移、变卖、毁损、挥霍夫妻共同财产或者伪造夫妻共同债务等严重损害夫妻共同财产利益行为的，一方负有法定扶养义务的人患重大疾病需要医治，另一方不同意支付相关医疗费用的，夫妻一方可以向人民法院请求分割共同财产。这条体现了婚姻家庭制度中的人财共济、人际诚信的要求。

在保护女性在婚姻家庭中合法权益方面，中国取得了很大成效。2008 年，全国妇联等七部门联合发布《关于预防和制止家庭暴力的若干意见》以后，促进家庭安全和婚姻稳定是婚姻家庭立法和政策制定过程中越来越着重考虑的要点。2015 年，反家庭暴力法出台；2022 年 3 月，《关于加强

---

① 刘继同、周京：《中国社会政策与社会福利法制 70 年历史轨迹、制度特征和基本经验》，《社会政策研究》2024 年第 1 期。

人身安全保护令制度贯彻实施的意见》颁布；2022 年 5 月，《关于敦促拐卖妇女儿童相关犯罪嫌疑人投案自首的通告》颁布。

### （四）从家庭功能角度出发，关注父母养老和子女教育问题

家庭主要发挥六方面的功能：一是经济功能，二是性和生殖功能，三是教育功能，四是抚养和赡养功能，五是情感沟通和交流功能，六是休闲娱乐功能。[①] 随着我国老龄化问题加剧，子女赡养老人的任务也随之加重，家庭对社会政策和公共服务的需求日益强烈。国家逐渐为年轻父母照料孩子和照顾老人提供支持，如早教、托儿、儿童福利等公共服务，建立健全养老与医疗保险制度，鼓励社区和社会福利机构提供老年人服务保障等措施，旨在为家庭减轻负担。

我国制定和多次修订、修正老年人权益保障法和未成年人保护法。1996 年 8 月出台的《中华人民共和国老年人权益保障法》，将“养老”规定为家庭成员责任。2009 年、2012 年两次修订该法，后又经 2015 年和 2018 年两次修正，现行法律规定，鼓励家庭成员与老年人共同生活或就近居住。1991 年，《中华人民共和国未成年人保护法》通过并实施，该法 2020 年 10 月第二次修订，明确列举了未成年人的父母或者其他监护人应该履行的监护职责和不得实施的行为。2004 年以后，教育部等部门的政策文件着重强调家庭教育以及家校社协同育人的作用，2021 年颁布的家庭教育促进法是我国首部就家庭教育专门出台的法律。2020 年 12 月，国务院办公厅印发《关于促进养老托育服务健康发展的意见》，提出 4 方面 23 项举措，旨在健全老有所养、幼有所育的政策体系，建立健全“一老一小”工作推进机制。

另有一些较为分散、无法归类的政策法律文件，如劳动保险条例、继承法、职工带薪年休假条例、关于加强粮食文化建设的指导意见，以及推进农业经营体制机制创新政策、脱贫攻坚行动、乡村振兴计划、数字家庭和无烟家庭建设、通过村规民约和居民公约的制定或修订加强城乡社区治

---

① 中国人口与发展研究中心：《中国家庭发展追踪调查问卷设计手册》，中国人口出版社，2018。

理等，这些文件具有普遍意义，没有针对具体某类人群，但不同程度地影响到了家庭生活水平和生活方式。

## 四、家庭政策的变化特点和不足之处

家庭政策的议题随着人们对政府责任界限的不同理解处于不断更新之中。[①]中国家庭政策框架范围不断扩大，内容不断丰富。从新中国成立到改革开放近三十年的时间里，颁布涉及家庭的法律政策文件少之又少；从改革开放到党的十八大这三十年时间里，政府把关注重点放在经济发展上，社会政策服从整体经济发展战略需要。随着计划经济体制下的“集体保护伞”逐渐消失，新的社会福利政策迟迟跟不上快速发展的经济需求。[②]党的十八大以来的十多年时间里，家庭政策快速发展，体系日臻完善。从政策法律文件的发文机关来看，联合发文数量越来越多，每项政策涉及的责任部门也逐渐增多。家庭政策越来越需要各部门密切配合实施，政府信息资源正在逐渐实现跨部门整合与共享。总体上讲，中国家庭政策呈现“广义概念”“含蓄类型”“补救模式”特点。政策概念过于宽泛，不够具体；家庭政策的总体制度目标十分模糊[③]，缺乏总体政策安排，没有系统和完备的体系，处于零散状态。[④]中国在政策上对家庭的支持和保护大多散见在综合性法律和法规条例中。[⑤]如果以文件名中有“家庭”二字为判断标准，目前家庭尚未成为社会政策与法律法规的规范权利主体和被保护的主体，政策法规体系缺乏以家庭为基础、为基本单位的政策视角。由此，客观反映了家庭在中国社会政策与法律法规中的边缘化地位，缺乏明确的

---

① 吴帆：《第二次人口转变背景下的中国家庭变迁及政策思考》，《广东社会科学》2012 年第 2 期。

② 佟新：《我国的老龄化、性别和养老政策》，《华中科技大学学报（社会科学版）》2008 年第 2 期。

③ 王丹、张桂凤、涂爱仙：《回顾与展望：中国家庭政策研究四十年综述》，《青年探索》2023 年第 5 期。

④ 李树茁、王欢：《家庭变迁、家庭政策演进与中国家庭政策构建》，《人口与经济》2016 年第 6 期。

⑤ 唐灿、张建：《家庭问题与政府责任》，社会科学文献出版社，2013，第 143 页。

“家庭友好型”社会政策安排。

现有家庭政策法规体系存在一些结构性不足：

一是国家层面缺乏系统性的机制。政策逻辑和定位不够明晰，政策对象分散，呈现碎片化特点，导致不同政策之间有时相悖或不相容。[①]资源难以整合并实现效用最大化，出现政出多门或“各扫门前雪”现象，部门之间缺乏有效整合和协商机制。政策分散问题近些年虽已有好转，多部门联合制定政策，但在政策实际实施的过程中，综合施政合力不足，一些部门很大程度上仅是挂名而已。如同为身份管理制度，户籍制度限制了个体的流动，身份证制度则提供了流动的通行证，二者在制度理念上是相悖的。因为随着劳动力的流动，户籍制度导致家庭成员分散异地，留守老人、留守妻子、留守儿童问题便出现了。家庭计划生育以家庭为基本单元，而税收、就业、教育等则基于个体。[②]社会保障制度在企业与事业单位之间、职工与居民之间、在不同统筹地区之间、在本地人与外来人之间依然存在显著差别。[③]

二是家庭政策由“公”转“私”后，为家庭“减负”不够。改革开放后，国家从资源的分配者转为政策制定者和法律监督者。家庭政策以政府为主导，缺乏社会层面的参与，针对社会组织的政策工具耦合性较低。[④]进入21世纪，政府开始动员社会力量让社区、社会组织帮助家庭分担养老和抚幼责任，但是政府本身还是更多地强调家庭和个人的责任，愿意承担管理者、法规制定者和监督者的角色，直接投入资金及提供服务和福利仍显不足。[⑤]现有政策多是强调家庭应尽责任和应承担义务，特别是在儿童养育和养老方面，没有体现为家庭“减负”。

三是家庭发展问题倒逼“国家—家庭”关系调整。政策多以补救型和

---

① 吴小英：《家庭政策：问题、理念及其争议》，载张李玺主编《家庭政策与妇女发展》，中国社会科学出版社，2016，第14页。

② 吴小英：《公共政策中的家庭定位》，《学术研究》2012年第9期。

③ 岳经纶、陈泽群、韩克庆：《中国社会政策（第二版）》，上海人民出版社，2022，第14页。

④ 张国芳、阮莉怡：《政策工具视域下中国家庭政策的内容研究——基于1987—2021年152份中央政策文本的分析》，《社会工作与管理》2023年第5期。

⑤ 唐灿、张建：《家庭问题与政府责任》，社会科学文献出版社，2013，第56页。

补缺型为主，政府长期以来只有在家庭出现危机或遇到通过自身努力无法克服的困难时才会干预[①]，“头痛医头，脚痛医脚”。目前，政策法规回应和解决现实问题的敏感性不强，滞后于社会现实状况。现有政策法规尚未涉及婚姻家庭生活中诸多基本议题。政策法规覆盖范围不全，尚存诸多空白点，少有预防和发展思路，缺少鼓励家庭成员相互照顾的激励机制。

四是缺少对普通家庭发展的支持。政府对弱势群体一直较为关注，尤其是问题家庭以及失去或缺少家庭依托的边缘人群，却缺少对普通家庭发展的支持。结构较为完整的家庭多依靠自我保障，有时家庭反而成为个人获得政府福利支持的障碍。中国缺乏对家庭在税收方面的支持政策，应该在税收方面加大力度鼓励家庭成员承担赡养和抚养等责任。家庭建设政策的基本出发点应该是完善家庭责任分摊机制。在家庭内部，家务劳动通常存在着十分明显的性别差异和分配不平等的现象。收入增加使男性劳动力进一步减轻了家务负担，而女性却增加了家务时间的配置。[②]在鼓励生育模式下，女性家庭照料时间长、责任更大的状况并未改变。

## 五、中国家庭政策的未来发展方向

以上只是就政策讨论政策整体变化趋势，较少考虑中国家庭当前面临的现实问题。政策终究是为解决现实问题服务，它无一不与中国家庭结构变迁、关系模式、功能状态等问题有关，而这些问题与家庭收入、住房、人口、教育、健康、老龄化等息息相关。

### （一）群策群力，逐步完善家庭政策体系

为了提高家庭组织的效率，必须有国家干预。[③]公共政策需要更多地融入家庭视角。如果缺乏统一而明确的目的认识和功能预期，家庭政策就

---

① 刘中一：《新时代构建家庭友好型社会的实践与政策》，《中国浦东干部学院学报》2019 年第 1 期，第 121-128 页。

② 同①。

③ 加里·斯坦利·贝克尔：《论家庭》，王献生、王宇译，商务印书馆，2005，第 437 页。

失去了作为独立门类的条件，成为一系列政策工具的“大杂烩”。[①]过于宽泛的目标也是政策效果无法企及的。为了使家庭政策更为有效，政府应该对现有的家庭政策进行梳理和系统化，协调不同政策之间的矛盾。[②]家庭政策应该逐渐由补缺性向制度性转变。设计一套完整的家庭政策体系，逐步确认家庭政策精准化目标，并且为这些目标进行先后排序，应包括对家庭未来事项的关注，如家庭凝聚力的培养、家庭应对风险能力等。考察评估每一个政策法规出台与实施对家庭造成的影响。单凭一种政策干预未必能减缓人口出生率下降的速度，营造一种鼓励生育的环境需要多种政策的结合。从历史上看，凡是成功地减慢人口出生率下降速度的政府都采用了多种不同的干预手段。家庭政策应该打“组合拳”，如贫困、婚姻不稳定、养老、子女教育、住房等问题盘根错节地存在于一些家庭当中，家庭政策目标任务分层和中长期规划显得格外重要。

### （二）在政策设计中重视家庭多元化发展趋势

在政策制定时，明确现代社会家庭的需求以及家庭在社会中的功能与潜力。重视家庭的多元化趋势，尊重家庭的自主性发展，让各种各样的家庭都能从政策中受益。[③]家庭政策应该从满足家庭的生存需求转向满足家庭的发展能力。对家庭发展能力处于低、中、高不同阶段的家庭给予不同的政策侧重，给予独居家庭以更多的关注。[④]家庭政策应由单纯地强调家庭责任转为重视帮助家庭行使责任。发展型家庭政策是建立在“任何家庭都有需要”的认识基础上的。因此，家庭政策的对象不只是有问题的家庭，而是所有家庭。不仅仅是对有问题的家庭提供应急或补修性的帮助，而且重视提供预防和支持性的帮助[⑤]，即从“问题家庭”向“家庭问题”过渡。充分考虑和评估不同家庭成员的抚养和赡养负担，如将有养老和育儿

---

① 陈卫民：《我国家庭政策的发展路径与目标选择》，《人口研究》2012 年第 4 期。

② 吴小英：《公共政策中的家庭定位》，《学术研究》2012 年第 9 期。

③ 唐灿、张建：《家庭问题与政府责任》，社会科学文献出版社，2013，第 57 页。

④ 李树茁、王欢：《家庭变迁、家庭政策演进与中国家庭政策构建》，《人口与经济》2016 年第 6 期。

⑤ 唐灿、张建：《家庭问题与政府责任》，社会科学文献出版社，2013，第 64 页。

需求家庭的经济成本考虑在内，允许部分保险在家庭成员（主要是配偶、亲子）之间适度转移。[①] 家庭政策应该平衡国家、家庭和个人三者之间的关系。国家既要保护家庭的私有权不受侵害，同时也要在一定底线范围内有权穿透家庭的“围墙”直接保护个体。

### （三）注重家庭发展能力建设和工作与家庭平衡

工作不是独立于家庭之外的公共领域，家庭也不是与工作无关的私人领域。家庭发展能力包括家庭团结，家庭成员相互支撑以弥补国家福利保障以外的部分。

家庭政策将更多地聚焦于照顾问题，抚养、扶养、赡养相关的支持政策。妇女在生育过程中可能会面临职业和事业发展的中断，产生一定的机会成本，即“生育惩罚”。在如何平衡工作与家庭方面，首先，要使更多男性加入家务劳动中来，建立起合作式的家务劳动分享模式；其次，给予在职的父母，特别是 0 ～ 3 岁孩子的父母以婴幼儿福利支持，明确父亲假或父母假的定义、期限、资格等问题，鼓励用人单位采取灵活考勤和绩效考核政策，有条件的单位可以直接提供儿童照料服务；再次，强调国家应当承担促进工作与家庭平衡的首要责任，政府要加大建立公立托儿所和幼儿园，将幼儿园教育纳入国家公共教育范畴，鼓励社区、企业兴办收费合理的托幼和养老设施，减轻劳动者的家庭负担。[②] 在实施三孩生育政策的背景下，应尽快研究和完善儿童福利管理体制，使得生育政策有法可依，将家庭支持政策视为全面应对人口老龄化国家战略的重要组成部分，降低育儿成本，还可采取政府间接补贴的形式，将生育和抚育费用作为个人所得税税前抵扣部分。[③]

---

① 全国妇联妇女研究所：《对重构中国现代家庭政策的思考》，《中国妇运》2016 年第 8 期。

② 佟新：《倡导以工作—家庭平衡为基础的公共政策》，张永英：《促进工作家庭平衡的国际经验及对中国的启示》，载张李玺主编《家庭政策与妇女发展》，中国社会科学出版社，2016。

③ 鲁全：《中国的家庭结构变迁与家庭生育支持政策研究》，《中共中央党校（国家行政学院）学报》2021 年第 5 期。

# 第五章　中国婚姻家庭政策法律的发展

新中国成立七十多年来，政治语境、经济结构、文化观念、社会情景、人口特征等方面的变化，给家庭带来剧烈震荡，使之面临着新的问题与挑战。作为个体与社会的联结点，处于生命周期不同阶段的家庭，对公共服务和社会治理有不同诉求；而家庭需求能否得到满足，又直接影响家庭福祉及发展能力建设。反过来，作为社会构成的原子单位，家庭变化也会触发社会变迁。虽然目前我国尚未出台明确的家庭政策，但与家庭相关的政策法律体系日渐完善，对家庭建设和家庭发展起到了至关重要的作用。本文以“婚姻—生育—养育”为主要线索，梳理自1949年新中国成立至今，我国婚姻家庭相关政策的发展脉络。通过对婚姻法、人口与计划生育法、生育保险以及托幼政策的历史发展与现状的梳理，分析相关政策的特征与发展目标，反思当前家庭政策体系应该坚持和巩固什么、发展和完善什么等问题。

## 一、我国婚姻法的历次修订与历史发展

### （一）婚姻法的建立与完善

1950年，婚姻法颁布，这是新中国成立后颁布的第一部法律。该法第一次明令禁止重婚、纳妾，结束了中国历史上一夫多妻的习俗；反对包办婚姻，提倡和保护自由恋爱、择偶的权利，法律规定“结婚须男女双方本

人完全自愿，不许任何一方对他方加以强迫或任何第三者加以干涉”；允许离婚，禁止干涉寡妇婚姻自由；离婚后，哺乳期后的子女，如双方均愿抚养而发生争执时，由人民法院根据子女的利益判决。离婚时，除女方婚前的财产归女方所有，其余家庭财产如何处理由双方协商决定；关于结婚年龄，该法第二章第六条规定：“男二十岁，女十八岁，始得结婚。”新中国的第一部婚姻法具备里程碑意义，该法的制定借鉴了苏联、朝鲜、东南欧等多地的婚姻家庭相关法律，同时既具备反封建性质，又完全不同于资本主义倡导的“自由平等”的婚姻法，具备独特性和复杂性①。婚姻法的颁布促使人们的择偶观念发生变化，使婚姻自由得到了初步的实现，婚姻法中规定“夫妻为共同生活的伴侣，在家庭中地位平等”，使得男女平等的理念浸入传统的夫妻关系之中，也改善了家庭中的婆媳关系。除此之外，婚姻法的颁布提升了广大女性群体的幸福感，促进了女性社会参与的积极性②。

1980 年 9 月 10 日，五届全国人大三次会议通过《中华人民共和国婚姻法》(1980)，对已经施行 30 年的婚姻法作出调整与修改。既保留了原有的若干规定，如规定实行婚姻自由、一夫一妻、男女平等的婚姻制度，禁止重婚，同时也与时俱进，根据当时的社会情境增加了部分条款，并对原有的部分条款做了删改。如根据我国人口发展状况与计划生育政策，该法中修订了关于结婚年龄的要求：“结婚年龄，男不得早于二十二周岁，女不得早于二十周岁。晚婚晚育应予鼓励。”

2001 年 4 月 28 日，九届全国人大常委会第二十一次会议通过新修订的婚姻法。首次承认妇女的隐性贡献，肯定了家务劳动的价值。如第四十条规定：“一方因抚育子女、照料老人、协助另一方工作等付出较多义务的，离婚时有权向另一方请求补偿，另一方应当予以补偿。”这是对长期在家庭领域发挥价值的女性的保护。对于婚姻关系存续期间，部分妇女由于长期从事家庭事务，收入来源以依靠丈夫为主，缺乏对家庭财产知情权

---

① 张华：《“民主和睦”：1950 年〈婚姻法〉的宣传实施与新家庭建设》，《开放时代》2018 年第 4 期，第 36-57 页、第 5-6 页。

② 邓红、王利娟：《1950 年新〈婚姻法〉的推行及其影响——基于天津市的考察》，《河北大学学报（哲学社会科学版）》2019 年第 4 期，第 124-130 页。

等问题，新修订的婚姻法规定对于隐藏财产离婚后还可分割。如第四十六条明确规定：“夫妻离婚时一方隐藏、转移、变卖、毁损夫妻共同财产，离婚后另一方又发现了，可以向法院起诉，请求再次分割。”同时，修订后的婚姻法还明确提出：“追加家庭暴力犯罪者的刑事责任。”同时，此次修订也对家庭暴力等问题予以了关注，如第四十六条规定，有重婚，有配偶者与他人同居，实施家庭暴力，虐待、遗弃家庭成员情形之一，导致离婚的，无过错方有权请求损害赔偿。这是我国法律第一次将“禁止家庭暴力”写入国家法律条文中。此外，2011 年 8 月，最高人民法院出台了《关于适用〈中华人民共和国婚姻法〉若干问题的解释（三）》，该解释对于婚前财产、夫妻婚后财产分割等内容做出了解释：第五条规定“夫妻一方个人财产在婚后产生的收益，除孳息和自然增值外，应认定为夫妻共同财产”；第七条规定“婚后由一方父母出资为子女购买的不动产，产权登记在出资人子女名下的，可按照婚姻法第十八条第（三）项的规定，视为只对自己子女一方的赠与，该不动产应认定为夫妻一方的个人财产。由双方父母出资购买的不动产，产权登记在一方子女名下的，该不动产可认定为双方按照各自父母的出资份额按份共有，但当事人另有约定的除外”；第十条规定“夫妻一方婚前签订不动产买卖合同，以个人财产支付首付款并在银行贷款，婚后用夫妻共同财产还贷，不动产登记于首付款支付方名下的，离婚时该不动产由双方协议处理”。以上解释明确了婚姻中的个人财产，明晰了婚后财产的归属问题，通过国家法律层面为减少家庭财产纠纷，促进家庭稳定提供了保障，同时不仅保障的是整个家庭，也是对每一位家庭成员个人的保护。研究结果表明，《关于适用〈中华人民共和国婚姻法〉若干问题的解释（三）》的出台对于提升女性的劳动参与率起到促进作用，使得女性平均劳动参与率提升了 2.9%。城市女性通过增加非农业就业增加了自己的劳动供给，而农村女性多为通过增加农业劳动增加经济收入来保障自己的收益。[①]

2020 年 5 月 28 日，十三届全国人大三次会议通过《中华人民共和国

① 王靖雯、魏思琦：《“婚姻法司法解释三”对女性劳动力供给的影响》，《经济学动态》2016 年第 7 期，第 44-50 页。

民法典》(自 2021 年 1 月 1 日起施行)。婚姻法、继承法、民法通则、收养法、担保法、合同法、物权法、侵权责任法、民法总则同时废止。民法典是在对我国民事法律系统梳理和全面总结基础上形成的，是对民事活动的统一指导与规范，在我国法制史上具有重大意义。民法典第五编，即婚姻家庭编，对结婚、离婚、家庭关系等都作出了明确规定。与婚姻法相比，民法典中更加突出了对家风、家庭美德的重视，如第一千零四十三条提出:“家庭应当树立优良家风，弘扬家庭美德，重视家庭文明建设。”患有疾病者的婚姻权利得到了更大保障，尊重其结婚自由。如将 2001 年的婚姻法中对于无效婚姻的判定情形“婚前患有医学上认为不应当结婚的疾病，婚后尚未治愈的”，修改为“一方患有重大疾病的，应当在结婚登记前如实告知另一方；不如实告知的，另一方可以向人民法院请求撤销婚姻”。这不仅保障了患有疾病者的结婚权益，同时也保障其配偶的知情权与选择权。民法典延续了对于家庭暴力的禁止，民法典第一千零四十二条提出:“禁止家庭暴力。禁止家庭成员间的虐待和遗弃。”《最高人民法院关于适用〈中华人民共和国民法典〉婚姻家庭编的解释（一)》第一条规定:“持续性、经常性的家庭暴力，可以认定为民法典第一千零四十二条、第一千零七十九条、第一千零九十一条所称的‘虐待’。”保障了家庭稳定，保护了家庭中弱势群体的利益。

## (二) 婚姻法的基本原则

表 1 中呈现了 1950 年、1980 年、2001 年婚姻法第一章以及民法典・婚姻家庭编第一章的内容，即婚姻法的基本原则和一般规定。通过对比可以发现:

一是从目的来看，婚姻法是婚姻家庭关系的基本准则。1980 年和 2001 年婚姻法第一条都明确了“本法是婚姻家庭关系的基本准则”这一立法目的。在民法典・婚姻家庭编第一千零四十条中，相关表述虽有变化，但其核心意涵还是在于规范和调整“因婚姻家庭产生的民事关系”。

**表1　历次婚姻法中相关条例比较**

| 1950 年婚姻法 | 1980 年婚姻法 | 2001 年婚姻法 | 2021 年民法典·婚姻家庭编 |
|---|---|---|---|
| 第一章　原则 | 第一章　总则 | 第一章　总则 | 第一章　一般规定 |
| 第一条　废除包办强迫、男尊女卑、漠视子女利益的封建主义婚姻制度。实行男女婚姻自由、一夫一妻、男女权利平等、保护妇女和子女合法权益的新民主主义婚姻制度。 | 第一条　本法是婚姻家庭关系的基本准则。 | 第一条【立法目的】本法是婚姻家庭关系的基本准则。 | 第一千零四十条　本编调整因婚姻家庭产生的民事关系。 |
| | 第二条　实行婚姻自由、一夫一妻、男女平等的婚姻制度。保护妇女、儿童和老人的合法权益。实行计划生育。 | 第二条【婚姻制度】实行婚姻自由、一夫一妻、男女平等的婚姻制度。保护妇女、儿童和老人的合法权益。实行计划生育。 | 第一千零四十一条　婚姻家庭受国家保护。实行婚姻自由、一夫一妻、男女平等的婚姻制度。保护妇女、未成年人、老年人、残疾人的合法权益。 |
| 第二条　禁止重婚、纳妾。禁止童养媳。禁止干涉寡妇婚姻自由。禁止任何人藉婚姻关系问题索取财物。 | 第三条　禁止包办、买卖婚姻和其他干涉婚姻自由的行为。禁止借婚姻索取财物。禁止重婚。禁止家庭成员间的虐待和遗弃。 | 第三条【禁止的婚姻行为】禁止包办、买卖婚姻和其他干涉婚姻自由的行为。禁止借婚姻索取财物。禁止重婚。禁止有配偶者与他人同居。禁止家庭暴力。禁止家庭成员间的虐待和遗弃。 | 第一千零四十二条　禁止包办、买卖婚姻和其他干涉婚姻自由的行为。禁止借婚姻索取财物。禁止重婚。禁止有配偶者与他人同居。禁止家庭暴力。禁止家庭成员间的虐待和遗弃。 |
| | | 第四条【家庭关系】夫妻应当互相忠实，互相尊重；家庭成员间应当敬老爱幼，互相帮助，维护平等、和睦、文明的婚姻家庭关系。 | 第一千零四十三条　家庭应当树立优良家风，弘扬家庭美德，重视家庭文明建设。夫妻应当互相忠实，互相尊重，互相关爱；家庭成员应当敬老爱幼，互相帮助，维护平等、和睦、文明的婚姻家庭关系。 |
| | | | 第一千零四十四条　收养应当遵循最有利于被收养人的原则，保障被收养人和收养人的合法权益。禁止借收养名义买卖未成年人。 |

续表

| 1950 年婚姻法 | 1980 年婚姻法 | 2001 年婚姻法 | 2021 年民法典·婚姻家庭编 |
|---|---|---|---|
| | | | 第一千零四十五条　亲属包括配偶、血亲和姻亲。配偶、父母、子女、兄弟姐妹、祖父母、外祖父母、孙子女、外孙子女为近亲属。配偶、父母、子女和其他共同生活的近亲属为家庭成员。 |

二是从内容来看，第一章中的内容逐渐丰富，对立法目的、婚姻制度、禁止的婚姻行为、家庭关系的内容做了相应调整和补充。1950 年出台的婚姻法是新中国成立以后颁布的第一部婚姻法，针对当时的封建陋习提出了大刀阔斧的改革，以法律的形式明确提出“废除包办强迫、男尊女卑、漠视子女利益的封建主义婚姻制度。实行男女婚姻自由、一夫一妻、男女权利平等、保护妇女和子女合法权益的新民主主义婚姻制度”。随着经济社会的发展，家庭结构、家庭规模、家庭关系的不断变迁，婚姻法也不断完善、与时俱进。例如，从 2001 年开始，在第一章中逐渐丰富关于家庭家教家风的内容，倡导建立新型家庭关系，即“夫妻应当互相忠实，互相尊重；家庭成员间应当敬老爱幼，互相帮助，维护平等、和睦、文明的婚姻家庭关系”。在民法典第一千零四十三条中除了强调建立良好的婚姻家庭关系，还提出“家庭应当树立优良家风，弘扬家庭美德，重视家庭文明建设”。

三是从婚姻制度来看，建立“婚姻自由、一夫一妻、男女平等”的婚姻制度一直是婚姻法的基本原则。1950 年，婚姻法中主张“废除包办强迫、男尊女卑、漠视子女利益的封建主义婚姻制度”，“实行男女婚姻自由、一夫一妻、男女权利平等、保护妇女和子女合法权益的新民主主义婚姻制度”。此后，始终坚持“实行婚姻自由、一夫一妻、男女平等的婚姻制度”。

## 二、我国计划生育政策的历史发展

### （一）我国计划生育政策的出台与历史发展

在新中国成立之初，由于战争刚刚结束，党和政府的首要任务是恢复经济，维持社会稳定。多子多福的生育观念、经济的快速发展和医疗技术、公共卫生的进步，使得出生率维持在较高水平，死亡率急剧下降，人口急剧增加，劳动力储备充足。1953 年第一次人口普查结果显示，我国总人口已超过 6 亿，出生率达到 37.0‰，死亡率下降到 14.0‰。人口快速增长带来的问题开始显现，人口与资源、环境之间的关系日益紧张，物质生产的发展已经跟不上人口增长速度，粮食问题也日渐突出，人口增长与国家发展之间的关系逐渐受到广泛讨论。

随着建设事业的发展，就业人数尤其是女性就业人数不断增加，女性走出家庭的呼声越来越高。加之避孕、节育技术的传播与发展，人民物质、文化水平的提高，要求节育的人越来越多。1953 年 8 月，政务院（即 1949 年新中国成立以后国家政务的最高执行机构，于 1954 年被撤销，其职权交由国务院行使）批准了卫生部制定的《避孕及人工流产办法》，确定了国家关于避孕和人工流产的主张。随后，于 1954 年 12 月，中共中央在北京召开了关于节育问题的座谈会。刘少奇在会上明确指出："党和国家赞成节育，并且适当提倡节育，而不是反对节育。"[①] 可见，计划生育的思想已在相关政策文件和重要会议上显现。

1959—1961 年，我国人口增长速度出现大幅度下降；但 1962 年以后，随着国民经济的调整与复苏，经济状况好转，呈现出补偿性的生育高潮。1962 年人口出生率达到 37‰，1963 年更高达 43‰（肖立见、张俊良，2005；战捷，1994）。人口的这种高速增长，给经济社会发展带来了极大的负担，人口问题再度引起国家的关注，亟须党和政府采取措施控制人口增长。1962 年年底，中共中央和国务院根据国情发出了《关于认真提

---

① 《刘少奇同志生平年谱（1954 年　五十六岁）》，中央政府门户网站，www.gov.cn/test/2009-11/24/content_1471565，htm，2009 年 11 月 24 日。

倡计划生育的指示》，要求在城市和人口稠密的农村地区，提倡节制生育，采取措施适当控制人口的自然增长率。1963年10月，中共中央、国务院颁布《第二次城市工作会议纪要》，要求党和政府把计划生育作为工作重点之一，不论在中央还是地方，都要成立计划生育委员会，领导计划生育工作，在加强群众运动、加强计划生育技术指导、积极开展避孕药具的科学研制、加强计划生育服务和设施的供应、提倡晚婚等方面积极开展计划生育工作。隔年，国务院成立了计划生育委员会，全面负责全国计划生育工作。

1971年，国务院同意并转发了当时卫生部、商业部和燃料化学工业部三部门联合制定的《关于做好计划生育工作的报告》，报告强调，除人口稀少的部分地区，都要实行有计划的生育，做到有计划地增长。1973年，国务院又成立了计划生育领导小组，协调全国计划生育工作，与此同时，提出"晚、稀、少"的口号，通过晚婚晚育、增加生育间隔、少生子女，从而控制人口过快增长；1978年3月，宪法规定"国家提倡和推行计划生育"，计划生育第一次以法律的形式载入我国宪法，可见计划生育受到了国家的高度重视。

1980年9月，五届全国人大三次会议同样讨论了计划生育相关问题，明确提出"鼓励一对夫妇只生育一个孩子"，随后，中共中央、国务院发表《关于控制我国人口增长问题致全体共产党员、共青团员的公开信》，从此时起，"一孩政策"全面实施。1982年2月，中共中央、国务院又发布了《关于进一步做好计划生育工作的指示》，作出"一胎可以生、二胎酌情生、三胎不准生"的明确要求。1982年9月，党的十二大把计划生育定为基本国策，并于同年12月将计划生育写入宪法，从而开创了我国计划生育的新时期（杨子慧、张庆五，1991）。1984年，在结合实际工作情况的基础上，对计划生育政策进行微调，"开小口、堵大口"，农村地区有特殊困难的家庭可以批准生育二孩。

2001年年底，九届全国人大常委会第二十五次会议通过《中华人民共和国人口与计划生育法》，通过专门法律保障计划生育工作的实施，其中明确提出，对于符合法律、法规规定条件的，确实有特殊情况的家庭，可以要求安排生育第二个子女，但对于不符合条件的，禁止生育二胎或多胎，至此，“双独两孩”政策启动，并逐渐推开。2006年12月，中共中央、国务院作出《关于全面加强人口和计划生育工作统筹解决人口问题的决定》，积极应对人口发展的复杂局面。

2013年11月，党的十八届三中全会讨论决定，根据国家人口现状和未来发展趋势，启动实施“单独两孩”政策，即夫妇中只要一方是独生子女便可以申请生育两个孩子。为了进一步实现人口与资源、环境的协调发展和可持续发展，促进人口的长期均衡发展和经济社会的繁荣与发展，2015年，第十二届全国人民代表大会常务委员会第十八次会议通过了《关于修改〈中华人民共和国人口与计划生育法〉的决定》，决定提倡“一对夫妻生育两个子女”。由此，“二孩政策”全面放开。

2021年5月31日，“三孩政策”放开，写入人口与计划生育法。全国人民代表大会常务委员会《关于修改〈中华人民共和国人口与计划生育法〉的决定》，由十三届全国人大常委会第三十次会议于2021年8月20日通过。由此，“三孩政策”全面到来。同时，为了全面落实“三孩政策”，国家正在完善育儿假、托育服务等配套措施。2021年修改的人口与计划生育法将第十一条修改为“人口与计划生育实施方案应当规定调控人口数量，提高人口素质，推动实现适度生育水平，优化人口结构，加强母婴保健和婴幼儿照护服务，促进家庭发展的措施”；第二十五条增加一款“国家支持有条件的地方设立父母育儿假”；新增“国家采取财政、税收、保险、教育、住房、就业等支持措施，减轻家庭生育、养育、教育负担”，“国家鼓励和引导社会力量兴办托育机构，支持幼儿园和机关、企业事业单位、社区提供托育服务”等内容，从法律层面缓解家庭的生育之忧。

### （二）人口与计划生育法的基本原则

生育政策的调整，离不开两类问题的讨论：一类是关于国家发展，例如，人口增长是否影响经济发展，是否带来人口危机；一类是关于个体权益，例如，生育是否会影响女性健康，阻碍女性进入就业市场，阻碍女性自身发展。我国计划生育政策的出台正是出于对国家经济发展的担忧和对女性权益的尊重，从1949年至今，我国生育政策不断调整以适应国家和个人发展需要。从2001年人口与计划生育法出台以来，相关内容逐渐调整以适应当前的人口和经济社会发展形势。

表 2 中列出了人口与计划生育法总则的内容。从立法目的来看，人口与计划生育法是为了实现人口与经济、社会、资源、环境的协调发展，推行计划生育，维护公民的合法权益，促进家庭幸福、民族繁荣与社会进步。人口长期均衡发展是国家稳定可持续发展的重要基石，人口与计划生育法是国家实现人口调控、维持人口稳定的法律手段和政策工具。但在国家实行人口调控的同时，不应损害民众的合法权益，而应以促进家庭幸福、民族繁荣与社会进步为前提，帮助家庭实行有计划的生育，否则必将出现国家意愿与公民意愿之间的巨大鸿沟，影响法律执行效果和相关政策的落地。

从工作方式来看，其中明确提出我国是人口众多的国家，实行计划生育是国家的基本国策。国家采取综合措施，控制人口数量，提高人口素质。国家依靠宣传教育、科学技术进步、综合服务、建立健全奖励和社会保障制度，开展人口与计划生育工作，对在人口与计划生育工作中作出显著成绩的组织和个人，给予奖励。

从相关主体来看，人口与计划生育法中涉及的主体包括工作主体、指导者、责任主体以及社会参与者。其中，工作主体指各级人民政府及其工作人员。人口与计划生育法要求工作主体在推行计划生育工作中应当严格依法行政，文明执法，不得侵犯公民的合法权益。计划生育行政部门及其工作人员依法执行公务受法律保护。工作指导分为两个层面，其中国务院领导全国的人口与计划生育工作，地方各级人民政府领导本行政区域内的人口与计划生育工作。责任主体方面，国务院计划生育行政部门负责全国计划生育工作和与计划生育有关的人口工作，县级以上地方各级人民政府计划生育行政部门负责本行政区域内的计划生育工作和与计划生育有关的人口工作。县级以上各级人民政府其他有关部门在各自的职责范围内，负责有关的人口与计划生育工作。计划生育不仅是家庭和国家的事，也是社会的事，需要各类社会主体共同参与。工会、共产主义青年团、妇女联合会及计划生育协会等社会团体、企业事业组织和公民应当协助人民政府开展人口与计划生育工作。

从妇女权益来看，其中强调开展人口与计划生育工作，应当与增加妇女受教育和就业机会、增进妇女健康、提高妇女地位相结合。由于生理条件的差异，女性承担着怀孕、生产的重要使命，但同时也承担着由此可能带来的健康风险、失业风险、社会地位降低等。生育虽然是夫妻之间的决策，但生育具有经济外部性，为社会、为国家培养劳动力和建设者。故而，人口与计划生育法必须明确强调对女性的权益保护，让有意愿生育的女性和家庭真的敢生、能生，生了有时间、有精力、有能力养育。2019 年，人力资源和社会保障部、教育部、司法部、卫生健康委、国务院国资委、国家医保局、全国总工会、全国妇联、最高人民法院印发《关于进一步规范招聘行为促进妇女就业的通知》，强调“依法禁止招聘环节中的就业性别歧视。各类用人单位、人力资源服务机构在拟定招聘计划、发布招聘信息、招用人员过程中，不得询问妇女婚育情况，不得将妊娠测试作为入职体检项目，不得将限制生育作为录用条件”。支持妇女就业，“加强监察执法，依法惩处侵害女职工孕期、产期、哺乳期特殊劳动保护权益行为”，“鼓励用人单位针对产后返岗女职工开展岗位技能提升培训，尽快适应岗位需求”。

**表 2 人口与计划生育法总则内容（《中华人民共和国人口与计划生育法》2002 年 9 月 1 日施行）**

| | **第一章 总则** |
|---|---|
| 立法目的 | 第一条 为了实现人口与经济、社会、资源、环境的协调发展，推行计划生育，维护公民的合法权益，促进家庭幸福、民族繁荣与社会进步，根据宪法，制定本法。 |
| 工作制度 | 第二条 我国是人口众多的国家，实行计划生育是国家的基本国策。国家采取综合措施，控制人口数量，提高人口素质。国家依靠宣传教育、科学技术进步、综合服务、建立健全奖励和社会保障制度，开展人口与计划生育工作。 |
| 妇女权益 | 第三条 开展人口与计划生育工作，应当与增加妇女受教育和就业机会、增进妇女健康、提高妇女地位相结合。 |
| 工作主体 | 第四条 各级人民政府及其工作人员在推行计划生育工作中应当严格依法行政，文明执法，不得侵犯公民的合法权益。计划生育行政部门及其工作人员依法执行公务受法律保护。 |
| 工作指导 | 第五条 国务院领导全国的人口与计划生育工作。地方各级人民政府领导本行政区域内的人口与计划生育工作。 |

续表

| | 第一章　总则 |
|---|---|
| 责任主体 | 第六条　国务院计划生育行政部门负责全国计划生育工作和与计划生育有关的人口工作。县级以上地方各级人民政府计划生育行政部门负责本行政区域内的计划生育工作和与计划生育有关的人口工作。县级以上各级人民政府其他有关部门在各自的职责范围内，负责有关的人口与计划生育工作。 |
| 社会参与 | 第七条　工会、共产主义青年团、妇女联合会及计划生育协会等社会团体、企业事业组织和公民应当协助人民政府开展人口与计划生育工作。 |
| 奖惩制度 | 第八条　国家对在人口与计划生育工作中作出显著成绩的组织和个人，给予奖励。 |

### （三）积极生育支持措施

2021 年 6 月 26 日，中共中央、国务院印发《关于优化生育政策促进人口长期均衡发展的决定》，就优化生育政策，实施一对夫妻可以生育三个子女政策，并取消社会抚养费等制约措施、清理和废止相关处罚规定，配套实施积极生育支持措施，作出若干决定。其中明确提出“修改《中华人民共和国人口与计划生育法》，提倡适龄婚育、优生优育，实施三孩生育政策”，到 2025 年，我国积极生育支持政策体系基本建立，服务管理制度基本完备，优生优育服务水平明显提高，普惠托育服务体系加快建设，生育、养育、教育成本显著降低，生育水平适当提高，出生人口性别比趋于正常，人口结构逐步优化，人口素质进一步提升。

同年 7 月，为了深入贯彻落实《中共中央、国务院关于优化生育政策促进人口长期均衡发展的决定》，国家卫生健康委发布了关于贯彻落实《中共中央、国务院关于优化生育政策促进人口长期均衡发展的决定》的通知，提出“实施三孩生育政策及配套支持措施具有十分重要的意义，有利于改善人口结构，落实积极应对人口老龄化国家战略；有利于保持人力资源禀赋优势，应对世界百年未有之大变局；有利于平缓总和生育率下降趋势，推动实现适度生育水平；有利于巩固全面建成小康社会成果，促进人与自然和谐共生”。

根据《关于优化生育政策促进人口长期均衡发展的决定》，有以下六方面重点任务。一是依法实施三孩生育政策。各省级相关单位要及时提请省级人大或其常委会修订本省（区、市）人口与计划生育条例，重点对生育调节、奖励与社会保障、普惠托育服务、计划生育服务和法律责任等相关内容进行修订。取消社会抚养费，清理和废止相关处罚规定，将入户、入学、入职等与个人生育情况全面脱钩。遵循法制统一原则，注重与上位法的协调，做好三孩生育政策实施前后奖励扶助和制约处罚措施的衔接。压实属地责任，依法依规妥善处理历史遗留问题，维护人民群众的合法权益，维护工作大局的稳定。二是提高优生优育服务水平。以深入实施母婴安全五项制度为主线，启动实施母婴安全行动提升计划。加快补齐生育相关公共服务短板，落实《“十四五”优质高效医疗卫生服务体系建设实施方案》，努力为群众提供怀得上、孕得优、生得安、育得好的生育全程优质服务。三是促进普惠托育服务发展。研究编制“十四五”托育服务发展专项规划，实施“十四五”公办托育服务能力建设项目和普惠托育服务专项行动。四是保障计划生育家庭权益，加强政策调整有序衔接。五是持续深化服务管理改革。以“一老一小”为重点，建立覆盖全生命周期的人口服务体系。六是加强人口监测和战略研究，促进人口服务基础信息融合共享、动态更新，开展人口形势分析，深化人口与经济社会发展等重大问题研究，加强新时代中国特色人口学科和理论体系建设，发展人口研究高端智库。

2022 年 7 月 25 日，为深入贯彻《中共中央、国务院关于优化生育政策促进人口长期均衡发展的决定》，落实人口与计划生育法，进一步完善和落实积极生育支持措施，国家卫生健康委等十七部门联合发布《关于进一步完善和落实积极生育支持措施的指导意见》，提出“将婚嫁、生育、养育、教育一体考虑，尽力而为、量力而行，综合施策、精准发力，完善和落实财政、税收、保险、教育、住房、就业等积极生育支持措施，落实政府、用人单位、个人等多方责任，持续优化服务供给，不断提升服务水平，积极营造婚育友好社会氛围，加快建立积极生育支持政策体系，健全服务管理制度，为推动实现适度生育水平、促进人口长期均衡发展提供有力支撑”。同年 8 月 19 日，国务院办公厅发布的《关于同意建立国务院优化生育政策工作部际联席会议制度的函》中明确提出，国务院同意建立由国务院领导同志牵头负责的国务院优化生育政策工作部际联席会议制度。

## 三、我国生育保险的历史发展

生育保险（maternity insurance）是一项专门保护女性劳动者的社会保险。生育保险制度是指由用人单位缴纳保险费，其职工或者职工未就业配偶按照国家规定享受生育保险待遇的一项社会保险制度。基于生育行为的社会性和它的特殊意义，生育保险待遇有一定的福利色彩。生育保险提供的生育津贴，一般为生育女职工的原工资水平，也高于其他保险项目。在国际社会保障发展史上，妇女生育保险是现代工业化社会的产物。早期生育保险制度以1883年疾病保险法中关于生育保险的规定为代表。1919年，第一届国际劳工大会上通过了涉及女工产前和产后就业的第一个生育保护公约（第3号公约），是最早的生育保险国际公约。第二次世界大战以后，生育保险在世界范围内得到迅速扩展。

### （一）我国生育保险的建立与发展

#### 1. 初建阶段（新中国成立初期）

1951年，《中华人民共和国劳动保险条例》明确提出："生育保险待遇包括产假、生育津贴、生育补助。"1953年1月2日，《中华人民共和国劳动保险条例（修正草案）》增加了生育保险待遇内容，调整和提高了保险待遇水平，生育补助改为现金支付，男工人与男职员之妻生育时发给生育补助费。1955年4月26日，国务院颁布《关于女工作人员生产假期的通知》，从此建立了国家机关和事业单位生育保险制度。

#### 2. 挫折阶段（"文化大革命"时期）

1969年2月，财政部颁布《关于国营企业财务工作中几项制度的改革意见（草稿）》。规定国营企业一律停止提取工会经费和劳动保险金。企业的退休职工、长期病号工资和其他劳保开支改在企业营业外列支。这一期间我国生育保险制度的国家统筹机制被企业保险所代替，各企业只负责本企业内女职工的生育保险。

#### 3. 改革阶段（20世纪70年代末至90年代初）

1988年，国务院颁布《女职工劳动保护规定》，该规定将生育保险的范围扩大到外商投资企业和乡镇企业。明确要求用人单位“不得在女职工怀孕期、产期、哺乳期，降低其基本工资或解除劳动合同”。将产假由原来的56天增加为90天。另外，对难产增加15天。1994年，出台《企业职工生育保险试行办法》，对生育保险的筹资、待遇等作出规定，标志着城镇职工生育保险制度的全面推行。

**4. 发展阶段（20世纪90年代末至党的十八大之前）**

1995年，国务院颁布《中国妇女发展纲要（1995—2000年）》，该纲要指出要改革女职工生育保障制度。将女职工生育保险费用由企业管理改为社会统筹管理。这项改革由国有企业扩展到所有企业。2010年，十一届全国人大常委会第十七次会议通过《中华人民共和国社会保险法》，设生育保险专章，将部门规章上升为国家法律，为保障妇女生育权益提供法律依据。

**5. 全面发展阶段（党的十八大以来）**

党的十八大以来，生育保障制度不断完善。2016年5月1日起，各地继续贯彻落实国务院2015年关于降低生育保险费率0.5个百分点的决定和有关政策规定，确保政策实施到位。2017年2月24日，人力资源和社会保障部举行生育保险和基本医疗保险合并实施试点工作会议，计划于2017年6月底前在12个试点地区启动两险合并工作。人社部强调，两险合并并不是简单地将生育保险并入医保，而是要保留各自功能，实现一体化运行管理。2019年，国务院办公厅出台《关于全面推进生育保险和职工基本医疗保险合并实施的意见》，要求整合两项保险基金及管理资源，确保职工生育期间的生育保险待遇不变、确保制度可持续，有利于扩大生育保险覆盖面，使更多生育妇女受益。2022年7月25日，国家卫生健康委等十七部门联合发布的《关于进一步完善和落实积极生育支持措施的指导意见》提出，国家统一规范并制定完善生育保险生育津贴支付政策，强化生育保险对参保女职工生育医疗费用、生育津贴待遇等保障作用，保障生育保险基金安全。有条件的地方可探索参加职工基本医疗保险的灵活就业人员同步参加生育保险。未就业妇女通过参加城乡居民基本医疗保险享受生育医疗待遇。2022年10月30日，十三届全国人大常委会第三十七次会议修订通过的妇女权益保障法第五十一条强调，国家实行生育保险制度，建立健全婴幼儿托育服务等与生育相关的其他保障制度。国家建立健全职工生育休假制度，保障孕产期女职工依法享有休息休假权益。

## （二）生育保险的基本特征

从保险的对象范围来看，生育保险具有如下特征：一是保障范围较为有限，一般情况下，生育保险仅补偿给参加保险的女职工由于生育行为造成的直接经济损失。这是生育保险与其他社会保险项目相比较的一个显著特点。其待遇享受人群相对比较窄，有更多的限定条件。二是保障对象为合法的生育者。合法的生育者是指符合法定的结婚年龄、按法律规定办理了合法的结婚程序、符合和遵守国家生育政策的生育人员，不符合国家政策的非法生育一律被排除在享受生育保险待遇之外。

从保障的时间来看，生育保险具有待遇享受时间的有限性。生育保险一般实行产前、产后都享受的原则。虽然各国产假长短不一，但在保险待遇享受时间上具有明确的期限性，产假时间较短的国家，如韩国和美国，仅有 3 个月；而产假时间较长的国家，如俄罗斯，则有 54 个月。我国现行的产假标准为 98 天，但各地在执行过程中略有差异。有研究者梳理各地政策后发现，各地产假相差最多达到 237 天。根据各地《人口与计划生育管理条例》，男方陪产假一般为 7 天，但是也有长达 30 天的陪产假。例如，《河南省人口与计划生育管理条例》第二十七条规定："符合法律、法规规定生育子女的，除国家规定的产假外，增加产假三个月，给予其配偶护理假一个月，且产假、护理假期间视为出勤。"育儿假在国内尚属新生事物，仅有部分省市开始探索。例如，2019 年 9 月通过的《宁夏回族自治区妇女权益保障条例》提出：鼓励用人单位对符合法律、法规规定生育子女的夫妻，在子女零至 3 周岁期间，每年给予夫妻双方各 10 天共同育儿假。[①]2021 年 11 月 26 日，北京市第十五届人民代表大会常务委员会第三十五次会议通过了《关于修改〈北京市人口与计划生育条例〉的决定》，修订后的条例第十九条提出："按规定生育子女的夫妻，女方除享受国家规

① 杜声红：《完善家庭友好时间支持政策　助推工作—家庭平衡》，《中国妇女报》2020 年 10 月 27 日第 5 版。

定的产假外，享受延长生育假六十日，男方享受陪产假十五日。男女双方休假期间，机关、企业事业单位、社会团体和其他组织不得将其辞退、与其解除劳动或者聘用合同，工资不得降低；法律另有规定的，从其规定。女方经所在机关、企业事业单位、社会团体和其他组织同意，可以再增加假期一至三个月。按规定生育子女的夫妻，在子女满三周岁前，每人每年享受五个工作日的育儿假；每年按照子女满周岁计算。夫妻双方经所在机关、企业事业单位、社会团体和其他组织同意，可以调整延长生育假、育儿假的假期分配。女方自愿减少延长生育假的，男方享受的陪产假可以增加相应天数；夫妻双方享受的育儿假合计不超过十个工作日。”北京市女方产假由原来的 98 天增加至 158 天。

从保障形式来看，生育保险保障形式多样。生育保险既向受保者提供物质帮助，同时也向受保者提供休养时间（假期）。生育保险待遇主要由生育医疗服务、时间支持措施、经济支持措施等组成。

### 1. 生育医疗服务

生育医疗服务是提供孕期、分娩和产后所需要的各种检查、咨询、助产、住院、护理、医药等一系列的医疗保健和治疗服务。它主要包括早孕保健、产前检查、高危妊娠筛检、监护、管理、产时保健、新生儿保健、产褥期保健、计划生产手术服务、流产医疗服务、生育引起疾病的诊断和诊疗等。各国生育保险提供给怀孕妇女的医疗服务，一般是根据本国的经济实力和保险基金的承受能力来制定相应服务范围的，大多数国家为女职工提供从怀孕到产后的医疗保健及治疗。

### 2. 时间支持措施

时间支持措施的隐喻表明一个人的时间是有限的，在一个领域花费时间意味着在另一个领域牺牲时间。生育保险中的时间支持措施主要指产假，是职业女性在分娩前后的一定时间内所享受的有薪假期。其宗旨在于维持、恢复和增进受保护产妇身体健康、工作能力及料理个人生活的能力，并使婴儿得到母亲的精心照顾和哺育。我国现行的产假标准为 98 天，基本处于较低水平。但关于产假、育儿假的最佳期限并没有达成一致。一些研究表明，只有短暂的 4 ~ 5 个月的与儿童有关的休假（实际上相当于产假）对妇女的就业生涯没有不利影响；而其他研究者则认为，即使是1.5 ~ 2年的较长假期也不会危及女性的职业生涯。延长女性的产假，虽然是出于对女性和孩子健康的关爱，可以减轻女性生育期的负担，但从长远来看，不利于女性在工作领域的发展，也不利于家庭领域的性别平等。有研究表明，女性面临沉重的生育惩罚，如果产假延长，国家和政府又没有相应的政策予以支持，企业的用工成本必然会随之增加，为了减少女性员工因生理特点和养育子女可能带来的潜在成本，企业又会增大对女性的就业歧视，女性将在入职、晋升等方面面临更大阻碍。此外，如果产假延长而男性的陪产假没有延长，或者育儿假只针对女性而不针对男性，则是变相地认定女性在家庭中的角色，固化“男外女内”的传统思想，不利于性别平等事业的推进。因此，建议考虑鼓励工作父母兼职工作、工作轮班、弹性工时、照顾孩子／家庭的请假；或者给予男性一定时间的陪产假和育儿假，以保障两性共同分担育儿责任。

### 3. 经济支持措施

经济支持措施包括生育津贴和育儿津贴。生育津贴，又称生育现金补助，是对职业妇女生育期间工资收入的损失依法给予的现金补助，目的是为生育妇女提供基本生活保障。育儿津贴又称“母亲工资”或“父亲工资”，其标准低于生育津贴。它是规定婴儿的母亲或父亲可以在休满产假后增加一段休假照顾婴儿，育儿假期从6个月到3年不等。推行这一措施的理由是：生儿育女并非母亲的天职，共同分担生儿育女的责任是男女平等的内容之一。2021年6月，中共中央、国务院发布《关于优化生育政策促进人口长期均衡发展的决定》提出：“继续做好生育保险对参保女职工生育医疗费用、生育津贴待遇等的保障，做好城乡居民医保参保人生育医疗费用保障，减轻生育医疗费用负担。”

生育是女性特殊的生理功能之一，生育期也是女性工作—家庭冲突较为严重的阶段之一，生育津贴等经济型家庭友好政策有利于女性缓解生育期因为工作中断而引起的工作与家庭之间的矛盾和冲突。许莹晖[①]考察了

① 许莹晖：《我国生育保险制度与女性》，硕士学位论文，华中师范大学，2015，第51页。

我国生育保险制度对女性工作—家庭平衡的影响，通过实证分析，论证了生育津贴水平、生育保险项目的数量、生育医疗服务、计划生育手术费和生育辅助费等政策措施与女性工作—家庭平衡的积极关系，同时也考察了产假天数等时间支持措施与女性工作—家庭平衡的积极关系，结果发现，生育医疗服务、计划生育手术费和生育辅助费对工作—家庭平衡的影响大于产假天数和生育津贴的影响。

生育既是个体行为、家庭需要，也为社会提供新的劳动力，具有正外部性，理应得到社会的补偿。福利多元主义认为社会福利应由国家公共部门、社会组织、社区和家庭共同负担，国家承担分权的责任，对社会福利的供给进行规范和管理。但就目前而言，我国在生育津贴、育儿津贴等经济支持方面存在明显不足，且生育保险覆盖面窄、保障水平低，可通过补贴、税收减免等措施予以支持。此外，还可结合中国国情，制定隔代照料津贴标准，为隔代照料的老人提供经济支持，提高他们照料孙子女的积极性。例如，韩国实行“照看孙子辈项目”，为65岁以上的老年照料者提供每月20万韩元的现金津贴，以更好地支持老年人照顾儿童。新加坡针对有12岁以下孩子的家庭，推出“祖父母照顾者津贴”项目。澳大利亚也实行“家庭税收福利”计划，并建立“祖父母照顾孩子福利”专项基金，对照顾自己孙子女的老人进行费用补贴。

## 四、我国托幼政策的历史发展[①]

随着双职工家庭的增加，越来越多的公众注意到，当父母都在工作时，很大比例的孩子在家里没有得到照顾。由此，相关的“日托问题”，即婴幼儿照料设施的短缺成为政府和学界讨论的热门话题，对婴幼儿养育的支持成为平衡工作与家庭、提升生育水平的重要举措。国内有众多研究分析了托幼服务与女性工作—家庭平衡的关系，他们认为，将儿童委托给机构照料是女性消除后顾之忧的重要手段和方式。在20世纪50年代和60年代，中国政府也曾对托幼服务对女性就业的支持作用予以了充分肯定和

① 部分原文参见杜声红、杨菊华于2019年发表在《中国人口报》上的文章。

强化，但随着市场经济的改革，大量托幼园所被关闭和转卖。以托幼服务为核心的家庭友好政策可以减少女性在收入和事业发展等方面受到的“生育惩罚”，带来“性别平等红利”，减少工作与家庭的冲突。

## （一）托幼政策的历史发展

2019年，国务院办公厅颁布《关于促进3岁以下婴幼儿照护服务发展的指导意见》，国家卫生健康委人口家庭司向社会公布《托育机构设置标准（试行）（征求意见稿）》《托育机构管理规范（试行）（征求意见稿）》。托育服务体系被再次提上议程，作为一项重要的民生工程，受到了空前广泛的关注。通过梳理新中国成立以来中央及部委关于托育服务的政策法规、决定、报告、领导讲话等文献资料可以发现：1949年至今，我国婴幼儿照护服务主要经历了从去家庭化到再家庭化，再到责任共担的三个发展阶段。

### 1. 1949年至20世纪80年代中期：托育服务去家庭化

新中国成立初期，百废待兴，急需大量劳动力投入社会主义建设。因此，如何将女性从“摇篮”和“灶台”中解放出来，成为公共领域的重要议题。在这一背景下，婴幼儿照料问题逐渐脱离“家务事”的范畴。

1951年，国家制定《中华人民共和国劳动保险条例》，规定“各企业工会基层委员会应根据企业情况与职工需要，办理托儿所等集体劳动保险事业”。1952年，国家颁布《幼儿园暂行规程（草案）》，规定“幼儿园的任务不仅包括教育幼儿，使他们的身心在入小学前获得健全的发育，同时要减轻母亲的照料负担，以便母亲有时间参加生产劳动、文化教育活动等”。1953年，国家颁布《中华人民共和国劳动保险条例实施细则修正草案》，提出“实行劳动保险的企业的女工人女职员，有四周岁以内的子女二十人以上，工会基层委员会与企业行政方面或资方协商单独或联合其他企业设立托儿所（如尚未具备设立托儿所条件，而有哺乳婴儿五个以上须设立哺乳室）”。1955年，国务院颁布《关于工矿、企业自办中、小学和幼儿园的规定》，确立了工矿、企业自主提供婴幼儿照护服务的工作方针。1956年，教育部、卫生部、内务部联合颁布《关于托儿所幼儿园几个问题的联合通知》，明确了托儿所招收 3 岁以下婴幼儿。1958 年，中国共产党第八届中央委员会第六次全体会议通过《关于人民公社若干问题的决议》，提出“公社要办好托儿所和幼儿园，使每一个孩子比在家里生活得好、教育得好，使孩子们愿意留在那里，父母也愿意把孩子放在那里。父母可以决定孩子是否需要寄宿，并且可以随时把孩子领回”。到 20 世纪 80 年代中期，“托儿所是社会主义的事业，是全党的事业，是国家的事业”已成为一种社会共识，这一时期的婴幼儿照护服务多以工会或生产组织的集体福利形式向家庭提供。

### 2．20 世纪 80 年代中期至 2010 年左右：托育服务再家庭化

20 世纪 80 年代中期以后，随着经济体制的改革，大量由企业和机关事业单位开办的托儿所、幼儿园等婴幼儿照护服务机构在短时间内纷纷被关闭或是被转卖，婴幼儿照顾责任逐渐回到家庭。

1984 年，党的十二届三中全会通过《中共中央关于经济体制改革的决定》，提出：要改善企业吃国家“大锅饭”、职工吃企业“大锅饭”的局面，企事业单位的社会职能开始逐渐被剥离。1988 年，国家教委等八部门联合制定了《关于加强幼儿教育工作的意见》，并由国务院办公厅转发至各单位。意见明确指出，养育子女是儿童家长依照法律规定应尽的社会义务，必须依照法律规定执行，幼儿教育不属于义务教育，不具有普惠性或免费性，家长如若要送子女入园接受学习和照料，则理应负担一定的保育、教育费用。由此，托育服务不再是由单位提供的一项集体福利，而是家庭需要向市场购买的服务，婴幼儿照顾不再被列入国家的福利保障范围，重新回归家庭。

1992 年，国务院颁布《九十年代中国儿童发展规划纲要》，提出：广泛深入地宣传、普及家庭优生、优育、优教的基本知识，在城市向不同年龄阶段儿童的家长提供较全面的家庭教育知识和方法，在农村推广正确的保育、教育方法。为了在企业转换经营机制过程中保证幼教事业的健康发展，1995 年，国家教委、计委、民政部、建设部、经贸委、全国总工会、妇联出台《关于企业办幼儿园的若干意见》，明确说明幼儿教育关系到千家万户，国家、集体、企事业和公民个人对该项事业的发展都承担着

义不容辞的责任和义务，为幼儿教育社会化指明了方向。意见指出：深化改革，积极稳妥地推进幼儿教育逐步走向社会化。对于部分确不具备独立办园条件和具备了分离幼儿园条件的企业，本着平稳过渡的原则，可在政府统筹下，将所办的幼儿园交给当地教育行政部门规划，以多种形式继续办好，或由社区办，或由具备条件的团体、个人承办。1997 年，国家教委印发《全国幼儿教育事业“九五”发展目标实施意见》再次强调：幼儿教育属非义务教育，发展幼儿教育事业应坚持政府拨款、主办单位和个人投入、幼儿家长缴费、社会广泛捐助和幼儿园自筹等多种渠道解决。

2003 年，国务院办公厅转发教育部等部门（单位）《关于幼儿教育改革与发展的指导意见》，意见提出：到 2007 年，幼儿教育改革的总目标是：形成以公办幼儿园为骨干和示范，以社会力量兴办幼儿园为主体，公办与民办、正规与非正规教育相结合的发展格局。根据城乡的不同特点，逐步建立以社区为基础，以示范性幼儿园为中心，灵活多样的幼儿教育形式相结合的幼儿教育服务网络。为 0—6 岁儿童和家长提供早期保育和教育服务。强调全面动员社会力量推动幼儿教育发展。全国幼儿教育事业发展的总目标是：学前三年儿童受教育率达到 55%，学前一年儿童受教育率达到 80%；大中城市普及学前三年教育；全面提高 0—6 岁儿童家长及看护人员的科学育儿能力。即，对于 3 岁以下婴幼儿，政府主要提供科学的育儿指导，其照料责任则主要在家庭。

### 3. 2010 年以来：公共或社会化的托育服务体系开始重构，提倡责任共担

随着“入园难”“入园贵”等问题的凸显，婴幼儿照护服务又重新得到广泛讨论，国家也陆续出台相关政策推动婴幼儿照护服务的发展。

2010 年，中共中央、国务院颁布《国家中长期教育改革和发展规划纲要（2010—2020 年）》，提出“重视 0 至 3 岁婴幼儿教育”。2013 年，教育部办公厅下发《关于开展 0—3 岁婴幼儿早期教育试点的通知》，在北京、上海等 14 个地区启动 0 至 3 岁婴幼儿早教试点工作，提出“充分整合公共教育、卫生和社区资源，努力构建以幼儿园和妇幼保健机构为依托，面向社区、指导家长的婴幼儿早期教育服务体系”。2014 年，国务院发布《国

家贫困地区儿童发展规划（2014—2020年）》，规定："依托幼儿园和支教点，为3岁以下儿童及其家庭提供早期保育和教育指导服务。采取多种形式宣传普及早期保教知识，鼓励媒体开办公益性早教节目（栏目）。建立城乡幼儿园对口帮扶机制，组织专家和有经验的志愿者到边远地区开展科学早教服务。"2017年，党的十九大报告强调："优先发展教育事业……推进教育公平……办好学前教育，普及高中阶段教育，努力让每个孩子都能享有公平而有质量的教育"，要在幼有所育、学有所教等方面不断取得新进展。同年召开的中央经济工作会议提出，要解决好婴幼儿照护和儿童早期教育服务问题。由此，托育服务的重要性得到再次强调，社会各界对托育服务的关注度得到进一步提升。

### （二）托幼服务发展的基本原则与目标

在当前托幼服务体系缺失、托幼服务不足的情境下，民众的二孩生育意愿必然受到影响。相关调查数据表明，目前，我国大多数家庭，尤其是城市双职工家庭，工作生活比较紧张，时间、精力不够，生育二胎压力比较大。"养不起"和"工作太忙没人照顾"是群众谈得最多的影响生育的因素。国家卫生计生委2015年生育意愿调查的结果显示：因为经济负担而不愿意生育第二个子女的比例最高，达到74.5%；其次是太费精力和无人看护，分别占到61.1%、60.5%。可见，无法平衡工作与育儿之间的关系已经成为阻碍生育二孩的重要因素。许多女性并非"不想生"，而是因为经济压力和照料压力而"不敢生"和"生不起"。

2019年5月9日，国务院办公厅颁布《关于促进3岁以下婴幼儿照护服务发展的指导意见》，提出"家庭为主，托育补充"的基本原则。2019年10月9日，为激发社会力量参与积极性，着力增加3岁以下婴幼儿普惠性托育服务有效供给，国家发展改革委、国家卫生健康委共同起草形成《支持社会力量发展普惠托育服务专项行动实施方案（试行）》，旨在为婴幼儿家庭提供质量有保障、价格可承受、方便可及的托育服务，逐步形成布局合理、设施完善、服务便捷、保障有力的普惠托育服务体系，从而减轻家庭生养负担。

为促进解决"幼有所育"问题，国务院办公厅印发的《关于促进3

岁以下婴幼儿照护服务发展的指导意见》，提出“家庭对婴幼儿照护负主体责任。发展婴幼儿照护服务的重点是为家庭提供科学养育指导，并对确有照护困难的家庭或婴幼儿提供必要的服务”“充分调动社会力量积极性，大力推动婴幼儿照护服务发展”等基本原则，明确了国家、市场、社区、家庭等主体在婴幼儿照护中的角色和作用。由此看出，新时代托育服务体系发展将在坚持“家庭为主，托育补充”“政策引导，普惠优先”“安全健康，科学规范”“属地管理，分类指导”等基本原则的基础上，努力实现以下目标。一是政府为主导。国家将婴幼儿照护服务纳入经济社会发展规划，加快完善相关政策，强化政策引导和统筹引领；地方政府从实际出发，综合考虑城乡、区域发展特点，根据经济社会发展水平、工作基础和群众需求，有针对性地开展婴幼儿照护服务。二是市场为主体。充分发挥市场在资源配置中的决定性作用，梳理社会力量进入的堵点和难点，采取多种方式鼓励和支持社会力量举办婴幼儿照护服务机构。三是社会为补充。支持用人单位以单独或联合相关单位共同举办的方式，在工作场所为职工提供福利性婴幼儿照护服务，有条件的可向附近居民开放。四是社区为依托。发挥城乡社区公共服务设施的婴幼儿照护服务功能，加强社区婴幼儿照护服务设施与社区服务中心（站）及社区卫生、文化、体育等设施的功能衔接，支持和引导社会力量依托社区提供婴幼儿照护服务。五是家庭为核心。按照“家庭是人的社会化的重要场所，儿童监护抚养是父母的法定责任和义务”等原则，家庭需要对婴幼儿照护负主体责任。

2021 年 1 月 12 日，国家卫健委印发《托育机构保育指导大纲（试行）》，指导托育机构为 3 岁以下婴幼儿提供科学、规范的照护服务，促进婴幼儿健康成长。2021 年 6 月 26 日，中共中央、国务院印发《关于优化生育政策促进人口长期均衡发展的决定》，其中再次强调“发展普惠托育服务体系”。具体包括：“(1) 建立健全支持政策和标准规范体系。将婴幼儿照护服务纳入经济社会发展规划，强化政策引导，通过完善土地、住房、财政、金融、人才等支持政策，引导社会力量积极参与。以市地级行政区为单位制定整体解决方案，建立工作机制，推进托育服务健康发展。加大专业人才培养力度，依法逐步实行从业人员职业资格准入制度。发展智慧托育等新业态，培育托育服务、乳粉奶业、动画设计和制作等行业民族品牌。(2) 大力发展多种形式的普惠服务。发挥中央预算内投资的引导和撬动作用，推动建设一批方便可及、价格可接受、质量有保障的托育服务机构。支持有条件的用人单位为职工提供托育服务。鼓励国有企业等主体积极参与各级政府推动的普惠托育服务体系建设。加强社区托育服务设施建设，完善居住社区婴幼儿活动场所和服务设施。制定家庭托育点管理办法。支持隔代照料、家庭互助等照护模式。支持家政企业扩大育儿服务。鼓励和支持有条件的幼儿园招收 2 ~ 3 岁幼儿。(3) 加强综合监管。各类机构开展婴幼儿照护服务必须符合国家和地方相关标准和规范，并对婴幼儿安全和健康负主体责任。地方政府要承担监管责任，建立健全登记备案制度、信息公示制度、评估制度，加强动态管理，建立机构关停等特殊情况应急处置机制。”

2022 年 3 月 28 日，国务院发布《关于设立 3 岁以下婴幼儿照护个人所得税专项附加扣除的通知》：从 2022 年 1 月 1 日起，纳税人照护 3 岁以下婴幼儿子女的相关支出，按照每个婴幼儿每月 1000 元的标准定额扣除。2022 年 7 月 25 日，国家卫生健康委等十七部门联合发布的《关于进一步完善和落实积极生育支持措施的指导意见》提出要发展普惠托育服务体系，具体包括增加普惠托育服务供给、降低托育机构运营成本、提升托育服务质量等内容。2023 年 6 月 8 日，国家发展改革委等八部门联合印发《职业教育产教融合赋能提升行动实施方案（2023—2025 年)》，明确要加快建设含托育在内的一批人才紧缺的专业，并明确提出安排中央预算内投资时，优先考虑托育等领域的实训基地建设。2023 年 7 月 11 日，商务部等 13 部门办公厅（室）联合印发《全面推进城市一刻钟便民生活圈建设三年行动计划（2023—2025)》，鼓励社区商业中心等场所发展嵌入式、标准化的托育机构和托育点，提供全日托、半日托、临时托、计时托等平价服务，推动一刻钟便民生活圈与养老托育圈、文化休闲圈、健康健身圈、金融服务圈、快递服务圈等圈圈相融，营造多元化、多层次的消费场景。

# 第六章　中国家庭教育政策发展特点

梳理国家家庭教育政策在新中国成立后走过的历程，回顾家庭教育政策的经验和不足，梳理各阶段家庭教育政策的特点，可为新时代家庭教育发展奠定良好基础。本研究梳理的文献主要包括新中国成立后家庭教育的政策，党和国家领导人关于家庭教育的重要讲话，意在厘清家庭教育政策发展的历史脉络，总结新中国成立70多年来家庭教育政策的有效经验以及存在的问题，并结合新时代人民群众对于家庭教育的急难愁盼问题，提出政策性建议。

## 一、家庭教育政策发展的特殊背景

### （一）当前家庭教育的新问题新挑战

当前我国家庭规模、家庭结构、家庭关系等方面发生了深刻变化，主要表现在：家长主体责任意识缺乏、家庭中重智轻德的现象普遍存在、家庭经济功能的强化带来家庭教育的功利化与工具化、家庭教育指导支持不足等，为家庭教育政策的制定提出了诸多挑战。党的十九大报告指出：“中国特色社会主义进入新时代，我国社会主要矛盾已经转化为人民日益增长的美好生活需要和不平衡不充分的发展之间的矛盾。”家庭教育关系儿童健康成长和家庭关系和谐，作为人民美好生活建设的重要内容，必然是当前重点推进的工作。

## （二）党和国家高度重视家庭教育工作

近年来，除了专门的政策规划，家庭教育还在党和国家的重大文件中不断出现，充分体现了家庭教育在育人中的战略性、先导性地位。习近平总书记在2015年春节团拜会上指出，要“重视家庭建设，注重家庭、注重家教、注重家风”。2016年，习近平总书记出席第一届全国文明家庭表彰大会并发表重要讲话，提出“家庭是人生的第一个课堂，父母是孩子的第一任老师”“帮助孩子扣好人生的第一粒扣子，迈好人生的第一个台阶”。2018年，习近平总书记在全国教育大会上的讲话中，指出“办好教育事业，家庭、学校、政府、社会都有责任”。2019年，党的十九届四中全会《中共中央关于坚持和完善中国特色社会主义制度、推进国家治理体系和治理能力现代化若干重大问题的决定》提出，要“注重发挥家庭家教家风在基层社会治理中的重要作用”“构建覆盖城乡的家庭教育指导服务体系”。2020年，党的十九届五中全会指出“健全学校家庭社会协同育人机制”。2021年10月，十三届全国人大常委会第三十一次会议通过《中华人民共和国家庭教育促进法》。2022年，党的二十大报告将“加强家庭家教家风建设”写入党代会报告，家庭家教家风建设被纳入党的治国理政战略布局统筹推进。新时代家庭教育观要以习近平新时代中国特色社会主义思想为指导，以培育和践行社会主义核心价值观为根本，以培养少年儿童品德为核心，推动家庭教育事业高质量发展。通过家庭教育指导，帮助家庭成员营造优良的家庭教养环境，提升家庭生活的品质，建设美好生活，培育优良家风，从社会最小细胞着手推动社会和谐发展。

## （三）发挥家庭教育对基层社会治理的作用

早在新中国成立初期，党和国家领导人就将家庭教育与国家、社会建设联系在一起。1963年，国务院总理周恩来在中共中央和国务院直属机关负责干部会议上，要求各级领导干部要过“亲属关”，带头做好子弟的家庭教育工作。他说：“我们绝不能使自己的干部成为国家和社会的包袱，阻碍我们的事业前进。对于干部子弟，要求高、责备严是应该的，这样有好处，可以督促他们进步。”从周总理的讲话中可以看出，党中央高度重视领导干部的家风家教问题。

党的十八大以来，习近平总书记高度重视家庭家教家风问题，并且将家庭问题与基层社会治理联系起来。家庭教育在基层不单是一个子女教育问题，更关系公民社会规范、道德规范以及法治观念的形成。将家庭教育作为基层社会治理的重要手段，是党中央对于家庭问题高屋建瓴的认识，从国家治理现代化和社会治理现代化的高度，发挥家庭教育更为广泛和深远的作用，是未来我国家庭教育政策设计的核心问题。

### （四）发挥妇联在家庭教育工作中的牵头作用

自 20 世纪 80 年代起，党和国家将家庭教育工作交给妇联来主管。这有特定的历史因素。妇联作为家庭教育牵头部门，在改革开放后各方面条件极其匮乏的状况下，有效地启动了国家层面的家庭教育计划，调动了社会各方面资源支持家庭教育工作，为我国家庭教育的发展奠定了良好的基础。

新时代，开展家庭教育工作的部门越来越多，家庭教育的工作体系越来越大，妇联作为群团组织，如何在复杂的家庭教育工作格局中发挥重要牵头作用，如何找准定位，通过何种制度机制，有效引领服务联系广大妇女引导家庭成员开展家庭教育工作，是妇联组织面临的重要抉择。

## 二、家庭教育政策发展的不同阶段

自 1949 年新中国成立至今，我国共发布五十多个国家层面涉及家庭教育的政策文件，包括 9 个规划与改革类文件、10 个学校教育教学与管理类文件、10 个德育工作类文件、3 个儿童发展纲要、14 个家庭教育类文件、6 个法律法规文件等。根据这些政策文件，结合教育事业的发展进程，可以将家庭教育政策的发展历程划分为以下几个阶段。

### （一）家庭教育的萌芽阶段（1949—1977 年）

新中国成立后，我国参照苏联的教育理论和教育制度，明确了家庭在青少年思想品德教育中的作用。教育部的有关文件提出了在中小学开展家庭教育工作的要求，受到当时社会政治、经济、文化等因素的影响，家庭教育的相关政策执行并不到位，广大民众对于家庭教育的重视程度也不高，家庭教育发展在很长时间内处于较为缓慢的发展状态。

### 1. 家庭教育始于家校联系

此阶段国家并没有出台专门的家庭教育政策，因中小学教育教学需要而开展家校联系。1952 年颁布的《小学暂行规程（草案)》与《中学暂行规程（草案)》是新中国成立后首次提到家庭教育的政策文件。两份规程分别通过家长委员会（小学）和学生家长会议（中学）的制度提出学校与家庭联系的要求，以征询家长对学校的意见并协助学校解决困难。[①]1963 年印发《全日制小学暂行工作条例（草案)》和《全日制中学暂行工作条例（草案)》明确要求，学校要“通过采取家庭访问或举行家长会等方式，同学生家长保持联系，共同教育学生”。[②] 家庭教育在配合学校教育方面的重要性和必要性在上述政策中得到了体现，并初步形成了家访、家长会等家校合作形式。但此阶段并没有对家庭教育作专门的规定，缺乏对家庭教育内容、方法的指导。后来因受“文化大革命”等历史因素影响，这些与家庭教育相关的政策没有得到广泛实施。

### 2. 妇联组织重视家庭教育作用

新中国成立后，全国妇联领导从儿童健康成长的角度强调家庭教育工作的重要性，为我国家庭教育工作指明了方向，也为改革开放后妇联组织牵头开展家庭教育工作奠定了基础。例如，全国妇联名誉主席宋庆龄一向热爱儿童，十分关心儿童的健康成长和儿童工作。从 1955 年开始，几乎每年“六一”儿童节都要发表谈话和文章，号召广大家长要严格要求自己，以身作则，坚持正确方向，做好子女的家庭教育。1964 年，《工人日报》开展“怎样教育我们的子女”问题的大讨论，宋庆龄应邀撰写了题为《把培养革命后代的责任担当起来》的长篇文章作为讨论总结，对家庭教育的重要性、教育观念和科学的教育方法等基本理论和实践问题，进行了全面而系统的论述，指出了社会主义家庭教育的正确方向。

---

① 黄河清：《家校合作导论》，华东师范大学出版社，2008，第 120 页。

② 顾明远：《世界教育大事典》，江苏教育出版社，2000，第 797 页。

### （二）家庭教育的快速发展阶段（1978—1998 年）

改革开放后，我国实行工作重点的战略转移，大规模地开展社会主义现代化建设，对国民素质提出了越来越高的要求。对此，广大家长有深切的感受。与此同时，随着我国计划生育政策的推行，政府鼓励一对夫妇只生一胎，出现了大批的独生子女，我国社会进入了“少子时代”。子女数量的减少，使人们的思想观念也随之发生重大变化：由过去的只是单纯追求子女的数量，逐步转变为重视子女成长的质量。因此，广大家长对家庭教育指导的迫切需求开始增加。面对新情况新问题，家庭教育的相关政策开始增多，确立了家庭教育的作用，有了家庭教育的推动部门，推出了家庭教育的专门计划，家庭教育工作逐渐由民间自发的行为转变为政府主导的事业，家庭教育事业发展可谓迎来了崭新的春天。

#### 1. 家庭教育由妇联主责

1981 年，是我国家庭教育史上重要的一年，党和政府敏锐地觉察到了社会对于家庭教育的强烈需求，将家庭教育工作正式交予妇联。妇联的工作重点在保护妇女儿童权利的基础上，扩展到家庭教育领域。

1981 年 2 月 2 日，中共中央书记处在八十一次会议上讨论了《全国妇联关于四届三次执委扩大会议情况及 1981 年工作安排的请示报告》，指出：“全国妇联应把抚育、培养、教育三亿以上的儿童和少年作为自己的工作重点。”这个报告明确了妇联成为推动家庭教育工作的主力军，明确了妇联的工作重点，并为妇联主抓家庭教育事业提供了工作依据。1981 年 5 月 16 日，中共中央以中发〔1981〕19 号文件向各省市自治区转发全国妇联党组《关于两个会议情况及 1981 年妇联工作要点的报告》的通知。通知指出：“帮助家长加强和改进对子女的教育，关心和培养从事儿童和少年工作的人员。”这个文件的转发标志着家庭教育作为妇联工作的重点，已经从中央层面正式通知到地方，完成了对于家庭教育工作职责的确认和承担。

1981 年 3 月，全国妇联名誉主席邓颖超在首都纪念“三八”国际劳动妇女节大会上讲话：“我们现在做的儿童工作，是什么样的工作呢？是做我们人民事业的后备军、将来的主力军的工作，是把原来认为是小小的家庭琐碎的工作提高到做人民事业的后备军的工作，做社会主义建设事业的后备军的工作。”“这次妇联工作所以能够有这样明确的工作重点，原因就是党中央书记处把妇女工作已经提到日程上了，专门讨论了妇女工作，所以出现这个新的面貌。”邓颖超将儿童工作及相关的家庭教育提到了国家未来人才培养的高度，指出了妇联工作的重要性。

1983 年 9 月 2 日，全国妇联主席康克清在中国妇女第五次全国代表大会上的工作报告《奋发自强，开创妇女运动新局面》关于“今后五年我国妇女的光荣任务”部分中指出：“要重视和改进家庭教育……各地家庭教育工作机构和专家们要进一步发挥作用，加强家庭教育的理论研究，特别要重视对独生子女心理特点和教育的研究工作。通过各种宣传工具，广泛宣传科学抚育、教育子女的知识，不断提高全民族的家庭教育水平。”康克清的讲话，为妇联开展家庭教育工作做了科学的规划，以求真务实的态度提出家庭教育理论研究和宣传的必要性。至此，家庭教育工作在妇联组织的推动下，逐渐从私领域中不被重视的琐碎工作，发展到由群团组织宣传倡导的科学事业，对我国家庭教育事业的科学化、规范化发展起到了巨大的推动作用。

### 2. 家庭教育进入教育战略布局

这一阶段有两个纲领性文件为我国家庭教育发展指明了方向。第一个文件是 1985 年中共中央作出《关于教育体制改革的决定》，对中国体制改革进行了整体战略部署，提出教育体制改革的根本出发点和落脚点是培养人，认为义务教育是“国家、社会、家庭必须予以保证的国民教育”，明确了社会和家庭在义务教育中的责任和义务，为构建“三位一体”的合作育人机制指明了方向。

第二个文件是 1993 年颁布的《中国教育改革和发展纲要》，为学校家庭社会共同育人提出了落实机制。文件中指出：“全社会都要关心和保护青少年的健康成长，形成社会教育、家庭教育同学校教育密切结合的局面。家长应当对社会负责，对后代负责，讲究教育方法，培养子女具有良好的品德和行为习惯。新闻出版、广播影视、文化艺术等部门，要把提供有益于青少年身心发展的、丰富多彩的精神产品作为义不容辞的责任。在城镇建设中，要注意兴建科学馆、博物馆、图书馆、体育馆和青少年之家等设施，要制定和完善公共文化设施对学生开放和减免收费的制度。”这个文件将家庭教育置于全社会共同育人的背景下，并强调了家庭教育在儿童品德与行为习惯培养上的重要性，为后续的家庭教育五年规划等家庭教育专题性政策文件奠定基础并指明了方向。

1997 年，国务院副总理李岚清在全国中小学素质教育经验交流会上，特意谈到家庭教育问题。他说：“教育孩子是一门科学，也是一门艺术，违反孩子身心发展的客观规律，教育必然失败。这就要求家长们必须学点教育学、心理学知识，了解现代教育的特点、规律和发展趋势。”李岚清指出了家庭教育作为一门科学的规律性，以及学习家庭教育的必要性，为科学开展家庭教育工作作出了重要指示。

### 3. 家庭教育重在育德

此阶段相关政策中，家庭教育作为实施德育的重要途径，在大量的中小学德育文件中多次提及。教育部门发布的德育政策中，强调了家庭教育对配合学校德育工作具有重要的作用。学校家庭教育的具体机制如家长学校、家长委员会等合作形式也快速发展起来。

（1）为家庭教育提供法律依据

1982 年《中华人民共和国宪法》（以下简称宪法）第四十九条规定：“父母有抚养教育未成年子女的义务，成年子女有赡养扶助父母的义务。”在宪法里设置父母家庭教育责任的条款，凸显了国家对家庭教育的重视。

1986 年，《中华人民共和国义务教育法》提出：“学校应当把德育放在首位，寓德育于教育教学之中，开展与学生年龄相适应的社会实践活动，形成学校、家庭、社会相互配合的思想道德教育体系，促进学生养成良好的思想品德和行为习惯。”《中华人民共和国义务教育法》将家庭教育作为推进德育工作的有效手段，为开展家庭教育提供了坚实的法律基础。

1991 年，《中华人民共和国未成年人保护法》总则第三条中提到家庭教育是儿童德育的重要组成部分，并列出了德育的主要内容：“国家、社会、学校和家庭对未成年人进行理想教育、道德教育、文化教育、纪律和法制教育，进行爱国主义、集体主义和国际主义、共产主义的教育，提倡爱祖国、爱人民、爱劳动、爱科学、爱社会主义的公德，反对资本主义、封建主义和其他腐朽思想的侵蚀。”同时，法案专门设立“家庭保护”一章，详细规定家庭对未成年人的监护职责和抚养义务，将联合国《儿童权利公约》中的四大权利（生存权、受保护权、发展权、参与权）落实到家庭教育中。该法案提出“父母或者其他监护人应当以健康的思想、品行和适当的方法教育未成年人”，为后续的家庭教育指导服务工作开展提供了法律依据。

1995 年，《中华人民共和国教育法》第四十九条规定：“未成年人的父母或者其他监护人应当为其未成年子女或者其他被监护人受教育提供必要条件。未成年人的父母或者其他监护人应当配合学校及其他教育机构，对其未成年子女或者其他被监护人进行教育。学校、教师可以对学生家长提供家庭教育指导。”法案强调了家长在儿童教育中的配合性，因此学校需要对家长提供家庭教育指导。该法案对我国家庭教育发展影响深远，在很长一段时间内，家庭教育与学校教育合作中都体现了主导与配合的关系。

（2）确立家庭教育的德育属性

1985 年，《中共中央关于改革学校思想品德和政治理论课程教学的通知》在“马克思主义思想品德和政治理论课的主要内容和要求”部分中提到“家庭教育和社会教育都要与小学教育密切配合”，明确了家庭教育的德育属性。

1988 年，《中共中央关于改革和加强中小学德育工作的通知》提出“全社会都要关心中小学生的健康成长”，强调了社会各相关部门都要相互配合共同育德。通知对家长提出了具体要求“家长是孩子的启蒙教师，所有家长都应对社会负责，对后代负责，身体力行，教育好子女。要转变陈旧落后的家庭教育观念和方法，提高家庭教育的水平。教育部门和学校要积极主动地指导家庭教育。中小学要吸收善于教育子女的家长代表参与学校的教育工作”，通知指出了家庭教育的重要性，同时又提出改进家庭教育工作的重点内容，对当今的家庭教育工作仍有较强的借鉴价值。

（3）提出实施家庭教育的具体机制

1993 年，国家教委颁布《小学德育纲要》，提出：“实施德育，学校教育与家庭教育、社会教育要相互配合，学校应起主导作用。学校要指导家庭教育，帮助家长端正教育思想，改进教育方法，提高家庭教育水平。学校和教师要通过家长委员会、‘家长学校’、家访、家长会等形式了解家长对子女进行教育的情况，向家长通报学校的教育要求，宣传和普及教育子女的知识，推广家长教育子女的成功经验，促使家庭教育与学校教育协调一致。”1995年，国家教委颁布《中学德育大纲》，专门部分提出家庭在德育工作中的重要性，提出：“家庭对学生行为习惯的培养、品德的形成、个性的发展有着重要的影响。家庭教育主要通过亲子之情的感化激励，家庭生活的渗透熏陶及家长的言传身教而起作用，家长应努力为子女的健康成长提供良好的家庭环境。学校要通过家访、家长会、家长接待日、举办家长学校、开展家庭教育咨询、建立家长委员会等多种方式，密切与家长的联系，指导家庭教育，使家长了解并配合学校贯彻实施好本大纲，改进家庭教育的方法。”以上两个文件都强调了学校在家庭教育中的主导作用，并提出了学校开展家庭教育的具体实施机制，具有较强的可操作性，为家庭教育在学校的实施提供了具体的路径。

此阶段，无论是教育法律还是德育政策，都从德育工作的角度提到了家庭教育的重要性，以及家长教育儿童过程中存在的知识欠缺和能力不足对德育工作的影响。但此阶段，家庭教育主要是作为配合学校教育尤其是德育工作的有力手段，这一定位使得家校合作中，家长作为被动接受学校指导的一方，并没有深度参与到学校的育人工作中。

#### 4. 家庭教育工作由民间主导转变为政府主导

（1）家庭教育事业开始由政府主导

1992年，国务院妇女儿童工作委员会颁布《九十年代中国儿童发展规划纲要》，在“社区、家庭保障”部分，详细提出了家庭教育实施的策略措施，具体包括：第一，在社区中向家庭提供家庭教育指导，“在城市以社区为依托，举办新婚夫妇学校、孕妇学校和婴幼儿、小学生、中学生的家长学校，向不同年龄阶段儿童的家长提供较全面的家庭教育知识和方法；在农村，通过广播父母学校与县、乡、村的家长学校、家庭教育辅导站、辅导员相结合的方式，推广正确的保育、教育方法”；第二，通过多种形式传播家庭教育科学知识，“利用各种大众传播媒介和群众喜闻乐见的形式，开展全国性家庭教育宣传、咨询、服务工作”；第三，培养家庭教育专业人才并开展理论研究，“层层培训家庭教育工作骨干”“师范院校在试点的基础上，逐步开设家庭教育课程，有关学术机构和学术团体要开展家庭教育的理论研究，为改善儿童成长的家庭、社会环境提供理论支持”。纲要富有创见性地提出了家庭教育开展的阵地、平台、队伍建设以及科学研究，勾勒出家庭教育工作的初步思路，并且制定了明确的实施策略和监测机制，使得家庭教育工作在全国范围内得到有力推动，也为后续全国家庭教育计划奠定了良好的工作基础。

1996 年，全国妇联、教育部等部门共同制定了《全国家庭教育工作“九五”计划》（以下简称“家庭教育‘九五’计划”），这是我国第一份在全国范围内针对家庭教育进行全面部署的政策文件。家庭教育“九五”计划从我国家庭教育工作队伍、平台、阵地、理论研究等方面，提出了具体可行的措施，是家庭教育事业发展的里程碑，奠定了家庭教育指导工作的基本框架。首先，明确提出家庭教育指导目标：“到 2000 年，使 90% 儿童（十四岁以下）的家长不同程度地掌握保育、教育儿童的知识。引导家长树立正确的教子观念，掌握科学的教育方法，提高家长素质，使家庭、学校、社会协调配合，面向新的世纪，共同促进儿童身心健康发展，培养有理想、有道德、有文化、有纪律的社会主义事业的建设者和接班人。”其次，明确了家庭教育工作的领导职责和分工：“在国务院妇女儿童工作委员会的统筹协调下，由全国妇联和国家教委具体负责实施”，具体来说，“省、自治区、直辖市妇联、教育部门要有家庭教育专职（或兼职）干部；地（市）、县（市）、县（市）妇联、教育部门要有专人（或兼职）负责家庭教育工作。各级妇联负责牵头协调、推动社会各有关部门开展家庭教育工作。”基于当时党和国家对于家庭教育的定位，家庭教育“九五”计划将家庭教育交给妇联组织来牵头，充分发挥群团组织的引领性和联系作用。值得注意的是，在人员分工中，家庭教育“九五”计划提出妇联、教育部门有专职（或兼职）干部负责家庭教育工作，受到当时各方面条件的制约，事实上各地开展家庭教育工作的妇联和教育部门干部多为兼职，也因此影响了家庭教育工作的专业性。家庭教育“九五”计划颁布后，家庭教育工作已进入社会事业发展大局，协调领导体制逐步建立，科学研究和实践创新成果不断涌现，队伍阵地和指导服务蓬勃发展，全社会家庭教育水平明显提高，家长教育素质能力有效提升，家庭教育指导工作在全国范围内得到迅速推广。

（2）家庭教育工作进一步规范化

在《九十年代中国儿童发展规划纲要》和家庭教育“九五”计划的推动下，1997年，教育部、全国妇联联合颁布《家长教育行为规范》。这是国家首次为家庭教育中家长教育行为“立规”，明确规范家长教育行为的“国家意志”，迈出公权干预和引导私人领域教育行为的重要一步。

1998年，全国妇联、教育部颁布《全国家长学校工作指导意见（试行）》，这是首次对家庭教育阵地——家长学校出台的政策，提出“家长学校是广大家长自愿参加的提高家庭教育水平的群众性业余教育机构”，对家长学校的任务、家长学校的管理作出了明确的规定，其中“教育行政部门负责中小学、幼儿园家长学校的指导工作；妇联负责协调社会各部门，指导家长学校工作”。这一定位明确了家长学校的职责和分工。此外，这个政策还提到了家长学校的场地和经费，提到“除主办单位和主管部门拨给经费外，视当地情况经与有关部门协商后，不以盈利为目的，收取一定费用，以保障家长学校必要的开支”。但文件并没有说明家长学校有稳定的经费来源，类似家庭教育的人员配置都是兼职，经费也多从一般性办公经费中支出，中小学和社区的办公经费本来也不宽裕，家长学校活动开展缺乏较为稳定的经费支持成为影响家庭教育发展的重要因素。

## 三、家庭教育的全面发展阶段（1999—2011年）

家庭教育发展的第三个阶段处于世纪之交，家庭教育开始在教育观念变革和制度化建设中全面发展，家庭教育的相关政策开始体现其独特性，并初步建立了家庭教育工作体系和网络。

### （一）家庭教育观念发生重大转变

世纪之交的教育大变革，对家庭教育也产生了重要的影响。1999年，中共中央、国务院颁布《关于深化教育改革，全面推进素质教育的决定》，提出“全面推进素质教育，是我国教育事业的一场深刻变革，是一项事关全局、影响深远和涉及社会各方面的系统工程”“学校、家庭和社会要互相沟通、积极配合，共同开创素质教育工作的新局面”，家庭教育开始被纳入素质教育的育人框架中。素质教育是党和国家对当时的教育发展“面对新的形势”，迫切需要对“教育观念、教育体制、教育结构、人才培养模式、教育内容和教学方法”进行改革所作出的正确决定。家庭教育也在这场深刻的变革中更新着观念和方法。家庭教育不仅仅是配合学校德育工作的重要内容，更是育人工作中不可或缺的一环。在素质教育的背景下，家庭教育除了重视德育，还要加强体育、美育、劳动技术教育和社会实践。家庭教育同学校教育一样，也需要解放思想、转变观念，为实施科教兴国战略奠定坚实的人才和知识基础。

2000 年 2 月 1 日，国家主席江泽民在《关于教育问题的谈话》中指出：“教育是一个系统工程……加强和改进教育工作，不只是学校和教育部门的事，家庭、社会各个方面都要一起来关心和支持。”江泽民指出了学校家庭社会共同合作育人的问题。2000 年 4 月 7 日，国务院副总理李岚清在《人民日报》发表题为《加强和改进教育工作　促进青少年健康成长》的文章。其中在第三部分“要重视和改进家庭教育”中提到：“家庭教育、学校教育、社会教育是教育的三大支柱，三者缺一不可。搞好家庭教育，首先必须转变家长的观念，提高家长的自身素质。”他要求：“各级党政领导都有责任关心和支持家庭教育，各级教育部门更要承担起指导和组织家庭教育的责任，中小学、幼儿园要积极配合、热情帮助家长进行家庭教育。”充分显示了党和国家对家庭教育工作的重视。

### （二）家庭教育的制度化进程加快

2010 年，经党中央、国务院审议通过《国家中长期教育改革和发展规划纲要（2010—2020 年）》，第二十章提出“建立现代学校制度”“更新人才培养观念”“学校、家庭、社会密切配合”“制定有关考试、学校、终身学习、学前教育、家庭教育等法律”。《国家中长期教育改革和发展规划纲要（2010—2020 年）》是 21 世纪以来首个国家级教育规划纲要，作为落实素质教育理念的制度设计，提出将家庭教育纳入现代学校制度，并提出家庭教育立法等问题，加速了家庭教育制度化、规范化的进程。

2011 年，全国妇联、教育部、中央文明办联合颁布《关于进一步加强家长学校工作的指导意见》，意见提出：家长学校应“有挂牌标识、有师资队伍、有固定场所、有教学计划、有活动开展、有教学效果”的规范化建设目标，并在组织管理、教学形式与内容、督导评估等方面作出规定，为家校合作提出更为明确的指南。

### （三）认识到家庭德育工作的独特性

在素质教育背景下，家庭教育的德育任务更加重要，家庭德育除了配合学校德育工作，更有其自身发展的规律性。此阶段，国家开始从家庭幸福与社会和谐的关系来认识家庭教育，关注家庭对儿童道德发展的独特作用。

2001 年，中共中央颁布《公民道德建设实施纲要》，提出：“家庭、学校、机关、企事业单位和社会在公民道德教育方面各有侧重、各有特点，是相互衔接、密不可分的统一整体。”《公民道德建设实施纲要》特别提出家庭在德育中的独特性而非仅仅作为配合学校德育工作的手段，如提到“家庭是人们接受道德教育最早的地方。高尚品德必须从小开始培养，从娃娃抓起。要在孩子懂事的时候，深入浅出地进行道德启蒙教育；要在孩子成长的过程中，循循善诱，以事明理，引导其分清是非、辨别善恶。要在家庭生活中，通过每个成员良好的言行举止，相互影响，共同提高，形成好的家风”，可见家庭德育对儿童健康成长的关键影响。纲要还提出建设幸福美满的家庭与社会和谐的关系。家庭教育逐渐脱离了配合学校的格局，成为相对独立的、具有一定发展特点和规律的系统。

2004 年，中共中央、国务院颁布《关于进一步加强和改进未成年人思想道德建设的若干意见》，其中有专门一部分是“重视和发展家庭教育”，特别强调：“家庭教育在未成年人思想道德建设中具有特殊重要的作用。要把家庭教育与社会教育、学校教育紧密结合起来。各级妇联组织、教育行政部门和中小学校要切实担负起指导和推进家庭教育的责任。要与社区密切合作，办好家长学校、家庭教育指导中心，并积极运用新闻媒体和互联网，面向社会广泛开展家庭教育宣传，普及家庭教育知识，推广家庭教育的成功经验，帮助和引导家长树立正确的家庭教育观念，掌握科学的家庭教育方法，提高科学教育子女的能力。充分发挥各类家庭教育学术团体的作用，针对家庭教育中存在的突出问题，积极开展科学研究，为指导家庭教育工作提供理论支持和决策依据。”该文件充分肯定了妇联、教育部门在推进家庭教育中发挥的作用，强调了全国家庭教育计划实施中的有效经验，并看到了家庭教育在未成年人思想道德建设中具有特殊重要作用。家庭教育在德育文件中从原来一两句话到单独指示，充分显示了家庭教育在德育中的独特作用。

## （四）初步建立家庭教育工作体系和网络

2002 年，《全国家庭教育工作“十五”计划》（以下简称“家庭教育‘十五’计划”）发布。家庭教育“十五”计划沿着进一步“推进家庭教育工作的科学化、社会化、法制化”的目标，有几个鲜明特点：第一，明确了家庭教育指导对象，主要为 0—18 岁儿童的家长。第二，提出“构建家庭教育指导工作体系和家庭教育网络”，并根据不同地区的经济发展情况，对家庭教育提出了具体的量化目标。第三，针对家庭教育的蓬勃发展，提出“积极拓宽办学渠道，鼓励支持社会力量兴办家庭教育培训指导机构，逐步建立多元化的家长学校办学体制”。家庭教育“十五”计划并没有对社会各类组织参与家庭教育指导的准入门槛、行业规范以及指导内容进行严格限定，如何正确引导社会力量参与家庭教育工作已逐渐成为家庭教育政策的一个重要议题。

2006 年，修订后的未成年人保护法在“家庭保护”一章强调“父母或者其他监护人应当学习家庭教育知识，正确履行监护职责，抚养教育未成年人。有关国家机关和社会组织应当为未成年人的父母或者其他监护人提供家庭教育指导”，强调了国家和社会对父母或者其他监护人提供家庭教育指导的必要性，充分体现了政府对于家庭教育的重视。

2007 年，《全国家庭教育工作“十一五”规划》（以下简称“家庭教育‘十一五’规划”）颁布。从“计划”到“规划”，家庭教育“十一五”规划对全国家庭教育工作作出了更为全面的部署，具体体现在：第一，对家庭教育的阵地和指导活动提出了更为明确的目标，如提出“80% 的城市社区和60%的行政村建立家长学校或家庭教育指导服务点”“幼儿园家长学校每学期至少开展1次家庭教育指导、2次亲子实践活动；中小学家长学校每学期至少组织1次家长指导、1次家庭教育实践活动；中等职业学校家长学校每学期至少组织1次家长指导或家庭教育实践活动”，为家庭教育“十一五”规划评估提供了准确依据。第二，提出“推动构建学校、家庭、社会‘三结合’的教育网络”，将家庭教育纳入大教育视野，重视和学校、社会教育相结合，合作育人。相应地，在推动部门上，由原来的妇联和教育两个部门扩展到文明办、民政、卫生、计生、统计、关工委八个部门，充分显示了党和国家对于家庭教育工作的高度重视，加速了全社会协同育人的进程。第三，在管理机制上更加具有针对性，如提到“将家庭教育工作经费和事业发展经费纳入地方财政预算，设立家庭教育工作专项基金”，增加家庭教育的经费投入。家庭教育的评估工作开始独立进行，专门“成立全国家庭教育工作评估领导小组”“对部分省区市的家庭教育工作进行抽查评估”。相比上一个五年计划，此次规划的编制更为系统、科学，家庭教育工作不断走向规范化。

2010年，全国妇联、教育部等相关部门联合颁布《全国家庭教育指导大纲》（以下简称《大纲》），《大纲》总结了多年来家庭教育理论与实践经验取得的创新成果，是全国各级各类家庭教育指导服务机构和家庭教育工作人员实施家庭教育指导的基本依据。《大纲》适用于各级各类家庭教育指导机构和相关职能部门等组织对新婚夫妇、孕妇等家长开展的家庭教育指导行为，按不同年龄段划分家庭教育的指导内容，还对特殊儿童、特殊家庭及灾害背景下的家庭教育提供了科学指导方法，指出应引导家长积极寻求早期干预，鼓励儿童提升缺陷补偿，增强交往能力等。《大纲》体现了科学的家庭教育理念，对于进一步加强家庭教育理论体系建设，规范家庭教育指导内容和要求，提高家庭教育的科学性、针对性、实效性具有重要意义。

2011年，国务院颁布《中国儿童发展纲要（2011—2020年）》，在“儿童与社会环境”部分，与家庭教育相关的目标包括“适应城乡发展的家庭教育指导服务体系基本建成”“儿童家长素质提升，家庭教育水平提高”。具体到策略措施，提出“将家庭教育指导服务纳入城乡公共服务体系”，强调了家庭教育指导服务的公共性质；“建立家庭教育从业人员培训和指导服务机构准入等制度，培养合格的专兼职家庭教育工作队伍”，对家庭教育指导队伍提出了规范化要求；“为儿童成长提供良好的家庭环境。倡导平等、文明、和睦、稳定的家庭关系，提倡父母与子女加强交流与沟通。预防和制止家庭虐待、忽视和暴力等事件的发生”，从和谐家庭建设的层面提出对儿童的关怀和保护。《中国儿童发展纲要（2011—2020年）》针对家庭教育指导的困难提出了解决措施，为下一个阶段的家庭教育工作布局提出了前瞻性要求。

## 四、家庭教育的纵深发展阶段（2012年至今）

在这一阶段，家庭教育确立了根本任务和核心内容，在协同育人的大教育观下，家庭教育与学校教育的关系不再是简单的配合或独立，而是全方位全过程的协作育人。在党和国家高度重视家庭建设的背景下，家庭教育被赋予新的使命，成为社会建设的有效手段。

### （一）家庭教育的根本任务是立德树人

2012年，党的十八大对教育提出了一系列新要求、新论断，其中“把立德树人作为教育的根本任务”，坚强而有力地回答了这一事关党和国家前途命运的问题，具有里程碑意义。以习近平同志为核心的党中央要求全面贯彻党的教育方针，坚持教育为社会主义现代化服务、为人民服务，把立德树人作为教育的根本任务，培养德智体美全面发展的社会主义建设者和接班人。立德树人论点的提出对家庭教育发展产生了重大影响，明确了家庭教育的核心任务就是立德树人，为家庭教育提出了方向性指引。

立德树人的核心是践行社会主义核心价值观，培育和践行社会主义核心价值观需要学校、家庭、社会形成育人合力。2013年，中共中央办公厅印发《关于培育和践行社会主义核心价值观的意见》，提出“完善学校、家庭、社会三结合的教育网络，引导广大家庭和社会各方面主动配合学校教育，以良好的家庭氛围和社会风气巩固学校教育成果，形成家庭、社会与学校携手育人的强大合力”，突出了家校社共同育人的合力。2014年，教育部颁布《关于培育和践行社会主义核心价值观进一步加强中小学德育工作的意见》，提出“大力推动家庭教育，普及中小学家长委员会和家长学校，改进家访制度，鼓励家长参与学校管理，树立科学观念，运用良好家风，促进子女成长成才”，改变了家长配合学校德育的定位，强调了家长参与学校管理，家庭与学校的关系是平等合作。

为立德树人营造浓郁文化氛围。2014年，教育部颁布《完善中华优秀传统文化教育指导纲要》，提出“充分发挥家庭在中华传统文化教育中的重要作用。要重视发挥中小学家长委员会以及各级各类家长学校、家庭教育指导机构、校外活动场所的作用，把学校教育与家庭教育紧密结合起来，积极组织开展学生和家长共同参与的传统文化体验、主题教育实践活动、志愿者服务和公益性活动，践行中华优秀传统美德，弘扬中华优秀传统文化。倡导家长通过言传身教，形成爱国守法、遵守公德、珍视亲情、勤俭持家、邻里和睦的良好家风，营造弘扬中华优秀传统文化的家庭教育氛围”，提到了中华传统文化在家庭教育中的重要性。中华优秀传统美德中包含了家庭美德，是家庭教育的重要内容。充分发挥家庭在中华传统文化教育中的重要作用，对于形成良好家风、传承中华民族优秀的家庭美德都有促进作用。

2017年，党的十九大报告提出：“要全面贯彻党的教育方针，落实立德树人根本任务，发展素质教育，推进教育公平，培养德智体美全面发展的社会主义建设者和接班人。”在“培育和践行社会主义核心价值观”部分特别提出“坚持全民行动、干部带头，从家庭做起，从娃娃抓起”，为新时代家庭教育工作作出了重要指示。全社会要全方面全过程培育和践行社会主义核心价值观，家庭作为儿童出生和成长的重要场所，在落实立德树人根本任务上必须发挥重要作用，家庭教育工作要从这个根本任务出发，让社会主义核心价值观在家庭中落地生根。

2018年，习近平总书记在全国教育大会上指出“培养什么人，是教育的首要问题”，并强调“我国是中国共产党领导的社会主义国家，这就决定了我们的教育必须把培养社会主义建设者和接班人作为根本任务，培养一代又一代拥护中国共产党领导和我国社会主义制度、立志为中国特色社会主义奋斗终身的有用人才。这是教育工作的根本任务，也是教育现代化的方向目标”。[①] 习近平总书记明确要求，培养德智体美劳全面发展的社会主义建设者和接班人，努力构建德智体美劳全面培养的教育体系，从而对新时代我国教育的培养目标、途径作出新的定位，体现了马克思主义中国化的理论创新在教育方针领域的最新成果。在家庭教育方面，习近平总书记指出:“办好教育事业，家庭、学校、政府、社会都有责任。家庭是人生的第一所学校，家长是孩子的第一任老师，要给孩子讲好‘人生第一课’，帮助扣好人生第一粒扣子。教育、妇联等部门要统筹协调社会资源支持服务家庭教育。全社会要担负起青少年成长成才的责任。各级党委和政府要为学校办学安全托底，解决学校后顾之忧，维护老师和学校应有的尊严，保护学生生命安全。”习近平总书记的重要讲话，再一次强调了教育的根本和核心问题，即把培养社会主义建设者和接班人作为根本任务。在家庭教育方面，习近平总书记提出了家庭教育的“四个一”，强调了家庭在儿童成长中的启蒙性、奠基性作用。“四个一”是新时代家庭教育的生动阐释，体现了党和国家对家庭教育的高度重视，更说明了家庭教育对国家和社会发展的重要作用。

通过教育教学改革落实立德树人，引导家庭树立正确教育观和成才观。2019 年，中共中央、国务院印发《关于深化教育教学改革全面提高义务教育质量的意见》，意见指出，深入开展法治教育、诚信教育、文明礼仪教育等，明确提出加强品德修养教育，强化学生良好行为习惯和法治意识养成。重视家庭教育，充分发挥学校主导作用，密切家校联系，指导家长理性帮助孩子确定成长目标，克服盲目攀比，防止增加孩子过重课外负担。2020 年，教育部印发《深化新时代教育评价改革总体方案》，提到“完善立德树人体制机制，扭转不科学的教育评价导向，坚决克服唯分数、唯升学、唯文凭、唯论文、唯帽子的顽瘴痼疾，提高教育治理能力和水平，加快推进教育现代化、建设教育强国、办好人民满意的教育”，特别提出“构建覆盖城乡的家庭教育指导服务体系，引导广大家长树立正确的教育观和成才观”，为家庭教育领域出现的重智轻德等现象作出了重要的评价

① 《习近平总书记在全国教育大会上的重要讲话引起热烈反响：全力推动新时代教育工作迈上新台阶》,《人民日报》2018 年 9 月 12 日第 2 版。

导向。

### （二）家庭家教家风建设一体化推进

2015 年，习近平总书记在春节团拜会上的讲话中提出："不论时代发生多大变化，不论生活格局发生多大变化，我们都要重视家庭建设，注重家庭、注重家教、注重家风，紧密结合培育和弘扬社会主义核心价值观，发扬光大中华民族传统家庭美德，促进家庭和睦，促进亲人相亲相爱，促进下一代健康成长，促进老年人老有所养，使千千万万个家庭成为国家发展、民族进步、社会和谐的重要基点。"[①] 习近平总书记高度重视家庭家教家风在国家和社会发展中的基础作用，将家庭教育放到更高的站位，家庭教育逐渐从学校德育进入更为广阔的家庭建设领域，成为影响国家和社会发展的重要因素。

2016 年 12 月 12 日，习近平总书记在接见第一届全国文明家庭代表时的讲话中提出："家庭教育涉及很多方面，但最重要的是品德教育，是如何做人的教育。"[②] 在这个讲话中，习近平总书记对家庭教育的根本和核心作出了明确的指示，明确了家庭教育的核心是品德教育，特别突出了家庭教育的独特性，如"帮助孩子扣好人生的第一粒扣子，迈好人生的第一个台阶"，强调了父母作为孩子第一任启蒙教师对儿童成长影响的深远性和奠基性。在家庭教育中，通过践行社会主义核心价值观和中华民族传统美德来教孩子如何做人。习近平总书记关于注重家庭家教家风建设重要论述成为家庭教育政策制定的指导思想。

2019 年，中共中央、国务院颁布《新时代公民道德建设实施纲要》，实施纲要针对新时期道德领域出现的新问题，特别提到"要把社会公德、职业道德、家庭美德、个人品德建设作为着力点""推动践行以尊老爱幼、男女平等、夫妻和睦、勤俭持家、邻里互助为主要内容的家庭美德，鼓励人们在家庭里做一个好成员"，强调"用良好家教家风涵育道德品行""推

① 习近平：《在 2015 年春节团拜会上的讲话》，《人民日报》2015 年 2 月 18 日第 2 版。

② 习近平：《在会见第一届全国文明家庭代表时的讲话》，《人民日报》2016 年 12 月 16 日第 2 版。

动形成爱国爱家、相亲相爱、向上向善、共建共享的社会主义家庭文明新风尚”，还提到家庭教育的方法，即“通过多种方式，引导广大家庭重言传、重身教，教知识、育品德，以身作则、耳濡目染，用正确道德观念塑造孩子美好心灵”。在这个实施纲要中，特别突出了家庭家教家风建设对于公民道德形成的重要影响。家庭建设、家教实施以及家风涵养是密切联系的，家庭教育不仅仅是父母教育儿童，更需要人们共同努力做一个好家庭成员，在家庭美德、家庭文明新风尚的培育下帮助儿童健康成长。

2019 年，党的十九届四中全会《中共中央关于坚持和完善中国特色社会主义制度　推进国家治理体系和治理能力现代化若干重大问题的决定》（以下简称《决定》）提出“注重发挥家庭家教家风在基层社会治理中的重要作用”。家庭是社会的细胞，是基层社会治理的重要基础。加强和创新基层社会治理，可以把家庭家教家风作为重要抓手，充分发挥其涵养道德、厚植文化、润泽心灵的德治作用，从而推动营造良好社会风尚、维护社会和谐安定。家庭教育在此前多出现在教育尤其是德育政策文件中，党的十九届四中全会《决定》将家教作为基层社会治理的重要手段，将家庭家教家风对国家和社会发展作用的认识提到了新的高度。基层社会治理，主要是指“以乡镇街道和城乡社区为地域范围和载体”的社会治理。参与基层社会治理的主体主要包括基层党组织、基层政府、基层民间组织以及涵盖广大群众的基层社会，这些主体在社会治理过程中，通过不断的互动沟通，达到协调利益关系、化解社会矛盾、解决民生问题、维护公平正义、保持社会稳定的目的。[①] 从这个定义可以看到，家庭也是基层社会治理的主体，通过家庭教育指导工作，引导广大民众在家庭中正确立德树人，培育良好家风，加强人民群众的自治，促进其自我管理、监督、教育和服务，有效化解矛盾纠纷，促进基层社会的和谐稳定。从这个意义上讲，家庭教育被赋予更为丰富的内涵，与家庭建设、家风涵养有效结合在一起，贯彻到家庭发展的全生命周期，指向于人民对美好生活需要的满足。

---

① 刘佳：《我国基层社会治理模式创新研究》，博士学位论文，东北师范大学中共党史专业，2015，第 18 页。

2021年7月，中宣部、中央文明办、中央纪委、中组部、国家监委、教育部、全国妇联联合印发《关于进一步加强家庭家教家风建设的实施意见》（以下简称《意见》），这是首个以家庭家教家风建设为主题的政策文件，《意见》以建设文明家庭、实施科学家教、传承优良家风为重点，倡扬新时代家庭观，从党员和领导干部家风建设和少年儿童品德教育两个关键点出发，推动家庭家教家风建设高质量发展。《意见》从制度保障和领导责任两方面为家庭家教家风建设保驾护航，提出“推动家庭家教家风建设工作制度化、规范化、常态化开展”。《意见》汇总了以往各类家庭家教家风政策并突出了家庭在社会建设中的重要作用，明确了领导责任，但对于考核评价、经费投入、队伍建设等核心问题并没有给出具体的保障措施。

### （三）学校家庭社会协同育人机制

2016年，习近平总书记在北京八一学校考察时强调：“基础教育是全社会的事业，需要学校、家庭、社会密切配合。学校要担负主体责任，对学生负责，对学生家庭负责。家长要尊重学校教育安排，尊敬老师创造发挥，配合学校搞好孩子的学习教育，同时要培育良好家风，给孩子以示范引导。各相关单位特别是宣传、文化、科技、体育机构要积极为学生了解社会、参与实践、锻炼提高提供条件。”①

建立家校社协同育人机制。2017年，教育部印发《中小学德育工作指南》（以下简称《指南》），《指南》多次提到家庭，专门设立“协同育人”内容，提到“要积极争取家庭、社会共同参与和支持学校德育工作，引导家长注重家庭、注重家教、注重家风，营造积极向上的良好社会氛围。加强家庭教育指导。要建立健全家庭教育工作机制，统筹家长委员会、家长学校、家长会、家访、家长开放日、家长接待日等各种家校沟通渠道，丰富学校指导服务内容，及时了解、沟通和反馈学生思想状况和行为表现，认真听取家长对学校的意见和建议，促进家长了解学校办学理念、教育教

---

① 《习近平在北京市八一学校考察时强调　全面贯彻落实党的教育方针　努力把我国基础教育越办越好》，《中国妇女报》2016年9月10日第1版。

学改进措施，帮助家长提高家教水平。构建社会共育机制。要主动联系本地宣传、综治、公安、司法、民政、文化、共青团、妇联、关工委、卫计委等部门、组织，注重发挥党政机关和企事业单位领导干部、专家学者以及老干部、老战士、老专家、老教师、老模范的作用，建立多方联动机制，搭建社会育人平台，实现社会资源共享共建，净化学生成长环境，助力广大中小学生健康成长”。《指南》从学校德育工作出发，有大量的篇幅谈到家庭教育，体现了学校家庭社会育人密不可分的特点。其中特别提到了习近平总书记关于注重家庭家教家风的重要论述，并提出家庭教育工作机制和社会共育机制，从职责分工、沟通渠道、工作方法等方面促进各类教育资源共享共建，促进儿童健康成长。

2018 年，习近平总书记在全国教育大会上发表重要讲话："办好教育事业，家庭、学校、政府、社会都有责任""全社会要担负起青少年成长成才的责任"。习近平总书记从教育改革发展的重大问题和群众关心的热点问题出发，对家校社协同育人高度重视，再次对新时代育人理念和机制的改革指明了方向。教育是一个牵一发而动全身的系统工程，家庭教育、学校教育、社会教育各自扮演着不同角色，发挥着不同功效，但同时又彼此影响，共同组成了完整的教育体系。然而，当前三者之间的关系出现了新的失调：学校教育功能被扩大化，承载的职责过多；家庭教育的功能被简单化，一定程度上成为学校教育的附属；社会教育缺乏系统性。这不仅制约教育自身的发展，也影响整个社会的和谐与进步。2018 年之后，教育部先后出台《关于规范校外培训机构发展的意见》《关于印发中小学生减负措施的通知》《义务教育六科超标超前培训负面清单（试行）》《关于加强义务教育学校作业管理的通知》《中小学教育惩戒规则（试行）》等，将家庭履行教育监护责任与规范学校办学行为、严格校外培训机构管理等共同推进，体现了国家和有关部门构建家庭学校社会协同育人机制的积极探索。协同育人的环境下，家庭教育的一些问题如重智轻德等，在学校家庭社会的共同努力下，也能够得到根本的解决。

2020 年，党的十九届五中全会提出“健全学校家庭社会协同育人机制”要求，这是首次将家校社协同育人机制上升为党和国家的重大问题，也是对“坚守为党育人、为国育才，努力办好人民满意的教育，在加快推进教育现代化的新征程中培养担当民族复兴大任的时代新人”提出的重要要求。落实立德树人根本任务，亟须构建学校家庭社会协同育人机制。坚持“五育并举”，走出“重智育、轻德育”“重分数、轻素质”的人才培养误区，推动德育、智育、体育、美育、劳育全方位融合，促进教育质量全面提升，迫切需要以学校家庭社会协同育人体系构建为抓手，凝聚共识，综合施策。学校家庭社会协同育人上升到制度机制层面，体现了党和国家整体提升教育质量的决心。家庭教育既不是从配合学校德育角度来谈，也不是作为一个独立的系统，而是作为与学校社会密切联系的教育系统，共同育人。

2021 年 3 月，十三届全国人大第四次会议通过《中华人民共和国国民经济和社会发展第十四个五年规划和 2035 年远景目标纲要》，明确提出：“构建覆盖城乡的家庭教育指导服务体系，健全学校家庭社会协同育人机制。”家校社协同育人机制的提出，是从实现人民对美好生活的向往与事关党和国家前途命运的大局出发，在“培养什么人、怎样培养人、为谁培养人”这一根本问题上凝聚更大共识，在完善立德树人体制机制上探索更好方式，在学校、家庭、社区和社会各方面汇集更大合力，共同营造健康成长环境和良好文明风尚。家庭教育在新时代被赋予新的使命，家庭作为儿童成长中的第一所学校，家长需要不断接受科学的指导，与学校和社会同步共同育人。

2021 年 9 月，国务院颁布《中国儿童发展纲要（2021—2030 年）》，其中增加了“儿童与家庭”领域的目标，全文 11 处提到学校、家庭、社会在儿童保护与发展方面的合作，三者协同育人进一步制度化、常态化，家校社合作将成为未来教育发展的新格局，如何形成完善的保障机制和措施，将成为家庭教育政策的新方向。

2023 年 1 月，教育部等十三部门联合印发了《关于健全学校家庭社会协同育人机制的意见》。该意见坚定育人核心，明确学校家庭社会协同育人目标；明确协同关键，推动学校家庭社会各司其职；着力机制保障，完善顶层设计及相关机制建设。意见的出台对协同育人工作机制建设进行了全面设计，依据科学决策提出了针对性的举措和制度保障，对我国学校家庭社会协同育人工作具有纲领性、指导性作用。

2023 年 5 月 30 日，最高人民法院会同全国妇联联合发布了《关于开展家庭教育指导工作的意见》。文件分六个部分共 24 条，明确了人民法院开展家庭教育指导工作的情形和范围、要求和方式及人民法院发出家庭教育指导令的条件和制发程序。意见还规定，要注重开展家庭教育宣传和法治宣传教育，加强诉源治理；人民法院、妇联应当与有关部门、人民团体、社会组织加强协作配合，推动建立家庭教育指导工作联动机制，及时研究解决家庭教育指导领域困难问题，不断提升家庭教育指导工作实效。

### （四）发挥妇女在家庭生活中的独特作用

2018 年，习近平总书记同全国妇联新一届领导班子成员集体谈话时发表重要讲话："做好家庭工作，发挥妇女在社会生活和家庭生活中的独特作用，是妇联组织服务大局、服务妇女的重要着力点。要注重家庭、注重家教、注重家风，认真研究家庭领域出现的新情况新问题，把推进家庭工作作为一项长期任务抓实抓好。要坚持以社会主义核心价值观为统领，引导妇女既要爱小家，也要爱国家，带领家庭成员共同升华爱国爱家的家国情怀、建设相亲相爱的家庭关系、弘扬向上向善的家庭美德、体现共建共享的家庭追求，在促进家庭和睦、亲人相爱、下一代健康成长、老年人老有所养等方面发挥优势、担起责任。要引导妇女带动家庭成员，发扬尊老爱幼、男女平等、夫妻和睦、勤俭持家、邻里团结等中华民族传统美德，抵制歪风邪气，弘扬清风正气，以好的家风支撑起好的社会风气。要帮助妇女处理好家庭和工作的关系，做对社会有责任、对家庭有贡献的新时代女性。要引导妇女发扬爱国奉献精神，自尊自信自立自强，以行动建功新时代，以奋斗创造美好生活，在祖国改革发展的伟大事业中实现自身发展，在人民创造历史的伟大奋斗中赢得出彩人生。"① 发挥妇女独特作用，做好家庭工作，是党中央交给妇联组织的重要任务，是妇联组织服务大局、服务妇女的重要着力点。这肯定了妇女在家庭生活中的独特作用，充分重视妇女在家庭文明建设、家庭文化构建、家庭功能完善等家庭生活领域的重

① 《习近平在同全国妇联新一届领导班子成员集体谈话时强调　坚持中国特色社会主义妇女发展道路　组织动员妇女走在时代前列建功立业　王沪宁出席》，《中国妇女报》2018 年 11 月 3 日第 1 版。

要意义。家庭教育自20世纪80年代以后就由妇联组织和教育部门牵头来做，经历了六个“五年规划（计划）”的实施，我国初步建立了覆盖城乡的家庭教育指导体系，广泛传播家庭教育科学知识，为民众提供家庭教育指导服务，为我国教育事业的发展贡献了重要力量。习近平总书记在新时代强调妇联组织在家庭工作中的独特作用，并不是将妇女定位为相夫教子，而是从妇女在家庭生活中发挥的独特影响角度出发，通过妇女“带动家庭成员，发扬尊老爱幼、男女平等、夫妻和睦、勤俭持家、邻里团结等中华民族传统美德，抵制歪风邪气，弘扬清风正气，以好的家风支撑起好的社会风气”。①

面对新形势、新任务、新要求，妇联家庭工作力度加大，需要从组织制度、机构设置、人员保障、具体工作部署等各方面把家庭工作提升到一个前所未有的高度，进一步从源头上明确参与工作的目标方向，为发挥家庭家教家风在基层社会治理中的重要作用，提供了前所未有的制度环境和工作条件。在组织章程上，全国妇联新增了重视开展家庭家教家风工作的制度性规定。中国妇女十二大以前的妇联章程，虽历经多次修改，但家庭工作着墨甚少。与新时代党中央赋予妇联组织做好家庭工作的重要任务相比，原有妇联章程不能涵盖这一新要求。为此，2018年11月，中国妇女十二大通过《中华全国妇女联合会章程（修正案)》，其中，把“组织开展家庭文明创建，支持服务家庭教育，传承中华民族家庭美德，树立良好家风，推动形成家庭文明新风尚”作为妇联组织的一项重要工作任务②，明确地写进了第一章“任务”中，从制度层面进一步确认了家庭家教家风工作在妇联整体工作中的重要地位，标志着新时代妇联组织任务发生了重大变化。

2019年，全国妇联进一步统筹和创新推进妇联家庭工作，创造性地启动实施“家家幸福安康工程”。该工程以培养担当民族复兴大任的时代新人、推动社会主义核心价值观在家庭落地生根为根本任务，确立了四项行

① 《习近平在同全国妇联新一届领导班子成员集体谈话时强调　坚持中国特色社会主义妇女发展道路　组织动员妇女走在时代前列建功立业　王沪宁出席》，《中国妇女报》2018年11月3日1版。

② 《中华全国妇女联合会章程》，《中国妇女报》2018年11月2日第2版。

动计划：一是家庭文明创建行动，传承家庭美德，弘扬良好家风；二是家庭教育支持行动，引导家长言传身教，帮助孩子树立好思想、好品行、好习惯；三是家庭服务提升行动，配合有关部门做好巾帼家政服务、巾帼健康服务、婚姻家庭服务、困境家庭帮扶等工作；四是家庭研究深化行动。[①]用系统工程方式来推进家庭工作，“既要巩固深化妇联组织多年来常态化开展并取得良好实效的家庭工作特色品牌，又要进一步改革拓展，创新推出体现时代特点、满足家庭需求的工作举措，使妇联家庭工作在继承中创新，在创新中发展”。在家庭教育方面，“家家幸福安康工程”规定，家庭教育支持行动包括推动完善家庭教育法律政策、启动实施“父母成长计划”、做实做强各类家长学校、发展壮大家庭教育指导服务队伍，明确了妇联组织在推进家庭教育工作中的范围、领域、体系、机制、项目、内容等，并以系统工程方式来推进。不同于家庭教育的五年规划，“家家幸福安康工程”中的家庭教育是嵌入整体家庭建设中的，既突出了妇女在家庭生活中的独特作用，又将家庭家教家风一体化推进，使家庭教育工作有了更为丰富的资源链接。

2021 年 9 月，国务院颁布《中国妇女发展纲要（2021—2030 年）》，针对更好发挥妇女在社会生活和家庭生活中的独特作用，发挥家庭家教家风在促进儿童健康成长和基层社会治理中的重要作用，新的妇女发展纲要增加了“妇女与家庭建设”领域，从性别平等的视角提出“增强父母共同承担家庭教育责任的意识和能力。推进家庭教育立法及实施，促进父母共同落实家庭教育主体责任，创造有利于未成年子女健康成长和发展的家庭环境”，对于改变当前父亲缺失的家庭教育现状有重要意义。

### （五）家庭教育法制化取得重大进展

2010 年 7 月，国家中长期教育改革和发展规划纲要工作小组办公室发布《国家中长期教育改革和发展规划纲要（2010—2020 年）》，其中明确提出：“制定有关考试、学校、终身学习、学前教育、家庭教育等法律”之

① 马焱：《家庭家教家风：创新基层社会治理体系的新视角——兼论新时代妇联组织的家庭工作》，《中华女子学院学报》2020 年第 6 期。

后，家庭教育立法推进工作开始进入官方日程。经过几年的理论探索和实践努力，2016年5月，我国内地第一部家庭教育地方性法规《重庆市家庭教育促进条例》出台。该条例对家庭教育的内容和政府的相应职责进行了规定，同时明确父母应当与未成年子女共同生活，如果不履行相关职责，将由所在单位、居委会等出面进行劝诫、批评教育。该条例还规定：父母或者其他监护人应当对未成年子女进行社会公德、家庭美德、生活技能、行为习惯和身心健康等教育，促进未成年人全面发展。此后，贵州、山西、江西、江苏、浙江、内蒙古、福建、安徽8个省份又陆续出台了家庭教育地方促进条例。多地家庭教育促进条例的出台，为深入贯彻家庭教育立德树人根本任务提供了坚实的法制保障。

2016年3月1日，《中华人民共和国反家庭暴力法》正式施行，其中，第二条界定：“家庭暴力是指家庭成员之间以殴打、捆绑、残害、限制人身自由以及经常性谩骂、恐吓等方式实施的身体、精神等侵害行为。”第五条提出：“未成年人遭受家庭暴力的，应当给予特殊保护。”第十二条规定：“未成年人的监护人应当以文明的方式进行家庭教育，依法履行监护和教育职责，不得实施家庭暴力。”第二十三条规定：“当事人受到家庭暴力或者面临家庭暴力的状况时，可以向人民法院申请人身安全保护令，人民法院应该受理。”《中华人民共和国反家庭暴力法》的颁布，对长期处于家庭暴力的儿童提供了有效庇护，并从预防角度让父母及其他监护人认识到家庭暴力对儿童成长的不利影响，从法律层面厘清了“打是亲骂是爱”“棍棒之下出孝子”等错误家庭教育观念。

2021年1月1日，《中华人民共和国民法典》（以下简称民法典）正式施行，特别值得提出的是民法典将家庭教育也纳入其中。第一编“总则”第二十六条规定“父母对未成年子女负有抚养、教育和保护的义务”，明确父母是履行家庭教育义务的第一责任人。第三十六条规定：“对于损害被监护人身心健康的人员撤销其监护人资格，对不称职的父母设定了法律底线。”第五编“婚姻家庭编”第一章，第一千零四十三条规定“家庭应当树立优良家风，弘扬家庭美德，重视家庭文明建设”。第三章，第一千零五十八条规定“夫妻双方平等享有对未成年子女抚养、教育和保护的权利，共同承担对未成年子女抚养、教育和保护的义务”，明确了父母平等合作育人的权利和义务。民法典将家庭教育相关内容融入民法体系，明确了父母对未成年子女负有抚养、教育的义务，确立了父母双方的职责和义务，强调了父母进行家庭教育时应当尊重子女，并提出如何保障子女在父母分居或者离婚、父母死亡或被人民法院撤销监护人资格等情况下健康成长，为家庭教育法制化作出了重要贡献。

2021 年 6 月 1 日，新修订的未成年人保护法开始实施，在第二章“家庭保护”里，第十五条规定“未成年人的父母或者其他监护人应当学习家庭教育知识，接受家庭教育指导，创造良好、和睦、文明的家庭环境。共同生活的其他成年家庭成员应当协助未成年人的父母或者其他监护人抚养、教育和保护未成年人”，其中重点提到家长应该学习家庭教育知识，接受家庭教育指导；第十六条规定了未成年人的父母或者其他监护人应当履行的监护职责，让父母或者其他监护人肩负起保护孩子的责任；第十七条规定了家长未认真履行未成年人保护法所应承担的法律后果；第十八条规定了父母或者其他监护人安全保护未成年人的具体措施；第十九条规定了父母或者其他监护人在家庭中如何保护孩子的参与权。6 月 9 日，国务院未成年人保护工作领导小组办公室印发了《关于加强未成年人保护工作的意见》（以下简称《意见》），《意见》在家庭保护方面，从加强指导帮助、完善支持政策、推进监督和依法处置监护人侵害未成年人权益行为四方面，强化家庭监护责任。推动构建家庭教育指导服务体系，加强社区家长学校、家庭教育指导服务站点建设，为未成年人的父母或其他监护人、被委托人每年提供不少于一次公益性家庭教育指导服务。全面落实产假等生育类假期制度和哺乳时间相关规定，鼓励有条件的地区探索开展育儿假试点。有条件的地区，探索对依法收养孤儿和残疾儿童、非生父母履行监护权的家庭在水电气等公共服务方面给予优惠。未成年人保护法及《意见》的发布，发展、完善了家庭监护制度，对父母或其他监护人更好履行监护职责提供了法律支撑，突出了国家对家庭教育的支持和服务，明确了父母作为监护者的养育职责。

2021 年 10 月 23 日，十三届全国人大常委会第三十一次会议通过了《中华人民共和国家庭教育促进法》（以下简称“家庭教育促进法”），于 2022 年 1 月 1 日起施行。家庭教育促进法是家庭教育事业发展迈上新台阶的重要标志，为促进未成年人健康成长和全面发展提供更加充足、有力的法治保障。第一，明确了父母或者其他监护人负责实施家庭教育，承担对未成年人实施家庭教育的主体责任，并规定了父母或者其他监护人的责任、家庭教育的内容和方式。第二，规定全社会要共同搭建起覆盖城乡的家庭教育指导服务体系，如教育行政部门、妇女联合会统筹协调社会资源，协同推进覆盖城乡的家庭教育指导服务体系建设，并按照职责分工承担家庭教育的日常事务；教育、民政、卫生健康、市场监督管理等有关部门应当在各自职责范围内，依法对家庭教育服务机构及从业人员进行指导和监督；具备条件的中小学校、幼儿园应当在教育行政部门的指导下，为家庭教育指导服务站点开展公益性家庭教育指导服务活动提供支持。第三，除规定了父母或者其他监护人不履行、不正确履行家庭教育责任的法律后果外，还规定公检法机关办理案件过程中，发现未成年人存在严重不良行为或者实施犯罪行为的，要根据情况对监护人予以训诫，并可以责令其接受家庭教育指导。家庭教育促进法将家事上升为国事，标志着我国家庭教育法制化进程进一步加快，家庭教育将正式纳入国家教育事业发展规划和法制化管理轨道。

2023 年 10 月，国务院发布《未成年人网络保护条例》，自 2024 年 1 月 1 日起施行。条例旨在营造有利于未成年人身心健康的网络环境，保障未成年人合法权益，为未成年人网络保护提供有力的法治保障。其中第五条规定，学校、家庭应当教育引导未成年人参加有益身心健康的活动，科学、文明、安全、合理使用网络，预防和干预未成年人沉迷网络；第十七条规定，未成年人的监护人应当加强家庭家教家风建设，提高自身网络素养，规范自身使用网络的行为，加强对未成年人使用网络行为的教育、示范、引导和监督；第十九条规定，未成年人的监护人应当合理使用并指导未成年人使用网络保护软件、智能终端产品等，创造良好的网络使用家庭环境。作为我国首部专门性的未成年人网络保护法律，该条例的施行标志着我国未成年人网络保护法治建设进入新阶段，加强了监护人对未成年人安全、合理使用网络的指导。

### （六）初步建立覆盖城乡的家庭教育指导服务体系

2012年，全国妇联、教育部等九部门颁布《关于指导推进家庭教育的五年规划（2010—2015年）》（以下简称“家庭教育‘十二五’规划”）。家庭教育“十二五”规划呈现出几个亮点：第一，提出“构建基本覆盖城乡的家庭教育指导服务体系”的目标，标志着家庭教育工作进入了以扩大覆盖范围、建立指导体系、明确公益性质、提高专业水平为主要任务的新阶段。第二，明确了家庭教育立德树人的根本任务。第三，推动了家庭教育立法，提出“组织开展家庭教育立法调研，形成较为成熟的研究成果，积极参与、努力推进家庭教育立法进程；有条件的地方先行尝试，制定出台家庭教育法规条例，为家庭教育事业发展提供制度保障”。第四，重视指导队伍建设，提出“推进家庭教育职业岗位培训试点，探索建立家庭教育从业人员职业资格认证制度，提高家庭教育工作队伍职业化水平”。长期以来，我国家庭教育从业人员的职业化建设较为薄弱，与我国家庭教育理论研究薄弱、缺乏学科专业支撑、相关机构缺乏对于家庭教育专职人员的岗位设置等因素相关，加强指导队伍职业化建设势在必行。

2015年，教育部发布《教育部关于加强家庭教育工作的指导意见》，这是教育部首次面向教育系统颁布关于家庭教育的专门政策，积极发挥家庭教育在少年儿童成长过程中的重要作用，坚持以学校为主导，充分发挥中小学幼儿园开展家庭教育指导的天然优势和重要作用，促进家庭教育、学校教育、社会教育有机融合。该意见指出加强家庭教育工作，要进一步明确家长在家庭教育中的主体责任，充分发挥学校在家庭教育中的重要作用，提出了推动形成政府主导、部门协作、家长参与、学校组织、社会支持的战略性家庭教育工作格局。该意见注重教育部门和中小学幼儿园与社会教育资源的紧密结合，赋予了教育部门和中小学幼儿园在家庭教育社会支持网络中的实际作用。该意见站在全面统筹、协调、鼓励、倡导各类社会和市场资源对家庭教育的广泛支持的高度，强调发挥教育的基础性、先导性、全局性作用。该意见为家庭教育事业，尤其是学校家庭教育进行了科学定位和有力部署，战略意义重大，为学校家庭社会合作育人，构建家庭教育工作体系提出了重要战略构想。

2016年，全国妇联、教育部等九部门联合颁布《关于指导推进家庭教育的五年规划（2016—2020年）》（以下简称“家庭教育‘十三五’规划”）。家庭教育“十三五”规划呈现出几个亮点：第一，提出“基本建成适应城乡发展、满足家长和儿童需求的家庭教育指导服务体系”，为建立健全家庭教育公共服务网络提出了具体的量化指标。第二，进一步突出家庭教育的核心和根本，提出“坚持立德树人。要始终把培育和践行社会主义核心价值观作为家庭教育的核心和根本，突出思想道德教育，引导儿童树立正确的世界观、人生观、价值观，养成好思想、好品格、好习惯，努力成长为有知识、有品德、有作为的新一代社会主义合格建设者”。第三，强化了政府在推进家庭教育中的主导作用，提出家庭教育是“普惠性、常态化的家庭教育公共服务”，对家庭教育的公共性进行了明确的界定。第四，充分考虑到互联网对于家庭教育的影响，提出“积极搭建新媒体服务平台”“不断增强网络服务功能”。第五，针对落后地区的家庭教育问题，提出“促进家庭教育均衡协调发展”。第六，特别提到重视家庭教育理论研究，提出“有条件的高校设置家庭教育相关专业”，支持和鼓励家庭教育专业人才培养。第七，在组织保障中进一步细化了家庭教育工作中各部门的分工。家庭教育“十三五”规划的颁布充分体现了党和国家对于家庭教育的高度重视，也将家庭教育公共服务属性做了明确界定，家庭教育指导服务体系在全方位、全过程育人的过程中发挥了不可替代的独特作用。

2019年，为了适应新时代家庭教育指导的需要，全国妇联、教育部、中央文明办、民政部、文化和旅游部、国家卫生健康委员会、国家广播电视总局、中国科协、中国关工委联合对《全国家庭教育指导大纲》进行修订。增加了家庭道德教育相关内容，根据时代特征增加了父辈、祖辈联合教养指导，多子女养育及互联网时代的家庭媒介教育等内容。修订后的《全国家庭教育指导大纲》适用于各级各类家庭教育指导机构、相关职能部门、社会团体、宣传媒体和家庭教育指导者，对新婚夫妇、孕妇、18岁以下儿童家长（父母或其他监护人）开展的家庭教育指导服务行为。

2020年，全国妇联、教育部联合印发《家长教育行为规范》（以下简称《规范》），《规范》贯穿立德树人主线，强化家庭教育的教育引导和思想引领功能。突出问题导向，对家长在家庭教育观念和行为方面存在的突出问题进行有针对性的指导。《规范》内容贴近生活，贴近家庭需求，从家庭教育主体责任、重点任务、核心理念、家庭德育、智育、体育、美育、劳动教育、家长言传身教、家校社协同育人十方面，对家长进行规范指导，帮助家长树立正确的家庭教育理念，掌握科学的家庭教育知识方法，用正确行动、正确思想、正确方法教育引导孩子，是家长实施家庭教育的基本行为准则。

2021 年 9 月，国务院颁布《中国妇女发展纲要（2021—2030 年）》，提出“覆盖城乡的家庭教育指导服务体系基本建成，指导服务能力进一步提升。95% 的城市社区和 85% 的农村社区（村）建立家长学校或家庭教育指导服务站点”，为下一个十年家庭教育指导体系的发展提出了明确目标。

2022 年 4 月，全国妇联、教育部等 11 部门印发《关于指导推进家庭教育的五年规划（2021—2025 年）》（以下简称“家庭教育‘十四五’规划”）。家庭教育“十四五”规划把构建覆盖城乡的家庭教育指导服务体系、健全学校家庭社会协同育人机制、促进儿童健康成长确立为今后一个时期家庭教育发展的根本目标，推动“十四五”时期家庭教育高质量发展。家庭教育“十四五”规划呈现出以下创新点：第一，“高质量发展”将成为“十四五”时期家庭教育发展的关键词，也标志着我国家庭教育指导工作将进入新的发展时期。第二，明确了家庭教育指导机构的设立：“推动县级以上人民政府因地制宜设立家庭教育指导机构，及时向有需求的家庭提供服务，形成有地方特色、有群体适应性的家庭教育指导服务模式。”第三，在社会力量参与家庭教育指导方面，明确了“推动将家庭教育指导服务纳入政府购买服务目录，培育和扶持家庭教育社会组织为家庭提供专业化、规范化家庭教育指导服务，满足个性化的家庭教育指导服务需求”“加强家庭教育志愿服务队伍建设，进一步发挥社会工作者、志愿者等社会力量在开展家庭教育指导中的积极作用”。家庭教育“十四五”规划为进一步落实家庭教育促进法、因地制宜探索、完善协同育人工作协调机制，加强了统筹规划和资源整合，旨在形成学校、家庭、社会协同育人合力。

## （七）支持家庭生育养育教育

2021 年 6 月，中共中央、国务院《关于优化生育政策促进人口长期均衡发展的决定》提出“实施三孩生育政策及配套支持措施，促进生育政策与相关经济社会政策同向发力，有利于满足更多家庭的生育意愿，有利于提振生育水平”。针对双职工家庭无人照料孩子、育儿压力大、成本高等突出问题，对家庭教育提出严峻挑战，在新时期如何优化生育政策，为家庭育儿提供有力支持，成为家庭教育指导的重要内容。

2021 年 8 月，中共中央办公厅、国务院办公厅印发《关于进一步减轻义务教育阶段学生作业负担和校外培训负担的意见》（以下简称“双减”政策），实施“双减”政策，不仅是对我国教育格局的重大调整，更是教育观念的大变革。“双减”政策强调了构建教育良好生态，有效缓解家长焦虑情绪，促进学生全面发展、健康成长。实施“双减”政策为家庭教育指导工作指明了方向，同时也从学校和社会教育层面提出了有效的策略措施，着力降低家庭教育支出，是落实立德树人根本任务、发展素质教育、促进教育公平的重大举措。

2021 年 9 月，国务院颁布《中国妇女发展纲要（2021—2030 年）》《中国儿童发展纲要（2021—2030 年）》，为了落实党中央、国务院关于优化生育政策的重大决策，均提出在下一个十年“支持家庭生育养育教育的法律法规政策体系基本形成”的目标，为家庭教育法律法规政策的完善提供了坚实保证。

2022 年，卫健委等 17 部门发布《关于进一步完善和落实积极生育支持措施的指导意见》，深入实施一对夫妻可以生育三个子女政策及配套支持措施，将婚嫁、生育、养育、教育一体考虑，其中提到完善和落实教育支持措施，第十四条专门提出有关家庭教育的支持措施，如进一步减轻义务教育阶段学生作业负担和校外培训负担，发挥学校教育主阵地作用，提升课后服务质量，按规定保障课后服务经费。严格落实义务教育阶段学科类校外培训收费实行政府指导价管理政策。加强非学科类校外培训监管，规范培训机构收费行为。加强对家长的家庭教育指导，树立科学育儿观念。这个文件提出创建家庭友好型社会的策略措施，为推动实现适度生育水平、促进人口长期均衡发展提供有力支撑。

## 五、我国家庭教育政策的评价

1949年新中国成立后至今，在家庭教育相关政策的推动下，我国家庭教育经历了从民间重视走向政府主导、从学校德育到社会治理、从配合工作走向协同育人、从业余学习走向专业规范的艰难历程，为我国家庭教育事业发展积累了大量的宝贵经验。

### （一）家庭教育政策的成果

#### 1. 从民间重视走向政府主导

新中国成立初期，我国虽然颁布了部分与家庭教育相关的教育教学政策，但受历史因素影响，执行并不到位。广大民众对于家庭教育的重视程度不高，并无太多关于家庭教育指导的需求。改革开放后，随着独生子女政策的实施，在家庭子女数量减少的同时，民众对于家庭教育的质量开始日渐重视，对于家庭指导的需求与日俱增。在这种情况下，家庭教育内容在各类教育政策法规中出现，是对家庭教育需求的及时反映。20世纪80年代后，党和政府将家庭教育任务交予妇联组织负责。20世纪90年代，随着家庭教育事业发展日渐壮大，家庭教育由妇联和教育部门联合负责，制定了专门性的五年计划来推进家庭教育指导工作，家庭教育在政策推动下开始由民间重视走向政府主导。时至今日，家庭教育经过四十多年的发展，在各类政策的推动下，家庭教育工作的管理体制逐步建立，队伍阵地和指导服务蓬勃发展，科学研究和实践创新成果不断涌现，全社会家庭教育水平明显提高，家长教育素质能力有效提升。

#### 2. 从学校德育到社会治理

家庭教育在我国教育类文件中最多见于德育类政策，教育部门一直将家庭教育工作归类为德育。20世纪80年代，我国教育政策就明确了家庭教育的德育属性，在多个教育法案中，都强调了家长在儿童教育中的配合作用，从学校教育的需要层面提出对家长提供家庭教育指导的必要性。在很长一段时间内，我国家庭教育与学校教育合作中都呈现出主导与配合的关系。进入21世纪后，随着育人理念的重大改革以及现代学校制度的建立，家庭教育在育人工作中的重要性及独特性在各类教育政策中得以确认。家庭教育逐渐脱离了配合学校的格局，成为相对独立的、具有一定发展特点和规律的系统。党的十八大以来，习近平总书记高度重视家庭建设问题，家庭家教家风工作得到一体化推进，家庭教育作为基层社会治理的重要手段，在民众社会规范、道德规范以及法治观念的形成上发挥独特优势。党的十九届四中全会、“十四五”规划均明确提出“要发挥家庭家教家风在基层社会治理中的重要作用”，在构建“法治、德治、自治”基层社会治理模式中，家庭教育除了最初的育德作用，更扩展到立德树人、涵养优良家风、培育良好乡风，成为社会建设的有效途径。家庭教育的内涵得到了扩展和深化，在育人的基础上，还成为建设美好生活、建设和谐社会的手段。

### 3. 从配合工作走向协同育人

由于家庭教育的长期性、私人性、个别差异性等特点，一直以来被认为是配合学校教育的一种非正规教育类型。改革开放后，家庭教育的相关政策主要出现在中小学德育文件中，在教育部门也属于德育工作范畴。家庭教育的“配合”定位对我国家庭教育事业发展影响深远。虽然自20世纪80年代后，我国教育政策法规一直将家庭教育与学校教育、社会教育并列，并强调三者相互联系，但家庭教育难以和学校教育形成一种合作关系。2016年，习近平总书记在北京市八一学校考察时发表重要讲话，在社会各界引起热烈反响。学校家庭社会密切配合并不是一个新的提法，但长期以来并没有真正做到三大类教育系统的协作，导致学校教育在育人方面不堪重负。家庭和社会中不正确的教育观念影响了学校教育的效果。如今在新时代背景下，要真正转变教育观念，在育人模式上要做深刻的变革，做好制度机制设计，沟通学校家庭社会，为三者提供密切联系合作的机会。因此，各类教育类政策都开始关注学校家庭社会的协同育人问题。家庭作为儿童成长的第一所学校，家长作为孩子的第一任老师，更需要不断接受科学的指导，与学校、社会协同育人。

### 4. 从业余学习走向专业规范

家庭教育在我国有着悠久的历史，在长期的家庭教育实践中，人们总结、积累了十分丰富的教育子女的经验，成为祖国文化宝库的重要组成部分，但长期以来，我国家庭教育一直未能得到深入的研究和广泛的传播，民众对家庭教育的认识还停留在自发自为的状态，将之视为一种生活经验。新中国成立后，家庭教育因与学校教育联系密切，开始出现在各类政策中。但家庭教育在我国真正得到重视是在改革开放之后，随着民众对家庭教育问题的关心和需求而受到广泛的关注。在各类政策的推动下，家庭教育有了专门的责任部门、专门的工作阵地、专兼职结合的工作队伍以及覆盖城乡的家庭教育指导体系。伴随而来的，还有一支逐渐发展壮大的家庭教育理论工作队伍，家庭教育学科研究也不断深入，家庭教育指导课程和教材越来越科学、正规。通过几十年的发展，家庭教育需要科学知识和技能的观念不断深入人心，家庭教育指导工作的合理性和必要性已经得到广泛的认可，现正朝着专业化方向不断迈进。

## （二）家庭教育政策存在的问题

我国家庭教育政策通过几十年的努力，对家庭教育实践起到了巨大的推动作用，并作出巨大的贡献。但同时应该看到，当前我国家庭教育实践还存在一些亟待解决的问题。例如，家长对孩子过度担心、过度保护、娇惯溺爱的现象很普遍；家庭教育内容片面，重智轻德、重知识轻能力、重读书轻实践、重书本知识学习轻生活常识学习、重智力因素轻非智力因素、重特长发展轻全面发展、重身体健康轻心理健康、重营养保健轻体育锻炼等现象比比皆是；家长对教育孩子的具体的方式方法比较关注，而对家庭教育的指导思想观念关注得很少，对于注重家风建设，给孩子创造良好的家庭生态环境的重视程度远远不够等。这些问题如果不能有效解决，将无法形成学校家庭社会协同育人的良好环境，更无法发挥对基层社会治理的重要作用。

家庭教育中以上问题的存在，一方面，与整个社会发展的大背景有关，在国际国内形势深刻变化、我国经济社会深刻变革的大背景下，由于市场经济规则、政策法规、社会治理还不够健全，受不良思想文化侵蚀和网络有害信息影响，道德领域依然存在不少问题，如拜金主义、享乐主义、极端个人主义也反映在家庭教育中，影响了家长的育儿观；另一方面，受不科学的教育评价导向影响，社会上存在唯分数、唯升学的顽瘴痼疾，也对家庭教育产生了重要冲击。家庭教育政策要直面这些问题并通过制度机制设计，推出有效的解决方案。当前，我国家庭教育政策受各方面条件限制，面临一系列挑战和问题，主要包括以下几方面。

**1. 家庭教育指导职业化、规范化程度有待加强**

家庭教育指导缺乏专门岗位和专职人员。家庭教育自20世纪80年代由妇联组织负责推进开始，就肩负起协调社会各方力量、在缺乏人力财力物力的情况下仍然要办下去的重任。妇联作为群团组织，在社会上有较强的号召力和协调力，但由于不是国家行政机关，在开展家庭教育工作时受到各种限制，家庭教育的人财物资源一直处于较为匮乏的状态，这也影响了家庭教育工作的效果。

20世纪90年代，妇联和国家教育部门开始推出《全国家庭教育工作“九五”计划》，并没有要求都配备专职干部，事实上各地开展家庭教育工作的妇联和教育部门干部多为兼职，这一工作状况一直延续至今，导致虽然家庭教育工作意义重大，但在基层却无专门科室和专职人员负责。家庭教育阵地如学校家长学校、社区家长学校或指导站都是在现有场地设备的基础上建设的，很多情况下是一个机构多挂了一个家庭教育的牌子。基层在汇报工作时，凡是与儿童少年成长、家庭相关的工作都可以归类到家庭教育中，导致家庭教育与其他相关工作边界混淆不清。

社会从业人员良莠不齐。针对家庭教育工作缺乏专业人员问题，《全国家庭教育工作“十五”计划》特别提出“积极拓宽办学渠道，鼓励支持社会力量兴办家庭教育培训指导机构，逐步建立多元化的家长学校办学体制”。由于计划并没有明确界定社会组织开展家庭教育指导服务的准入门槛，部分机构提供的服务鱼龙混杂，对家庭教育指导体系造成了一定的负面影响。《关于指导推进家庭教育的五年规划（2011—2015年）》提出“推进家庭教育职业岗位培训试点，探索建立家庭教育从业人员职业资格认证制度，提高家庭教育工作队伍职业化水平”。遗憾的是，家庭教育从业人员的职业化建设并没有取得预想效果，这与我国家庭教育理论研究薄弱、缺乏学科专业支撑、相关机构缺乏对于家庭教育专职人员的岗位设置等因素相关。当前家庭教育指导人员的培训市场较为混乱。家庭教育指导师缺乏规范化和专业性，职业素养比较薄弱，家庭教育指导师培训需要一套行之有效的培训体系。

### 2. 家庭教育科学研究落后于政策制定

我国家庭教育理论研究真正开始是在改革开放之后，在家庭教育理论工作者的努力下，初步建立了家庭教育理论体系，并组建了各类家庭教育学会和研究会，开展了很多有意义的研究工作。近年来，家庭教育的相关政策也不断加大对家庭教育理论的支持呼声，但相较于其他教育类型，力度还不够。时至今日，家庭教育仍然没有进入高校学科专业目录，研究家庭教育的理论学者也仍然处于小众、边缘的地位，与庞大的学校教育理论研究队伍无法相比。长期以来，我国家庭教育政策发布缺乏家庭教育理论研究的支持，影响了家庭教育工作开展的科学性。家庭教育政策制定的背后需要持续而深入的学理研究，还需要家庭教育政策给予高校在家庭教育学科发展、专业建设、科研经费上的大力支持，以便更好地促进家庭教育的专业化发展。

### 3. 家庭教育指导工作实施缺乏强有力的评估监测

在基层，由于家庭教育大多是兼职工作，缺乏强有力的评估指标，导致家庭教育工作的实施力度不够。家庭教育“五年规划”在“十二五”之后，有了专门独立的评估，但从“五年规划”的评估指标来看，并没有对基层家庭工作产生强有力的约束力。

为了增强家庭教育推进的动力，《关于指导推进家庭教育的五年规划(2016—2020 年)》提到将家庭教育纳入相关测评指标，如“纳入群众性精神文明创建活动和未成年人思想道德建设工作测评体系，作为评选文明城市、文明村镇、文明单位、文明家庭、文明校园和未成年人思想道德建设工作先进城市、先进单位等重要内容”等，但实际上很多地区在执行时仅仅是考察家长学校建成率、一年开展的家庭教育指导活动次数等较为单一的量化指标。在家庭教育与其他基层工作边界不清的情况下，家庭教育活动指导质量很难真实测评。即使有个别地方未完成家庭教育规划中的指标，规划中也没有规定具体的问责机制，使得家庭教育工作推动过程中缺乏强有力的执行力。

#### 4. 家庭教育未能与其他基层社会治理工作联动

党的十九届四中全会之后，家庭教育作为基层社会治理的重要手段，与家庭家风建设共同推进。目前的家庭教育政策尚未与其他社会治理类政策进行整合。此前，家庭教育主要出现在各类教育类政策中，更多地是配合学校教育的德育手段。这种对家庭教育的狭义界定窄化了家庭教育的内涵，也影响了家庭教育发挥作用的范围。家庭作为社会最基本的细胞，家庭生活作为对人类成长影响最持久的环境，家庭作为人生的第一所学校，可以在培养时代新人、建设和谐社会中发挥更大的作用。

### （三）我国家庭教育工作的未来展望

面向未来，家庭教育政策要认真汲取家庭教育理论研究的最新成果，立足我国国情，科学地做好制度机制设计，健全职责分工，形成与科学研究的良性互动，促进家庭中立德树人，发挥在社会治理中的更大作用。

#### 1. 提高家庭教育工作专业化水平

设立家庭教育专门机构和专门岗位。确立家庭教育的法律地位，明确父母的职责和有关部门的责任，规范家长的家庭教育行为和家庭教育指导行为。在社会组织机构中设立家庭教育相关部门和相关人员配置，通过专人专岗促进家庭教育工作规范化发展。坚持将家庭教育指导作为普惠性公共服务来发展，确保家庭教育指导的科学性和广泛性。家庭教育促进法第六条规定“县级以上人民政府负责妇女儿童工作的机构，组织、协调、指导、督促有关部门做好家庭教育工作”，明确了负责推动家庭教育的机构即妇儿工委，但很多地区的妇儿工委与妇联由于人员编制不足，存在“一套队伍，两块牌子”的情况，也会在一定程度上影响家庭教育指导机构的协调管理能力。如何实现负责家庭教育指导机构的责权统一，如何确保基层专业人员来推进工作，是家庭教育指导服务体系建设的关键。

推动家庭教育工作职业化和专业化。家庭教育职业化是指确认家庭教育指导人员的职业地位，规范职业从业知识和技能要求，发布职业标准，开展各类教育培训，促进职业发展的规范性。家庭教育专业化是指在职业化基础上进行的、使家庭教育职业符合专业标准、成为专门职业并获得相应专业地位的过程。家庭教育作为一种具有特定发展规律的学问，其工作的复杂程度要求人员必须接受正规而系统的高等教育。通过家庭教育职业化和专业化，精心打造家庭教育专业指导从业队伍，提升家庭教育科学研究和指导服务水平。2022 年 9 月，人力资源和社会保障部将“家庭教育指导师”纳入新版《中华人民共和国职业分类大典》。2023 年 9 月，人力资源和社会保障部在其技能人才评价工作网对《家庭教育指导师国家职业技能标准》进行公示征求意见。2024 年，《家庭教育指导师国家职业技能标准》通过终审。《家庭教育指导师国家职业技能标准》公布后，如何做好标准的宣传解读、标准和职业等级认定等工作，将是家庭教育指导师职业化、规范化发展的关键因素。

### 2. 健全家庭教育工作的职责分工

目前，各级妇联和教育部门共同作为家庭教育指导的牵头单位来组织、协调工作。各级妇联组织作为第一牵头单位，自 20 世纪 80 年代开始就在各方面条件都极其匮乏的情况下，积极调动全社会资源，为我国家庭教育事业发展作出了巨大贡献。在阵地建设方面，妇联主要负责社区家庭学校的家庭教育指导，教育部门主要负责学校家庭教育指导。在家校社协同共育的背景下，学校家庭教育与社区家庭教育之间关系密切，学校作为社区内的教育组织，也是社区家长学校的主要教育资源。社区作为自治组织，可以在辖区范围内协调各方可以利用的教育资源，与学校教育形成共育。

妇联通过家庭教育工作推进基层社会治理。家庭教育是妇联组织的传统工作领域。妇联拥有良好的家庭教育工作网络和社区家庭教育指导经验，家庭教育工作是提升妇联组织参与基层社会治理能力的重要抓手。妇联作为群团组织，与权力机关不同，缺乏行政制约力，这是开展家庭教育工作的劣势。但从群团组织的特点来看，可以充分发挥其“联”字优势，协调国家、社会、市场各种力量，满足家庭建设的多方面需求，并以系统工程方式来推进家庭工作。以“家家幸福安康工程”为例，借助妇联强大的社会资源网络，调动社会多元主体参与家庭家教家风建设工作。可以说，妇联所开展的家庭教育工作有以下三个特点：一是协调能力强、协作范围广；二是家庭家教家风一体化推进，拓展了家庭教育的内涵和外延；三是充分发挥了广大妇女在家庭教育中的优势，与国家权力机关推动家庭教育模式相比具有一定的“柔性”，其广泛的群众性可以有效带动广大民众经营好家庭生活、建设好家庭关系、涵养好家风、传承家庭美德，重视和学习家庭教育知识，建设社会主义家庭文明新风尚。

教育部门应在家庭教育指导工作中发挥更大作用。家庭教育在本质上是对人产生积极正面影响的活动，开展工作需要专业队伍，也需要一定的场地设施和活动经费。与学校教育不同，家庭教育具有非正规性，缺乏学校教育的系统性、组织性和计划性。为了提高家庭教育效果，学校可以利用专业师资和场地，为家长提供指导。教育部门作为政府权力机关，对学校和幼儿园具有行政制约力，拥有接受过专业训练的指导队伍，在推进家校合作方面具有优势，应通过家庭教育政策转化为有效的制度机制，与学校教育进行无缝衔接，通过共育实现少年儿童的健康成长。

### 3. 支持家庭教育学科和专业发展

改革开放后，家庭教育研究开始恢复。在家庭教育理论系统建构的同时，出现了大批优秀的家庭教育研究成果。国家以及省级家庭教育学会或研究会每年都会发布课题基金通知，支持和鼓励理论研究者开展家庭教育理论与实践亟待解决的重大问题。此外，全国妇联、教育部、关工委等部门也组织开展了诸多家庭教育的重要研究工作，为推进家庭教育工作提供了理论支持和决策参考。但家庭教育的相关成果与其他主流学科相比，其数量和质量还存在着较大差距。政府应对家庭教育研究增加项目经费的支持力度，引导学术界重视家庭教育问题，推进跨学科研究。

家庭教育学科专业发展是影响家庭教育工作职业化和专业化的关键因素。当前，部分关于家庭教育的政策提到在人才培养、学科设置、继续教育等方面积极鼓励和支持家庭教育专业化发展；支持有关学位授予单位综合考虑本单位学科基础、人才培养条件和社会需求等因素，在“教育学”

一级学科下，自主设置“家庭教育学”二级学科，开展研究生人才培养工作；支持和鼓励有条件的高校积极申报“家庭教育”本科专业，开设家庭教育相关课程等。总体看，家庭教育的人才培养工作远远落后于实践需要。家庭教育至今仍没有进入本科专业目录，从事家庭教育工作的人员缺乏系统化的专业指导，能够培养家庭教育方向的研究生也凤毛麟角，导致家庭教育研究的高端人才匮乏。未来的家庭教育政策应加大对学科和专业支持的力度。

### 4. 家庭教育与基层其他工作相结合

目前，家庭教育已经突破了狭义的亲职教育范畴，成为社会治理的重要抓手，要从弘扬中华民族传统美德、传承红色基因、加强社会主义精神文明建设的高度认识家庭教育。相应地，家庭教育政策也要与其他社会治理政策相结合，与基层各类治理主体相结合，将家庭教育作为社会规范、道德规范及法治观念建设的有力手段。

家庭教育促进基层德治。家庭教育的根本任务是立德树人。通过家庭美德和个人品德教育，在家庭中引导未成年人践行助人为乐、见义勇为、诚实守信、敬业奉献、孝老爱亲等美德善行，倡导科学健康文明的生活方式，让社会主义核心价值观在家庭中落地生根，通过每一个小家庭的道德建设推动形成良好的社会风尚和社会秩序。

家庭教育促进基层自治。家庭教育的核心是品德教育，推动家庭成员自我约束、自我管理、自我规范。如今，很多居民公约、村规民约顺利实施的基础在于居民家庭生活的良好自治。广大家庭都能传承尊老爱幼、男女平等、夫妻和睦、勤俭持家、邻里互助的家庭美德，形成爱国爱家、相亲相爱、向上向善、共建共享的社会主义家庭文明新风尚，基层社会治理中的一些矛盾纠纷也能随之化解。

# 第七章　中国家庭服务政策的发展概况

## 一、家庭服务政策发展的规律

广义的家庭服务涵盖了所有以家庭为对象，通过向家庭提供服务以满足家庭需求的实践。这里的服务既涵盖了有偿或低偿的营利性服务，也涵盖了作为公共服务的非营利性服务；既包括家政服务、病患陪护、保健服务、维修服务、家庭教师等满足家庭工具性生活需求的服务，也包括家庭咨询、家庭教育、家事调解等满足家庭情感性和关系性需求的服务。狭义的公共服务意义上的家庭服务，是指以家庭为对象，对因社会或家庭成员方面的原因而陷入困境的家庭开展专业性服务的实践，其目的在于协助家庭解决家庭问题，改善日常家庭生活，提升家庭能力，促进家庭关系和谐和家庭功能的正常发挥，内容包括家庭救助、家庭咨询、家庭生活教育、家事调解、资源支持以及家庭生活服务等。在欧美一些国家，通常用家庭服务代表家庭社会工作。从现代社会导致家庭问题的主要原因出发，家庭服务一般从改善环境支持、改善家庭关系和增强家庭抗风险能力等方向着力开展工作。

20 世纪 80 年代以来，伴随我国由传统农业社会向现代工业社会的快速转型，作为初级社会组织和基本社会制度的家庭发生了重大变化。在中国社会进行工业化、城市化、现代化的过程中，受经济发展、人口流动、人口政策、社会政策以及大众传媒的影响，普通人的家庭生活和家庭观念受到了多方面冲击，家庭功能、家庭结构、家庭关系也在不断地发生转变，并引发了诸多家庭问题，客观上产生了对家庭服务的需求。

依据公共政策和社会政策的概念界定框架，给出家庭服务政策的概念。家庭服务政策是国家和政府在其价值追求、执政理念和施政目标指导下，为使个人能够行使其在家庭中的角色或使家庭能够发挥正常功能而专门制定的各类和家庭服务相关的法律、法规、规章以及各类文件的总和。家庭服务政策规定了政府、市场、社会以及家庭在家庭服务事务中的责任分工，即家庭服务的主体；规定了不同类型家庭服务的对象和受益人群范围，即家庭服务的对象；规定了家庭服务的资源类型和筹资渠道，即家庭服务的资源调动；规定了采用何种方式提供相应的家庭服务，即家庭服务的运行机制；规定了家庭服务政策实施的保障条件。由此可见，家庭服务政策是家庭服务有效开展的基本制度依据和保障。

新时期，一方面，人口快速老龄化、生育政策的调整、婚恋观念的转变以及社会竞争的加剧等，客观上催生新的家庭压力和家庭问题，使得婴幼儿哺育、老年人照护、双薪家庭的儿童照料、婚恋辅导、家庭教育指导、家庭关系调适以及家事调解等成为城乡家庭的普遍需求，进而对常规化、制度化的家庭服务供给提出更高要求；另一方面，党和国家对解决家庭问题、促进家庭福利和增强家庭功能给予了前所未有的重视，《社会救助暂行办法》《中华人民共和国反家庭暴力法》《中华人民共和国民法典》的颁布和实施，《中华人民共和国未成年人保护法》《中华人民共和国预防未成年人犯罪法》的修订，《中华人民共和国家庭教育促进法》的出台，《中国儿童发展纲要（2021—2030 年）》《中国妇女发展纲要（2021—2030 年）》的颁布，以及《关于做好婚姻家庭纠纷预防化解工作的意见》《国务院办公厅关于促进 3 岁以下婴幼儿照护服务发展的指导意见》《关于加强新时代婚姻家庭辅导教育工作的指导意见》等各类和家庭服务相关的政策文件的制定出台，无不说明这一点。

基于以上背景，梳理新中国成立后家庭服务政策发展脉络，总结家庭服务政策发展规律，并在此基础上提出未来家庭服务政策方向和路径，对于支持家庭、保障家庭成员各项权利、实现家庭发展与国家繁荣、社会进步的齐头并进，具有重要的社会意义。

## 二、家庭服务政策的历史回顾

依据政策主体、对象、资源调动情况和运行机制等标准，可以大致将我国家庭服务政策的发展划分为两个阶段，即改革开放前以国家保障为基础的单位制—人民公社制下的城乡二元分隔的家庭服务政策和改革开放后国家主导下迈向制度化、规范化、均等化的家庭服务政策。

### （一）改革开放前以国家保障为基础的城乡二元分隔的家庭服务政策

1949年中华人民共和国成立后，伴随1952年新民主主义革命任务的完成，我国开启了把生产资料私有制改为社会主义公有制的三大改造工作。这一过程在农村通过农业合作化、集体化，在城市通过手工业合作化、资本主义工商业公私合营加以推进，并最终完成社会改造。在此基础上，城市的单位制和农村的人民公社制先后建立起来，并在之后的二十多年中分别承担起了城市和乡村思想教育、政治动员、经济生产、生活组织以及福利保障的综合性作用。1958年，《中华人民共和国户口登记条例》通过并实施后，城乡社会被分隔为两个完全不同的体系，分别在单位制和人民公社制两条轨道上运行，并由此决定了城乡居民在相差悬殊的家庭服务政策体系下获得完全不同的家庭服务。

在城市中，与单位制确立相伴生的，是明确由企业、机关和事业单位承担社会再生产职能的家庭服务政策的出台。1950年颁布实施的《中华人民共和国工会法》，1951年发布施行、1953年修正的《中华人民共和国劳动保险条例》，1953年发布的《中央人民政府财政部、人事部关于统一掌管使用多子女补助费与家属福利费等问题的联合通知》，1954年发布的《中央人民政府政务院关于各级人民政府工作人员福利费掌管使用办法的通知》等法律、法规和文件，先后明确了城市工矿企业、机关、事业单位工作人员的职工福利、工伤待遇、医疗待遇、养老待遇、生育待遇、死亡待遇、家属生活补助费、家属医药补助费、多子女补助等费用等与家庭生活相关的费用支出的来源及保障水平。这是家庭服务政策制定和实施的经济基础，即以国家为责任主体，覆盖国家机关和企事业单位工资制、供给制职工的福利保障体系。

在农村，在农业生产互助合作运动的基础上，普遍建立了人民公社，并成为落实农村家庭服务政策的主要载体。在1954年《中国共产党中央委员会关于发展农业生产合作社的决议》、1956年《高级农业生产合作社示范章程》、1958年《中共中央关于在农村建立人民公社问题的决议》的基础上，1958年12月19日，中国共产党第八届中央委员会第六次全体会议通过了《关于人民公社若干问题的决议》，明确了人民公社的性质“是我国社会主义社会结构的工农商学兵相结合的基层单位，同时又是社会主义政权组织的基层单位”“是人民的生产和生活的组织者”；强调党和国家对人民公社的绝对领导和管理，指出“办好人民公社的根本问题是加强党的领导”“人民公社的生产、交换、消费和积累，都必须有计划。人民公社的计划应当纳入国家的计划，服从国家的管理”；具体指明了党如何领导人民公社，即“党在领导公社工作的时候，必须注意全面地抓思想、抓生产、抓生活，必须关心人，纠正那种见物不见人的倾向”，同时强调要坚持民主集中制的组织原则。人民公社制与1958年年初颁布实施的《中华人民共和国户口登记条例》共同构成了农村家庭服务政策制定和实施的社会背景。

这一阶段，受20世纪60年代开始的为期十多年的政治运动的影响，与其他社会政策一样，家庭服务政策主要在运动开始前的阶段发挥了积极作用，包括家庭支持服务政策、母婴保健服务政策以及宣传贯彻《中华人民共和国婚姻法》政策等。

### 1. 家庭支持服务政策

受到新中国成立初期鼓励和推动妇女积极投身社会主义建设背景的影响，托幼政策与托幼服务构成了这一时期家庭服务政策的主体。1952年颁发的《幼儿园暂行规程（草案)》中明确规定幼儿园的任务之一是“减轻母亲养育幼儿的负担，使母亲有时间参加政治生活、生产劳动、文化教育活动等”，为了实现这一宗旨，规定幼儿园“以整日制为主，根据需要也可办寄宿制或季节性幼儿园，以不放寒暑假为原则”。1955年1月，国务院发布教育部《关于工矿、企业自办中、小学和幼儿园的规定》，提出

“工矿企业根据需要与可能的原则，独立或联合创办职工子女中、小学和幼儿园”。1956年2月，内务部、教育部、卫生部发布《关于托儿所、幼儿园几个问题的联合通知》，进一步强调发挥托幼服务为妇女参加生产劳动和社会工作创造条件的重要作用。1958年《中共中央关于在农村建立人民公社问题的决议》指出，“要办好托儿所和幼儿园，使每一个孩子比在家里生活得好、教育得好，使孩子们愿意留在那里，父母也愿意把孩子放在那里。父母可以决定孩子是否需要寄宿，并且可以随时把孩子领回，为了办好托儿所和幼儿园，公社必须大量培养托儿所和幼儿园的合格的保育员和教师”。1958年12月，党的八届六中全会通过的《关于人民公社若干问题的决议》指出“公社适应广大群众的迫切要求，创办了大量的公共食堂、托儿所、幼儿园、敬老院等集体福利事业，这就特别使得几千年来屈伏在锅灶旁边的妇女得到了彻底的解放而笑逐颜开”。在政策的大力支持下，城乡公共托幼机构都得到了飞速发展，1957年全国幼教机构有16400处，1958年猛增至695300处，1960年又增至785000处。入园幼儿从1959年的217万人增至1960年的2930万人。[①]

除了通过大举兴办托幼事业支持家庭，这一时期还在农村提出发展公共食堂、敬老院以及其他生活服务，通过家务劳动社会化减轻家庭的负担，支持妇女参与社会主义农业大生产。1958年《中共中央关于在农村建立人民公社问题的决议》指出，“要办好公共食堂。要保证所有的社员吃得饱、吃得好、吃得干净卫生，并且适合民族习惯和地方习惯……对老人、小孩、病人、孕产妇和哺乳的母亲，在伙食上要给以必要和可能的照顾，并且可以允许某些社员在家做饭吃……”，“要办好敬老院，为那些无子女依靠的老年人（‘五保户’）提供一个较好的生活场所”。“积极办好公共食堂和饮食服务行业，可以减轻广大职工群众为吃饭问题而花费的时间。我们要支持有关部门，兴办各种类型的食堂和主、副食品加工工业，并促进这些行业的半机械化和机械化。积极推广有利生产、方便生活的缝纫组、洗衣房、代销店和各种生活服务事业，努力减轻家务负担”。[②]

---

① 和建花：《托幼公共服务与妇女发展研究》，中国妇女出版社，2018，第76页。

② 新时期中国妇女运动的崇高任务——在中国妇女第四次全国代表大会上的工作报告，网址链接：https://www.women.org.cn/art/2016/3/18/art_47_13023.html

国家机关、工矿企业、街道以及公社组织的托幼服务，不仅帮助妇女解决了参加工作、生产和抚育儿女的矛盾，解放了妇女劳动力、保障了妇女健康，而且为家庭提供了支持，促进了家庭和睦。然而，与托幼服务政策取得了较为积极的效果不同，由于大大超越了历史发展阶段，农村人民公社的公共食堂、敬老院以及其他生活服务设施都没能维系下去。这进一步说明了符合社会发展历史规律、人民需要以及经济发展水平的家庭服务政策更容易取得成功；反之，违背发展规律的家庭服务政策，即便有其进步意义，也很难维系下去。

但总体来说，这一时期通过包括育儿在内的家务劳动社会化来支持家庭、解放妇女的探索，无疑具有重要的历史意义。直到 1978 年，全国妇联依然在强调家务劳动社会化对于解除职工的后顾之忧、全力投入社会经济发展事业以及保证劳动者身心健康的重要性，“妇联组织要积极协助和支持有关部门，采取切实有力的措施，逐步‘把琐碎家务普遍改造为社会主义大经济’，帮助广大男女职工和男女社员，解除后顾之忧，集中精力大干社会主义，有更多的业余时间学习政治理论和文化科学知识，并得到适当休息和娱乐，保障劳动者的身心健康”，[①] 并认为“哺乳室、托儿所、幼儿园等幼托事业，是实现家务劳动社会化的重要方面”，所以要“和有关部门一道，把这一伟大的事业认真办好”。[②] 不无可惜的是，在改革开放后的经济体制改革过程中，这一主张长期被忽略，包括照料劳动在内的家务劳动再次私人化、市场化，并由此导致家庭尤其是妇女负担加重。

### 2. 母婴保健服务政策

母婴保健服务政策是这一时期家庭服务政策的另一主要内容。新中国成立之初，受国家总体的医疗卫生事业发展状况限制，大多数孕妇都是在家里由接生婆接生，不仅无法保证分娩过程中的卫生，而且生产过程中出

① 新时期中国妇女运动的崇高任务——在中国妇女第四次全国代表大会上的工作报告，网址链接：https://www.women.org.cn/art/2016/3/18/art_47_13023.html

② 同①。

现风险时救治措施极为有限，产后的护理条件也非常艰苦。[①]因此，当时家庭分娩的孕产妇和新生儿的死亡率都非常高[②]。在此背景下，国家将母婴保健工作作为新中国成立初期的重要工作，并通过多项举措改善妇女生产条件、保障新生儿成活率。首先，明确卫生部门为城乡妇女提供安全卫生的生产服务、保障母婴生命安全的职责。为了保障母婴卫生和安全，1953年之前，全国设立接生站、妇幼保健站及产科医院将近三万处；训练和改造接生员二十六万九千余名，并提倡新法育儿及普遍接种牛痘；等等。[③]其次，要求妇联组织配合卫生部门大力宣传儿童保育和母婴卫生常识，保护母婴健康，[④]在1953年中国妇女第二次全国代表大会上，邓颖超代表全国妇联要求“妇联应积极协助有关部门，继续开展妇幼卫生工作，增进妇女儿童的健康”。[⑤]再次，对于企事业单位职工，除了劳动保险条例的生育待遇规定了女职工在产前产后带薪休假五十六天和职工或职工家属生育可以领到生育补助金外，有些工厂出于保护女职工健康的考虑，还为孕妇提供了产前产后检查服务。[⑥]经过这些努力，到1958年时，婴儿死亡率已由新中国成立初的200‰下降为70.3‰，同时，一些大城市如北京、南京的产妇产褥热几乎已无死亡病例[⑦]。

此外，国家开始号召广大人民进行有计划的、科学的生育，并积极开展宣传教育活动。1954年12月27日，刘少奇在召集国务院第二（文

---

① 贺萧（Gail Hershatter）《记忆的性别》一书对新中国成立前以及新中国成立初期妇女尤其是农村妇女痛苦的生产经历有丰富的描述。

② 2019年，国家卫生健康委员会主任马晓伟在庆祝中华人民共和国成立70周年活动第二场新闻发布会上的发言介绍，新中国成立之初，孕产妇死亡率高达1500/10万，婴儿死亡率高达200‰。网址：https://baijiahao.baidu.com/s?id=1645981436003511806&wfr=spider&for=pc

③ 四年来中国妇女运动的基本总结和今后任务——在中国妇女第二次全国代表大会上的工作报告，网址链接：https://www.women.org.cn/art/1953/4/16/art_45_13017.html

④ 同③。

⑤ 新时期中国妇女运动的崇高任务——在中国妇女第四次全国代表大会上的工作报告，网址链接：https://www.women.org.cn/art/2016/3/18/art_47_13023.html

⑥ 同③。

⑦ 《五年来我国卫生事业大发展——人民卫生状况和医疗条件有显著改进》，《上海中医药杂志》1958年2月号。

教）办公室、卫生部、轻工业部、商业部、中共中央宣传部、中华全国民主妇女联合会等单位负责人座谈节制生育问题时，作了《提倡节育》的总结讲话，明确了党提倡节育的立场，并就节育宣传、堕胎和绝育的具体规定、避孕药品与器具的供应机制等谈了看法。1955 年，卫生部向中央提交了《中央卫生部党组关于节制生育问题向党中央的报告》，对以上问题给出了回应。对于这一报告，中共中央批示“赞成适当地节制生育”，并要求“适当地宣传党的这项政策，使人民群众对节制生育问题有一个正确的认识”。[①] 全国妇联积极参与了提倡节育的群众宣传教育工作。在 1957 年中国妇女第三次全国代表大会报告中，全国妇联指出“提倡人民群众根据自己的愿望、自己的条件，有计划地生育”，并提出科学指导下的避孕优先的方法，“要实行计划生育，坚持避孕是最主要的办法；只有在不得已的情况下，才采用人工流产。实行避孕可以采取当前行之有效而又对身体无害的各种办法，不要乱服未经鉴定的偏方，以免造成不良的后果”。[②]

### 3. 宣传贯彻婚姻法政策

该时期的家庭服务政策还包括宣传贯彻婚姻法的政策。1950 年，我国颁布了新中国的第一部法律——《中华人民共和国婚姻法》，对新中国的婚姻制度作出了规范，为新型家庭关系的确立提供了基础。《中华人民共和国婚姻法》施行后，很多旧社会受压迫的妇女的婚姻权利得到主张，但与此同时，很多地区尤其是农村地区，包括包办婚姻、买卖婚姻、童养媳、干涉寡妇再嫁等损害妇女婚姻自由权利的情况依然存在[③]。在此背景下，1952 年 11 月 26 日，中共中央发布《中共中央关于贯彻婚姻法的指示》，决定将 1953 年 3 月作为宣传贯彻《中华人民共和国婚姻法》运动月，并出台了系列政策文件，为 1953 年 3—5 月在全国范围内（民族地区和未完成土地改革的地区除外）集中开展相关普法宣传活动提供依据和保障。这些政策文件包括 1953 年《中央人民政府政务院关于贯彻婚姻法的

---

① 《中共中央对卫生部党组关于节制生育问题的报告的批示》。

② 勤俭建国、勤俭持家，为建设社会主义而奋斗——在中国妇女第三次全国代表大会上的工作报告，网址链接：https://www.women.org.cn/art/1957/9/9/art_46_13020.html

③ 贺萧（Gail Hershatter）《记忆的性别》一书对此也有详细的记录。

指示》《中共中央关于贯彻婚姻法运动中采用宣传教育材料的通知》《贯彻婚姻法宣传提纲》《中央人民政府法制委员会有关婚姻问题的若干解答》等。经过发动、试点、纠偏、铺开、结束五个阶段的运动[①]，新的婚姻和家庭关系得到发展和巩固。

基层尤其是农村地区妇联组织和妇女干部在宣传贯彻《中华人民共和国婚姻法》过程中，发挥了巨大作用。贺萧在《记忆的性别》一书中对此进行了细致而形象的记录。全国妇联1957年和1978年的工作报告也留存了关于这一工作的记录，“我们党、政府、人民团体正在加强婚姻指导工作，继续提倡青年男女把婚姻关系建筑在男女平等、思想一致、共同劳动、互敬互爱的基础上。对于那残存的封建的包办强迫、买卖婚姻和早婚恶习，我们是坚决反对的；我们不断提倡作父母长辈的人，再不要包办儿女的婚姻。我们不断说服青年人要珍爱自己已经获得的婚姻自主权利，尤其要善于爱惜宝贵的青年时代，树立社会主义的事业心，集中精力学习政治，学习文化，学好劳动的本领，为建设社会主义贡献更大的力量；适当地晚一些结婚，避免早婚的害处”。[②]“要用社会主义思想正确对待婚姻恋爱”“把家庭建成革命的民主的和睦的新家庭”“革命的民主的和睦的新家庭，就是要求每一个家庭成员具有社会主义觉悟，爱劳动，爱学习。家庭成员之间，在政治上互相关心，共同提高，在工作上互相帮助，互相支持，在生活上互相照顾。要勤俭持家，计划开支。实行男女平等，合理分担家务。尊敬体贴老人，共同抚育子女。有事共同商量，发生矛盾，民主讨论解决。要彻底破除封建主义的家长作风和资产阶级的利己主义思想”[③]。

通过宣传贯彻《中华人民共和国婚姻法》运动，宣传了“男女平等、婚姻自由、一夫一妻”的婚姻家庭观念，旧社会的婚姻陋习和畸形的家庭

---

① 王玉强：《1953年宣传贯彻〈婚姻法〉运动月研究》，《当代中国史研究》2016年第5期。

② 勤俭建国、勤俭持家，为建设社会主义而奋斗——在中国妇女第三次全国代表大会上的工作报告，网址链接：https://www.women.org.cn/art/1957/9/9/art_46_13020.html

③ 新时期中国妇女运动的崇高任务——在中国妇女第四次全国代表大会上的工作报告，网址链接：https://www.women.org.cn/art/2016/3/18/art_47_13023.html

关系在民间的舆论合法性受到挑战，广大人民尤其是妇女的婚恋权利获得一定保障，为新的社会主义婚姻家庭制度的建立扫平了道路。

### （二）改革开放后国家主导下迈向制度化、规范化、均等化的家庭服务政策

改革开放后，在经济体制改革不断深入的大背景下，农村人民公社制和城市单位制先后解体。一方面，改革过程中城乡社会都不断出现新的家庭问题和家庭需求；另一方面，原有的城乡家庭服务体系已经瓦解，而新的服务体系尚未建立起来。因此，这一阶段家庭服务政策的发展表现出通过制度化建设不断回应城乡社会新出现的家庭问题和需求的总体特征。与此同时，伴随经济快速发展和人民公平诉求的增长，政策决策和组织实施主体开始越来越重视家庭服务政策的规范化和均等化。

#### 1. 家庭救助服务政策

改革开放后，在解决经济体制改革过程中新出现的城乡贫困家庭问题的过程中，家庭救助服务政策体系越来越完善。既包含了传统的针对农村“五保户”的救助政策，又先后发展了城市最低生活保障制度、农村最低生活保障制度以及其他诸如灾害救助、医疗救助、教育救助、住房救助、就业救助、临时救助的专项救助。救助项目不断增加，救助覆盖范围不断扩大，救助水平不断提升；此外，救助服务理念越来越人性化，服务流程越来越明晰，服务主体的专业化程度越来越高。

（1）农村家庭救助服务政策

从农村的家庭救助服务政策来讲，国家一方面不断完善原有的针对“五保户”的救助政策，另一方面为更多由于各种原因而导致生活陷入困境的家庭制定了新的救助政策。

计划经济时期，我国农村的家庭救助主要以“五保户”为对象，即无劳动能力、无生活来源、无法定赡养人（或者虽有法定扶养义务人，但是扶养义务人无扶养能力的）的老年人、残疾人和未成年人，保障的内容包括保吃、保穿、保住、保医、保葬（孤儿为保教），实施的主体为农村集体组织，资源调动主要依靠集体经济。

1994 年，国务院颁布《农村五保供养工作条例》，对供养对象、供养内容、供养标准、资源调动、实施主体、供养形式等进行了规定。除了延续计划经济时期的服务对象、内容之外，明确规定“五保供养的实际标准，不应低于当地村民的一般生活水平”“五保供养所需经费和实物，应当从村提留或者乡统筹费中列支，不得重复列支；在有集体经营项目的地方，可以从集体经营的收入、集体企业上交的利润中列支”。在供养形式方面，提出根据当地经济条件，灵活决定集中供养或分散供养。

2006 年，国务院公布了新的《农村五保供养工作条例》，在 1994 年条例的基础上，根据经济社会条件变化，对资源调动、实施主体、供养形式等方面的内容进行了扩充或调整，同时增加了服务流程的相应规范。新条例规定五保户的供养标准“不得低于当地村民的平均生活水平，并根据当地村民平均生活水平的提高适时调整”。在实施主体方面，由原来的村集体负责调整为国家和政府承担起主要责任，村民委员会协助开展工作，鼓励社会组织和个人提供捐助和服务。在资源调动方面，由原来的村提留、乡统筹费或集体经营收入列支，调整为主要由地方人民政府财政预算解决，集体经营收入补充，困难地区由中央财政补助。在供养形式方面，还是分供养服务机构集中供养和在家分散供养两种，但明确规定“集中供养的农村五保供养对象，由农村五保供养服务机构提供供养服务；分散供养的农村五保供养对象，可以由村民委员会提供照料，也可以由农村五保供养服务机构提供有关供养服务”。此外，新条例对于申请审批服务流程作出了明确规定，包括个人申请或村民小组／村民代为申请—村民委员会民主评议—本村范围内公告—报送评议意见和相关材料到乡／民族乡／镇人民政府审核—乡／民族乡／镇人民政府自收到评议意见之日起 20 日内给出审核意见—将审核意见和有关材料报送县级人民政府民政部门审批—县级人民政府民政部门自收到审核意见和有关材料之日起 20 日内作出审批决定—对批准给予待遇的发给《农村五保供养证明》，对不符合条件不予批准的，给出书面说明理由。

2010 年，民政部发布《农村五保供养服务机构管理办法》，并于 2011 年 1 月 1 日起开始实施。该办法对农村五保供养服务机构的性质、规划与建设、服务对象、供养内容、内部管理、工作人员、经费保障、法律责任等作出了明晰而细致的规定，为农村五保供养服务机构的健康发展提供了制度保障。

除了针对“五保户”的家庭救助政策，进入21世纪后，国家逐渐探索并建立了针对农村一般贫困家庭的救助政策，即农村居民最低生活保障制度。农村居民最低生活保障是对农村家庭人均纯收入低于当地最低生活保障标准的家庭，按当地最低生活保障标准给予救助的制度，是在计划经济时期农村特困群众定期定量生活救济制度的基础上逐步发展和完善的一项社会救助制度。2002年，党的十六大提出“有条件的地区探索建立农村低保制度”。2005年，党的十六届五中全会提出建设社会主义新农村，农村经济社会发展步入快车道。2007年，中共中央1号文件《中共中央、国务院关于积极发展现代农业扎实推进社会主义新农村建设的若干意见》明确要求，“在全国范围建立农村最低生活保障制度，各地应根据当地经济发展水平和财力状况，确定低保对象范围、标准，鼓励已建立制度的地区完善制度，支持未建立制度的地区建立制度，中央财政对财政困难地区给予适当补助”，为在全国农村普及最低生活保障制度提供了强大推动力。2007年，国务院发布《关于在全国建立农村最低生活保障制度的通知》，对建立制度的意义、目标和总体要求、保障标准和对象范围、组织管理、资金来源以及保障条件等作出了较为全面的规定，直接促进了农村最低生活保障制度在全国的全面推开实施。《关于在全国建立农村最低生活保障制度的通知》中明确指出农村最低生活保障对象以家庭为操作单位，为家庭年人均纯收入低于当地最低生活保障标准的农村居民。2011年，民政部发布《关于进一步规范农村最低生活保障工作的指导意见》，针对农村最低生活保障制度实施过程中出现的问题给出了规范意见。该意见要求在坚持“保基本、可持续、重公正、求实效”方针的基础上，提高政策执行的规范化水平，从而提升制度的实际效益。该意见指出规范的内容包括对象范围，保障标准，资金管理，审核、审批、发放程序以及工作要求等，并对家庭经济状况调查、村级民主评议、社会公示、动态管理等重点工作环节的工作要点进行了特别强调。农村居民最低生活保障制度经历了由初步建立到不断完善的过程。

（2）城市家庭救助服务政策

改革开放后，城市家庭救助服务政策的发展与国有企业改制和单位制解体密切相关。在计划经济时期，城市的单位既是生产组织和工作单位，又承担了生活保障机构的职能，国家机关、企事业单位职工的家庭服务事项主要以职工生活福利的形式由单位解决。改革开放后，大刀阔斧的国有企业改制，在活跃市场、激活竞争、提升组织绩效的同时，也在“减员增效”中制造了失业人群和新的城市贫民，并由此威胁到了改革的持续推进和执政党的合法性。在此背景下，作为深化国有企业改革的“减震装置”，针对城市贫困家庭的最低生活保障制度出台。

1999 年，国务院发布《城市居民最低生活保障条例》，对保障对象、保障原则、管理和服务主体、资金来源、保障标准、申请审批流程、相关法律责任等作出了规定。在保障对象方面，明确指出以家庭为计算单位，是共同生活的家庭成员人均收入低于当地城市居民最低生活保障标准的持有非农业户口的城市居民；并明确了收入是指共同生活的家庭成员的全部货币收入和实物收入，优抚对象按照国家规定享受的抚恤金、补助金除外。在服务方针方面，与当时的很多社会政策一样，秉持以个人和家庭作为主体的“小政府”原则，坚持只保障基本生活，并强调“坚持国家保障与社会帮扶相结合、鼓励劳动自救”。在管理和服务主体方面，除了民政部门等政府相关部门，居民委员会根据管理审批机关的委托，承担城市居民最低生活保障的日常管理、服务工作。在服务流程方面，采取申请—审批制，并明确了管理审批机关为对申请家庭作出客观的需求评估，有权利“通过入户调查、邻里访问以及信函索证等方式”对申请人进行家计调查。此外，该条例对于骗保情形的处罚作出了规定，即“由县级人民政府民政部门给予批评教育或者警告，追回其冒领的城市居民最低生活保障款物；情节恶劣的，处冒领金额 1 倍以上 3 倍以下的罚款”。

1999 年出台的《城市居民最低生活保障条例》，为之后国家针对一般贫困家庭开展家庭救助服务提供了参考。该条例在保障对象、管理和服务主体、服务流程、运作机制、监督机制以及实施保障条件等方面的有益探索，为后来农村最低生活保障制度的建立和城乡统筹的社会救助制度的发展提供了宝贵经验。

（3）趋于城乡统一的家庭救助服务政策

党的十八大以来，在全面建成小康社会目标的指引下，政府的家庭救助服务政策发展迈上了新台阶，政策的规范化程度不断提升，政策保障项目不断增加，覆盖范围不断扩大，政策参与主体和运作机制越来越多元，城乡政策制定和实施的基本规范越来越趋于统一。

2012年，国务院发布《关于进一步加强和改进最低生活保障工作的意见》，在坚持应保尽保、公平公正、动态管理、统筹兼顾等基本原则的基础上，提出在完善保障对象认定条件、规范审核审批程序、建立救助申请家庭经济状况核对机制、加强保障对象动态管理、健全保障工作监管机制、建立健全投诉举报核查制度、建立最低生活保障与其他社会救助制度的有效衔接等方面加强和完善工作。

2014年，国务院颁布《社会救助暂行办法》（2019年修订），对最低生活保障的保障对象、保障标准、管理服务主体、申请审批流程等作出了规定，提出：在保障对象方面，须满足两个条件：一是共同生活的家庭成员人均收入低于当地最低生活保障标准，二是家庭财产状况符合规定要求；在管理服务主体方面，家庭成员户籍所在地的乡镇人民政府、街道办事处负责具体的受理申请、家计调查等工作，县级人民政府民政部门负责审批。同时，在运行机制上，该办法明确了社会力量参与的方向，“国家鼓励单位和个人等社会力量通过捐赠、设立帮扶项目、创办服务机构、提供志愿服务等方式，参与社会救助”。此外，该办法还对特困人员供养、受灾人员救助、医疗救助、教育救助、住房救助、就业救助以及临时救助等项目作出规定，其中的很多项目都属于家庭救助范围。

2015年，民政部发布了《关于加快推进社会救助领域社会工作发展的意见》，就社会救助领域社会工作的服务内容、服务机制以及服务成效评估等提出了意见，这是对家庭服务主体和运行机制调整的进一步明确。在服务内容方面，该意见认为社会工作可以开展社会融入服务、能力提升服务、心理疏导服务、资源链接服务以及宣传倡导服务。在服务机制方面，该意见认为应该建立健全社会工作服务需求发现报告机制、建立健全社会工作服务承接机制、建立健全社会工作服务转介机制。在服务成效评估方面，该意见认为需要构建政府部门、服务对象、专业机构等协同配合的服务评估模式；加强政府购买社会救助领域社会工作服务项目评估；建立社会救助领域社会工作服务绩效评估指标体系；引导社会工作服务机构和社会工作者自觉做好自我评估等。

2017 年，民政部、国务院扶贫办出台了指导农村最低生活保障制度和扶贫开发政策的有效衔接的文件，从正确认识建档立卡贫困人口和农村低保对象重合问题、妥善处理贫困发生率和农村低保覆盖面的关系、参考国家扶贫标准科学制定农村低保标准、协同做好脱贫攻坚相关考核评估工作、注意激发农村低保对象等困难群众脱贫增收的内生动力五方面给出了实现有效衔接的指导意见，反映了家庭救助服务政策的弹性。

2018 年，《民政部办公厅关于开展社会救助综合改革试点的通知》发布，指出希望通过试点，在完善社会救助制度、强化社会救助资源统筹、优化社会救助流程、加强社会救助能力建设、创新社会救助监督检查机制等方面取得经验。

2020 年，中共中央办公厅、国务院办公厅印发《关于改革完善社会救助制度的意见》，提出通过构建综合救助格局、打造多层次救助体系、创新社会救助方式、促进城乡统筹发展等建立健全分层分类的社会救助体系；通过完善基本生活救助制度、规范基本生活救助标准调整机制等夯实基本生活救助；通过强化急难社会救助功能、完善临时救助政策措施、加强和改进生活无着流浪乞讨人员救助管理、做好重大疫情等突发公共事件困难群众急难救助工作等完善急难社会救助；通过发展慈善事业、引导社会工作专业力量参与、促进社会救助领域志愿服务发展、推进政府购买社会救助服务等促进社会力量参与；通过建立完善主动发现机制、全面推行“一门受理、协同办理”、优化审核确认程序、加快服务管理转型升级等深化“放管服”改革。

2021 年，为规范最低生活保障审核确认工作，民政部印发《最低生活保障审核确认办法》，对最低生活保障的申请和受理流程和要求、家庭经济状况调查的内容和范围、审核确认流程、监督和管理责任作出了详细规定。

以上表明，2012 年以后，家庭救助服务政策的发展总体表现出扩容、提质、趋同的趋势。首先，救助项目和覆盖人群范围都在扩展。从项目来讲，不仅包括最低生活保障制度，还包括灾害救助、住房救助、临时救助等以家庭为对象的专项救助和医疗救助、教育救助、就业救助等以家庭成员为对象的专项救助。相应地，覆盖人群范围也在扩大。其次，救助服务水平提升。救助服务流程的明晰化、简单化和救助服务人员的专业化，是提升救助服务水平的关键。近年来，社会救助制度不断完善和社会工作专业化服务力量的引入，为家庭救助服务提质提供了制度保障和人员保障。最后，尽管尚且存在保障水平和服务标准化程度的差异，但不可否认的是，城乡家庭救助服务在政策规范和实施管理上越来越趋于统一，其服务内容和流程都受到《社会救助暂行办法》《关于改革完善社会救助制度的意见》等制度的规范，制度化和规范化程度不断提升。

### 2. 婚姻登记与婚姻家庭辅导服务政策

婚姻登记和婚前辅导服务主要受到两部分政策规范，一是《中华人民共和国婚姻法》，二是规范和指导婚姻登记的政策。婚姻法是保护婚姻关系双方当事人的法律制度，而婚姻登记是对当事人婚姻关系依法予以确认的唯一方式。两者一里一表，共同发挥了确认婚姻行为和婚姻关系的作用，并为婚姻登记以及相关的婚姻家庭辅导服务提供了政策依据。

（1）规范婚姻登记服务的法律

除《中华人民共和国宪法》外，《中华人民共和国婚姻法》是规范婚姻登记服务的主要依据。改革开放后，《中华人民共和国婚姻法》先后经历了三次变动。1980 年 9 月 10 日，五届全国人大三次会议通过《中华人民共和国婚姻法》，废止了 1950 年 5 月 1 日施行的《中华人民共和国婚姻法》。2001 年 4 月 28 日，九届全国人大常委会第二十一次会议通过了《全国人民代表大会常务委员会关于修改〈中华人民共和国婚姻法〉的决定》，对 1980 年婚姻法进行了修正。2020 年 5 月 28 日，十三届全国人大三次会议表决通过了《中华人民共和国民法典》，自 2021 年 1 月 1 日起施行。民法典·婚姻家庭编包括一般规定、结婚、家庭关系、离婚、收养五章内容，婚姻家庭法律规范从此步入民法典时代。

宪法和法律中的婚姻登记服务政策最突出强调的一点是保障婚姻自由权利，包括结婚自由、离婚自由、无效婚姻的认定和法律处置以及对老年人婚姻自由权利的保障等。

首先，保障婚姻缔结双方当事人结婚、离婚的权利。1980年婚姻法修正本与1950年婚姻法一样，继续强调实行婚姻自由、一夫一妻、男女平等的婚姻制度，“禁止包办、买卖婚姻和其他干涉婚姻自由的行为”。在操作层面，“要求结婚的男女双方必须亲自到婚姻登记机关进行结婚登记。符合本法规定的，予以登记，发给结婚证”。2001年婚姻法与2020年《中华人民共和国民法典》婚姻家庭编延续了这一规定。1982年宪法、1988年宪法修正案第四十九条明确规定“婚姻、家庭、母亲和儿童受国家的保护。……禁止破坏婚姻自由”。1986年《中华人民共和国民法通则》第一百零三条“公民享有婚姻自主权，禁止买卖、包办婚姻和其他干涉婚姻自由的行为”。2001年修订的《中华人民共和国婚姻法》规定“男女双方自愿离婚的，准予离婚。双方必须到婚姻登记机关申请离婚。婚姻登记机关查明双方确实是自愿并对子女和财产问题已有适当处理时，发给离婚证”。

其次，明确了对无效婚姻的认定和法律处置。2001年修订的《中华人民共和国婚姻法》规定“因胁迫结婚的，受胁迫的一方可以向婚姻登记机关或人民法院请求撤销该婚姻。受胁迫的一方撤销婚姻的请求，应当自结婚登记之日起一年内提出。被非法限制人身自由的当事人请求撤销婚姻的，应当自恢复人身自由之日起一年内提出”；“无效或被撤销的婚姻，自始无效。当事人不具有夫妻的权利和义务”。2020年《中华人民共和国民法典》婚姻家庭编延续了这一规定。

再次，特别强调了对老年人婚姻自由权利的保障。1996年《中华人民共和国老年人权益保障法》规定“老年人的婚姻自由受法律保护，子女或者其他亲属不得干涉老年人离婚、再婚及婚后的生活。赡养人的赡养义务不因老年人的婚姻关系变化而消除”。2001年修订的《中华人民共和国婚姻法》规定“子女应当尊重父母的婚姻权利，不得干涉父母再婚以及婚后的生活。子女对父母的赡养义务，不因父母的婚姻关系变化而终止”。2020年《中华人民共和国民法典》婚姻家庭编同样延续了这一规定。

（2）规范婚姻登记与婚姻家庭辅导服务的婚姻登记制度

婚姻登记制度作为婚姻成立或解除的程序性规范，是受到《中华人民共和国婚姻法》等实体法规范的配套措施，必然会随着婚姻法的变动而作出相应改变。1980 年婚姻法颁布后，经国务院批准，民政部于 1980 年 11 月 11 日发布施行《婚姻登记办法》。之后为适应改革开放后婚姻登记工作出现的新情况和新问题，经国务院批准后，民政部于 1986 年 3 月 15 日颁布新修订的《婚姻登记办法》。1994 年 2 月 1 日，民政部又颁布《婚姻登记管理条例》。其后，为了适应 2001 年婚姻法的修正，2003 年 8 月 8 日，国务院公布了《婚姻登记条例》，并明确自 2003 年 10 月 1 日起施行。为做好贯彻落实，民政部 2003 年 9 月 24 日出台了《婚姻登记工作暂行规范》。此后，民政部又陆续发布了婚姻登记相关文件，为落实《婚姻登记条例》保驾护航。2004 年 3 月 29 日，民政部办公厅下发《关于贯彻执行〈婚姻登记条例〉若干问题的意见》；2009 年 4 月 28 日，民政部发布《关于进一步做好婚姻登记规范化建设工作的通知》；2011 年 3 月 11 日，民政部下发《关于加快推进全国婚姻登记信息联网工作的通知》；2012 年 6 月 18 日，民政部下发《关于做好出具（无）婚姻登记记录证明服务工作的指导意见》；2015 年 12 月 8 日，民政部修订出台《婚姻登记工作规范》，并于 2017—2018 年先后发布《婚姻登记颁证工作规范》《婚姻登记术语》《婚姻家庭辅导服务规范》《婚姻登记员培训要求》等民政行业标准，不断提升全国婚姻登记工作的标准化水平。

需要特别指出的是，2003 年和 2015 年的婚姻登记工作规范，扩展了原有的婚姻登记工作的内容，标志着婚姻登记工作服务性的进一步增强。2003 年民政部发布的《婚姻登记工作暂行规范》中明确了婚姻登记机关负有“宣传婚姻法律法规，倡导文明婚俗”的职责，但没有提到婚姻家庭辅导的内容。而 2015 年发布的《婚姻登记工作规范》中不仅再次明确了婚姻登记机关有“宣传婚姻法律法规，倡导文明婚俗”的职责，而且增加了婚姻家庭辅导的职能，建议婚姻登记处设立婚姻家庭辅导室，通过政府购买服务或公开招募志愿者等方式聘用婚姻家庭辅导员，并在坚持服务对象自愿的前提下，开展婚姻家庭辅导服务。

（3）其他规范婚姻登记与婚姻家庭辅导服务的政策

近年来，为了回应新出现的家庭问题和家庭需求，同时也是对中央重视家庭工作指导思想的响应，党和政府各相关部门以及群团组织加强沟通合作，先后出台了针对婚姻登记和婚姻家庭辅导服务的更有针对性的政策文件，为相关服务工作的探索和开展提供了思路。

2017 年 3 月 17 日，全国妇联、中央综治办、最高法、公安部、民政部、司法部六部门联合发布了《关于做好婚姻家庭纠纷预防化解工作的意见》。其中，第四部分提到“大力推进结婚登记颁证和婚姻家庭辅导工作”，并指出民政部门作为主责单位，首先，要加强结婚登记颁证过程中的婚前教育工作，引导婚姻当事人培养成熟理性的婚姻观念，帮助其掌握经营婚姻家庭的技巧；其次，要依托婚姻登记机构，通过政府购买社会组织服务等方式，开展婚姻家庭辅导工作，“免费提供心理疏导、纠纷调解、法律咨询等婚姻家庭辅导服务，预防和化解纠纷”。同时，提示民政部门“要善于运用互联网、手机等新载体，不断扩大婚姻辅导工作受众，提高婚姻辅导工作实效”。

此外，2017 年 7 月 19 日，最高法、中央综治办等相关部门联合印发《关于建立家事审判方式和工作机制改革联席会议制度的意见》，也指出民政部门的职责在于通过依托婚姻登记机关提供婚姻家庭辅导服务，预防婚姻家庭纠纷的发生，即“拟定婚姻管理政策并指导各地民政部门实施，推动婚姻家庭辅导工作。加大婚姻登记信息化建设，推动婚姻登记信息数据库建设。指导具备条件的婚姻登记机构设立婚姻家庭辅导室，为有需求的当事人提供法律咨询、情感辅导、心理疏导、纠纷处理、婚前教育等服务”。

2020 年，民政部、全国妇联联合印发《关于加强新时代婚姻家庭辅导教育工作的指导意见》，对包括婚前辅导、婚姻家庭关系调适以及离婚辅导等给出了实际而可行的意见。婚前辅导方面，提出开发婚前辅导课程和资料，在婚姻登记大厅通过宣传栏、视频、赠阅等渠道将家庭观念、家庭责任、沟通技巧、家庭发展规划等传递给受众，“帮助当事人做好进入婚姻状态的准备，学会管理婚姻，努力从源头上减少婚姻家庭纠纷的产生”。在婚姻家庭关系调适和离婚辅导方面，提出探索离婚冷静期内对当事人开展婚姻危机干预的有效方法和措施，支持开展婚姻家庭社会工作服务，面向社区积极开展亲子教育、防家暴教育、生活减压和社会支持等预防性专业服务。在婚姻家庭建设方面，提出在婚姻登记场所设置婚俗文化墙、婚俗文化廊甚至婚姻家庭文化展示厅、婚俗文化博物馆或婚姻家庭文化教育基地等，宣传普及优良家庭文化，促进家庭建设。

以上表明，婚姻家庭辅导和优良婚姻家庭文化宣传应该纳入民政婚姻登记工作已经成为各方共识，在实施主体、对象、资源调动以及运行机制方面已经引发了诸多思考。相信在国家对家庭建设工作的持续重视下，婚姻家庭辅导工作的制度化程度会不断提高。

### 3. 妇幼保健服务政策

妇幼保健服务一贯是家庭服务的重要内容。改革开放后，尤其是进入20世纪90年代以后，国家对母婴健康和人口素质问题的进一步重视，推动了妇幼保健服务政策的大发展。这些政策主要由国家的法律、法规和主责部门的政策文件等组成。

（1）母婴保健法及其实施办法

1994年10月27日《中华人民共和国母婴保健法》的通过，不仅标志着我国妇幼保健事业法治化程度的提高，更反映了国家对母婴健康和人口素质问题的高度重视。《中华人民共和国母婴保健法》涵盖了总则、婚前保健、孕产期保健、技术鉴定、行政管理、法律责任以及附则七个部分，自1995年6月1日施行后，先后经历了2009年8月27日和2017年11月4日两次修正，是开展妇幼保健服务的主要法律依据。此外，2001年6月20日，时任国务院总理朱镕基签发了《中华人民共和国母婴保健法实施办法》，该办法为母婴保健服务的推进提供了更为具体的指导。

《中华人民共和国母婴保健法》对母婴保健服务的责任主体、服务内容、服务方式以及监督管理等予以明确。首先，在责任主体方面，该法明确了国家对于母婴保健事业的责任，指出“国家发展母婴保健事业，提供必要的条件和物质帮助，使母亲和婴儿获得医疗保健服务”；其次，明确医疗保健机构是母婴保健服务的实施主体。在服务内容方面，明确包括为公民提供婚前保健服务，为育龄妇女和孕产妇提供孕产期保健服务，为产妇提供科学育儿、合理营养和母乳喂养的指导以及对婴儿进行体格检查和预防接种，逐步开展新生儿疾病筛查、婴儿多发病和常见病防治等医疗保健服务等。其中，婚前保健服务的内容包括“婚前卫生指导：关于性卫生知识、生育知识和遗传病知识的教育”“婚前卫生咨询：对有关婚配、生育保健等问题提供医学意见”“婚前医学检查：对准备结婚的男女双方可能患影响结婚和生育的疾病进行医学检查”。孕产期保健服务的内容包括“母婴保健指导：对孕育健康后代以及严重遗传性疾病和碘缺乏病等地方病的发病原因、治疗和预防方法提供医学意见”“孕妇、产妇保健：为孕妇、产妇提供卫生、营养、心理等方面的咨询和指导以及产前定期检查等医疗保健服务”“胎儿保健：为胎儿生长发育进行监护，提供咨询和医学指导”“新生儿保健：为新生儿生长发育、哺乳和护理提供医疗保健服务”。可见，母婴保健服务贯穿了婚前、孕产期、产后以及婴儿护理抚育期全过程，可以称之为生育全周期服务。

《中华人民共和国母婴保健法实施办法》在《中华人民共和国母婴保健法》基础上，对以上服务内容给出了更清晰的说明。例如，明确列出了母婴保健技术服务的具体事项，即有关母婴保健的科普宣传、教育和咨询，婚前医学检查，产前诊断和遗传病诊断，助产技术，实施医学上需要的节育手术，新生儿疾病筛查，有关生育、节育、不育的其他生殖保健服务等。关于婚前卫生指导①，包括针对育龄妇女的避孕、节育、生育、不育和生殖健康的咨询和医疗保健服务②，针对孕产妇的服务③以及婴儿保健服

---

① 第九条　母婴保健法第七条所称婚前卫生指导，包括下列事项：(一) 有关性卫生的保健和教育；(二) 新婚避孕知识及计划生育指导；(三) 受孕前的准备、环境和疾病对后代影响等孕前保健知识；(四) 遗传病的基本知识；(五) 影响婚育的有关疾病的基本知识；(六) 其他生殖健康知识。

② 第十七条　医疗、保健机构应当为育龄妇女提供有关避孕、节育、生育、不育和生殖健康的咨询和医疗保健服务。医师发现或者怀疑育龄夫妻患有严重遗传性疾病的，应当提出医学意见；限于现有医疗技术水平难以确诊的，应当向当事人说明情况。育龄夫妻可以选择避孕、节育、不孕等相应的医学措施。

③ 第十八条　医疗、保健机构应当为孕产妇提供下列医疗保健服务：(一) 为孕产妇建立保健手册（卡），定期进行产前检查；(二) 为孕产妇提供卫生、营养、心理等方面的医学指导与咨询；(三) 对高危孕妇进行重点监护、随访和医疗保健服务；(四) 为孕产妇提供安全分娩技术服务；(五) 定期进行产后访视，指导产妇科学喂养婴儿；(六) 提供避孕咨询指导和技术服务；(七) 对产妇及其家属进行生殖健康教育和科学育儿知识教育；(八) 其他孕产期保健服务。

务[①]的内容也都详尽列出。《中华人民共和国母婴保健法实施办法》保证了《中华人民共和国母婴保健法》的有效实施和顺利落地。

（2）规范妇幼保健服务的部门政策文件

改革开放后，卫生行政部门作为妇幼保健服务的主责部门，针对不同时期妇幼保健工作的重点，出台了一系列的部门政策文件，有针对性地规范当时的妇幼保健服务。2009 年，卫生部印发《〈关于进一步加强农村孕产妇住院分娩工作的指导意见〉的通知》，提出在“坚持以人为本，注重服务的公平性和可及性；坚持助产技术服务的区域规划，规范助产技术服务，保障孕产期保健服务质量；坚持政府主导，加大投入”的三项基本原则下，从明确农村孕产妇住院分娩服务项目和标准、完善农村孕产妇住院分娩服务体系、加强医疗卫生机构和人员服务资质的监督管理、强化产科质量管理以及实施农村孕产妇住院分娩补助政策五方面进一步加强农村孕产妇住院分娩工作。同年，卫生部印发《农村孕产妇住院分娩补助项目管理方案》。2011 年，卫生部发布《关于印发〈孕产期保健工作管理办法〉和〈孕产期保健工作规范〉的通知》，并印发了《孕产期保健工作管理办法》和《孕产期保健工作规范》的卫生行业标准，致力于提高孕产期保健工作的规范化和标准化程度；2012 年，卫生部印发《母婴健康素养——基本知识与技能（试行）》《新生儿访视技术规范》等规范，为相关工作提供具体指导。

2014 年以后，随着国家生育政策的调整，在卫生部和计生委合并的基础上，国家卫生计生部门在转变服务职能、提高服务标准等方面制定了服务国家新的生育政策落地的相关政策。2014 年，为了回应“单独两孩”

---

① 第二十五条　医疗、保健机构应当按照国家有关规定开展新生儿先天性、遗传性代谢病筛查、诊断、治疗和监测。

第二十六条　医疗、保健机构应当按照规定进行新生儿访视，建立儿童保健手册（卡），定期对其进行健康检查，提供有关预防疾病、合理膳食、促进智力发育等科学知识，做好婴儿多发病、常见病防治等医疗保健服务。

第二十七条　医疗、保健机构应当按照规定的程序和项目对婴儿进行预防接种。婴儿的监护人应当保证婴儿及时接受预防接种。

第二十八条　国家推行母乳喂养。医疗、保健机构应当为实施母乳喂养提供技术指导，为住院分娩的产妇提供必要的母乳喂养条件。

政策新形势，国家卫生计生委发布《关于做好新形势下妇幼健康服务工作的指导意见》。2016年，在国家开始实施全面两孩生育政策背景下，国家卫生计生委又发布了《关于加强生育全程基本医疗保健服务的若干意见》，提出“进一步深化医药卫生体制改革，加强生育全程基本医疗保健服务，提升妇女儿童健康水平，保障全面两孩政策顺利实施”；同年，发布《关于切实做好高龄孕产妇管理服务和临床救治的意见》。2017年，国家卫生计生委办公厅先后发布《关于印发〈孕产妇妊娠风险评估与管理工作规范〉的通知》和《关于印发〈早产儿保健工作规范〉的通知》，并发布了《早产儿保健服务指南》和《早产儿出院后管理服务流程》两个行业标准。为了深入做好生育保障工作，2020年，国家卫生健康委办公厅印发《关于统筹推进婚前孕前保健工作的通知》，提出“统筹推进健康教育、婚前医学检查、孕前优生健康检查、增补叶酸等婚前孕前保健服务，提高服务可及性、促进服务均等化”的总目标，参照《妇幼保健专科建设和管理指南（试行）》，加强婚前保健、孕前保健专科标准化建设和规范化管理，加大婚前孕前保健门诊及生育服务咨询室建设力度，探索建立孕前—围孕保健服务模式。此外，在服务可及性方面，强调要“加强统筹协调和部门协作，科学优化婚前医学检查场所布局及服务流程，因地制宜推进婚前医学检查场所与婚姻登记场所就近就便设置，积极推广婚姻登记、婚前医学检查、婚姻家庭辅导和优生咨询指导‘一站式’服务”。

由此可见，卫生行政部门作为妇幼保健服务的主责单位，一方面，在《中华人民共和国母婴保健法》及其实施办法法律框架下，不断完善工作，推动常规妇幼保健服务范围和水平的持续提升；另一方面，响应国家生育政策调整的大背景，重点落实婚前保健、孕前咨询和保健以及高龄产妇妊娠风险管理等服务，提高相关服务的可及性，为公民享受优质生育服务和国家生育政策落地提供保障。

**4. 家事调解服务政策**

有家庭的地方，就有家庭矛盾；有家庭矛盾的地方，就有家庭纠纷调解。可以说家事调解和家庭的历史一样悠久。但是，制度化的，由国家法律、法规所规范的正式的家事调解却是现代社会的产物。家事调解的类型一般包括婚姻调解、离婚调解、子女抚养与探视调解以及和老年人赡养、财产继承等相关事务的调解。我国规范家事调解的法律主要有《中华人民共和国婚姻法》《中华人民共和国人民调解法》《中华人民共和国老年人权益保障法》《中华人民共和国未成年人保护法》《中华人民共和国妇女权益保障法》以及《中华人民共和国民事诉讼法》等。此外，还有家事调解的主责业务部门的规章制度。

（1）规范家事调解服务的法律

目前，《中华人民共和国婚姻法》、《中华人民共和国民法典》婚姻家庭编和《中华人民共和国未成年人保护法》是规范婚姻调解服务、离婚调解服务和子女抚养与探视调解的主要法律依据，人民法院是组织实施婚姻调解和离婚调解的主体。首先，历部婚姻法和民法典都有对离婚时的子女抚养和探视问题以及财产分配问题的规定。当离婚双方无法就哺乳期后的子女抚养问题、子女生活费和教育费的负担问题、共同财产的分配问题、共同债务的承担问题以及前任配偶的经济帮助问题等达成协议时，由人民法院根据具体情况判决。其次，针对离婚时一方隐藏、转移、变卖、毁损夫妻共同财产，或伪造债务企图侵占另一方财产的情形，也作出了相应规定。离婚时，一方隐藏、转移、变卖、毁损夫妻共同财产，或伪造债务企图侵占另一方财产的，分割夫妻共同财产时，对隐藏、转移、变卖、毁损夫妻共同财产或伪造债务的一方，可以少分或不分；乃至离婚后发现相应行为的，也可以向人民法院提起诉讼，请求再次分割夫妻共同财产。再次，对拒不执行法院判决或裁定的情况，明确人民法院可以依法强制执行。“对拒不执行有关扶养费、抚养费、赡养费、财产分割、遗产继承、探望子女等判决或裁定的，由人民法院依法强制执行。有关个人和单位应负协助执行的责任”。此外，涉及未成年人抚养和探视的调解还需要参照未成年人保护法的规定执行，即“未成年人的父母离婚时，应当妥善处理未成年子女的抚养、教育、探望、财产等事宜，听取有表达意愿能力未成年人的意见。不得以抢夺、藏匿未成年子女等方式争夺抚养权。未成年人的父母离婚后，不直接抚养未成年子女的一方应当依照协议、人民法院判决或者调解确定的时间和方式，在不影响未成年人学习、生活的情况下探望未成年子女，直接抚养的一方应当配合，但被人民法院依法中止探望权的除外”。

《中华人民共和国老年人权益保障法》《中华人民共和国人民调解法》以及《中华人民共和国民事诉讼法》是规范老年人赡养、财产继承等相关事务调解的主要法律依据。2010 年 8 月 28 日，十一届全国人大常委会第十六次会议通过，2011 年 1 月 1 日开始施行的《中华人民共和国人民调解法》对人民调解的目标、原则、主管机构、人民调解委员会的设立和组成、人民调解员的选聘和要求、调解程序、调解协议等进行了规定，并在附则中指出“乡镇、街道以及社会团体或者其他组织根据需要可以参照本法有关规定设立人民调解委员会，调解民间纠纷”。涉及老年人赡养、财产继承等事务的调解是基层人民调解委员会的主要工作内容之一。此外，在老年人事务调解方面，《中华人民共和国老年人权益保障法》是主要法律依据。2018 年《中华人民共和国老年人权益保障法》（修正本）除了在“家庭赡养与抚养”部分明确规定了老年人依法享有获得家庭成员赡养、个人财产权益等之外，第七十五条规定“老年人与家庭成员因赡养、扶养或者住房、财产等发生纠纷，可以申请人民调解委员会或者其他有关组织进行调解，也可以直接向人民法院提起诉讼。人民调解委员会或者其他有关组织调解前款纠纷时，应当通过说服、疏导等方式化解矛盾和纠纷；对有过错的家庭成员，应当给予批评教育。人民法院对老年人追索赡养费或者扶养费的申请，可以依法裁定先予执行”。在 2011 年《中华人民共和国人民调解法》施行之前，1996 年、2009 年（修订）的《中华人民共和国老年人权益保障法》中没有关于人民调解委员会调解的规定。

以上表明，在《中华人民共和国人民调解法》出台之前，人民法院是家事调解的重要责任主体，《中华人民共和国婚姻法》《中华人民共和国未成年人保护法》《中华人民共和国老年人权益保障法》等是家事调解的主要专门法律依据。当然，在实际操作层面，基层社区一直是有履行调解职能的人员的。2011 年《中华人民共和国人民调解法》施行后，基层社区的人民调解委员会在法律上获得了开展家事调解工作的合法性，并和人民法院的诉讼调解共同构成家事调解的基本服务架构。

（2）规范家事调解服务的部门政策文件

近年来，伴随国家对家庭建设工作的重视和对家庭参与基层社会治理工作认识的提高，家事调解越来越受到相关负责部门和群团组织的重视，相应地，家事调解服务政策越来越规范、明确、具体。

2017 年 7 月 19 日，最高法、中央综治办等相关部门联合印发的《关于建立家事审判方式和工作机制改革联席会议制度的意见》，对联席会议的主要职能、成员单位、工作规则、工作要求以及各成员单位的分工进行规定，其中包括家庭纠纷调解工作的内容。该意见指出，联席会议的主要职能是在中央政法委领导下，统筹协调推进家事审判方式和工作机制改革工作，包括研究制定家事案件纠纷化解政策措施和年度工作计划，探索家事审判程序改革，向全国人大提出家事特别程序立法建议；推动部门沟通与协作，明确职责任务分工，加强政策衔接和工作对接，推进多元化纠纷解决机制完善；推进家事审判工作专业化和群众路线相结合；督促、检查婚姻家庭纠纷化解工作落实，及时通报工作进展情况等。

在此基础上，《关于建立家事审判方式和工作机制改革联席会议制度的意见》明确了联席会议成员单位的职责任务分工，最高人民法院和司法部分别作为法院调解和人民调解的主责单位，承担相应的职责。其中，最高人民法院的职责主要是指导地方各级人民法院及时受理并依法审理婚姻家庭案件，涉及家事调解的具体工作为“依托多元化纠纷解决机制改革，建立社会广泛参与的家事纠纷多元调解机制”，并强调，在此过程中，案件处置重点要“由侧重财产分割、财产权益保护转变为全面关注当事人身份权益、财产利益、人格利益、安全利益和情感利益。注意区分婚姻危机和婚姻死亡，积极化解婚姻危机，正确处理保护婚姻自由与维护家庭稳定的关系”。司法部的分工主要是“指导广大人民调解组织充分发挥职能优势，及时有效化解婚姻家庭纠纷”，具体举措包括“加强婚姻家庭纠纷人民调解组织队伍建设，推动在县（市、区）因地制宜建立婚姻家庭纠纷人民调解委员会，选聘专业人士担任人民调解员，设立专职调解员公益岗位，加强对婚姻家庭纠纷人民调解员的专业培训和表彰奖励。督促落实婚姻家庭纠纷人民调解经费，将婚姻家庭纠纷人民调解工作纳入政府购买服务指导性目录，提高保障标准和水平”。无论是法院调解还是司法调解，都涉及工作平台、工作队伍以及工作机制的明确和建设。

2017 年 3 月 17 日，全国妇联等六部门联合发布了《关于做好婚姻家庭纠纷预防化解工作的意见》，对不同部门在婚姻家庭纠纷预防化解中的角色和职能给出了意见。其中，要求妇联、公安机关扎实开展基层婚姻家庭纠纷排查化解工作；司法部门通过建立健全婚姻家庭纠纷人民调解组织、着力建设婚姻家庭纠纷人民调解员队伍、切实加强婚姻家庭纠纷调解工作经费保障等加强婚姻家庭纠纷人民调解工作；人民法院把调解贯穿婚姻家庭诉讼全过程，通过委托调解、委派调解、特邀调解做好婚姻家庭案件调解工作；积极试行家事案件调解前置制度，落实离婚等案件应当调解的规定，把调解贯穿于诉前、诉中、诉后全过程。

2018 年 7 月 18 日，最高人民法院颁布了《关于进一步深化家事审判方式和工作机制改革的意见（试行)》，其中列出专门部分对家事调解作出了规定。意见要求“人民法院审理家事案件，应当增强调解意识，拓展调解方式，创新调解机制，提高调解能力，将调解贯穿案件审判全过程”，并就家事调解委员会的设立、家事调解员的选聘、家事调解的过程和机制以及对家事调解相关方基本要求等给出了较为明确的规定。

综上可见，家事调解的复杂性决定了其服务的开展会涉及多方责任主体，因此，近几年，家事调解服务政策的发展表现出多部门分工、合作、联动的特点，从而发挥不同责任单位的优势，分别在预防婚姻家庭纠纷的发生、家事调解以及家事审判等不同环节发挥作用，并致力于探索预防化解婚姻家庭纠纷的长效机制。

**5. 家庭成员权益维护服务政策**

在《中华人民共和国反家庭暴力法》这一专门维护遭受家庭暴力侵害家庭成员权益的法律出台之前，我国的家庭成员权益维护服务政策主要分散于《中华人民共和国婚姻法》《中华人民共和国老年人权益保障法》《中华人民共和国妇女权益保障法》以及《中华人民共和国未成年人保护法》等法律中，为维护特定家庭成员的各类权益提供法律依据。

(1) 分散规范家庭成员权益维护服务的政策

《中华人民共和国婚姻法》《中华人民共和国老年人权益保障法》《中华人民共和国妇女权益保障法》《中华人民共和国未成年人保护法》等法律中，都有关于家庭成员权益受损情况下各类机构和组织分别应该发挥哪些作用、维护家庭成员权益的规定。相较于1980年《中华人民共和国婚姻法》，2001年婚姻法（修正本，已废止）增加了“第五章　救助措施与法律责任”的内容，其中，对村民委员会、居民委员会、受害人所在单位以及公安机关在维护家庭暴力受害人权益中的职责作出了规定，“第四十三条　实施家庭暴力或虐待家庭成员，受害人有权提出请求，居民委员会、村民委员会以及所在单位应当予以劝阻、调解。对正在实施的家庭暴力，受害人有权提出请求，居民委员会、村民委员会应当予以劝阻；公安机关应当予以制止。实施家庭暴力或虐待家庭成员，受害人提出请求的，公安机关应当依照治安管理处罚的法律规定予以行政处罚”。此外，明确了村民委员会、居民委员会、受害人所在单位以及人民法院在维护遭受遗弃家庭成员权益中的职责，“第四十四条　对遗弃家庭成员，受害人有权提出请求，居民委员会、村民委员会以及所在单位应当予以劝阻、调解。对遗弃家庭成员，受害人提出请求的，人民法院应当依法作出支付扶养费、抚养费、赡养费的判决”。此外，明确了对于构成犯罪的情形，在受害人提起诉讼后，“公安机关应当依法侦查，人民检察院应当依法提起公诉”。

2005年修订的妇女权益保障法规定了如何预防和制止针对妇女的家庭暴力。第四十六条规定，“禁止对妇女实施家庭暴力。国家采取措施，预防和制止家庭暴力。公安、民政、司法行政等部门以及城乡基层群众性自治组织、社会团体，应当在各自的职责范围内预防和制止家庭暴力，依法为受害妇女提供救助”。2018年修订的老年人权益保障法针对损害老年人婚姻权益、人身权益、赡养权益以及财产权益等的情况，作出了相应规定。第七十六条规定，“干涉老年人婚姻自由，对老年人负有赡养义务、扶养义务而拒绝赡养、扶养，虐待老年人或者对老年人实施家庭暴力的，由有关单位给予批评教育；构成违反治安管理行为的，依法给予治安管理处罚；构成犯罪的，依法追究刑事责任”。

2020年修订的未成年人保护法通过强化未成年人父母或其他监护人的监护职责、增强父母或其他监护人的家庭教育意识和能力，预防和杜绝侵害未成年人权益事件的发生，维护未成年人的各项合法权益。例如，第七条规定“未成年人的父母或者其他监护人依法对未成年人承担监护职责。国家采取措施指导、支持、帮助和监督未成年人的父母或者其他监护人履行监护职责”；第三十九条规定“学校应当建立学生欺凌防控工作制度，对教职员工、学生等开展防治学生欺凌的教育和培训……对相关未成年学生的父母或者其他监护人给予必要的家庭教育指导”。同时，强调发挥政府相关部门、居民委员会、村民委员会、人民团体、企事业单位以及社会组织在监护人指导和未成年人权益维护中的作用。例如，第四十三条规定，“居民委员会、村民委员会应当设置专人专岗负责未成年人保护工作，协助政府有关部门宣传未成年人保护方面的法律法规，指导、帮助和监督未成年人的父母或者其他监护人依法履行监护职责，建立留守未成年人、困境未成年人的信息档案并给予关爱帮扶”；第八十二条规定，“各级人民政府应当将家庭教育指导服务纳入城乡公共服务体系，开展家庭教育知识宣传，鼓励和支持有关人民团体、企业事业单位、社会组织开展家庭教育指导服务”；第八十三条规定，“各级人民政府应当保障未成年人受教育的权利，并采取措施保障留守未成年人、困境未成年人、残疾未成年人接受义务教育。对尚未完成义务教育的辍学未成年学生，教育行政部门应当责令父母或者其他监护人将其送入学校接受义务教育”。

以上这些法律分别为维护家庭暴力受害人、遭遇遗弃的家庭成员以及遭遇生存权和发展权危机的未成年人等群体的合法权益，提供了基本依据。

（2）专门法律——《中华人民共和国反家庭暴力法》

2015 年 12 月 27 日，十二届全国人大常委会第十八次会议通过了《中华人民共和国反家庭暴力法》，2016 年 3 月 1 日起施行。该法在明确家庭暴力的范畴以及该法的制定目标、责任主体、实施原则基础上，对家庭暴力的预防、处置，人身安全保护令以及法律责任等事项作出了规定，尤其是明确了每个环节不同主体的责任。例如，在家庭暴力的预防环节，要求工会、共产主义青年团、妇女联合会、残疾人联合会在各自工作范围内，组织开展家庭美德和反家庭暴力宣传教育；广播、电视、报刊、网络等开展家庭美德和反家庭暴力宣传；学校、幼儿园开展家庭美德和反家庭暴力教育；医疗机构做好家庭暴力受害人的诊疗记录；乡镇人民政府、街道办事处负责组织开展家庭暴力预防工作，居民委员会、村民委员会、社会工作服务机构予以配合协助；各级人民政府要支持社会工作服务机构等社会组织开展心理健康咨询、家庭关系指导、家庭暴力预防知识教育等服务；人民调解组织依法调解家庭纠纷，预防和减少家庭暴力的发生；用人单位发现本单位人员有家庭暴力情况的，要给予批评教育，并做好家庭矛盾的调解、化解工作；未成年人的监护人要以文明的方式进行家庭教育，依法履行监护和教育职责，不得实施家庭暴力，从全社会、全方位动员预防家庭暴力。在家庭暴力的处置环节，重点突出了公安机关、法律援助机构、受害者庇护中心以及人民法院的职责，同时，依然强调全社会协同参与。

《中华人民共和国反家庭暴力法》的出台，从法律上明确了家庭成员之间暴力行为的违法性质和国家对于家庭暴力防治的主体责任，为遭遇家庭暴力侵害的家庭成员维护合法权益提供了法律依据，也为维护家暴受害人权益的服务行动提供了根本遵循。

## 三、我国家庭服务政策发展评价

通过对我国家庭服务政策发展的回顾和梳理，可以发现新中国成立以来尤其是改革开放以来，我国家庭服务政策发展取得了丰硕的成果。一方面，从量上来讲，无论是政策数量规模、覆盖人群范围，还是政策资源投入以及理顺运行机制等，都有了长足发展；另一方面，从质上来讲，家庭服务政策的制度化、规范化、均等化程度不断提升，越来越趋向于切实回应家庭的需求。家庭服务政策的发展客观上促进了不同历史时期家庭问题的解决、家庭功能的发挥和家庭生活的改善。

但不可否认的是，我国家庭服务政策发展还存在诸多问题。

首先，家庭服务政策发展表现出碎片化的特点，缺乏专门的政策体系和行政主管单位。家庭服务政策散见于各类法律、法规、部门意见、通知以及其他文件中，这意味着开展不同家庭服务项目，需要受到不同行政主管部门的指导和约束。当当事人家庭面对诸多家庭问题时，如何协调不同服务主管部门之间的关系，就会成为一项很有挑战性的工作。这就需要建立良好的联动服务机制，而这必须以牵头部门的权威、部门间的合作配合和大量的沟通成本投入为保障，无形中增加了家庭服务工作开展的难度。

其次，家庭服务政策缺乏既不失强制力又富于操作性的中观政策。家庭服务政策的法律化固然有利于保障政策的权威性和强制性，但前提是法律本身是比较具体的。但事实上，我们国家地域、城乡以及文化多样性的特点，决定了我国的法律很难非常具体，更多时候是关于目标、原则、内容、机制、路径等的大致规范，这就很难为基层的家庭服务提供具体指导。与之相对的另一个问题是各种各样的部门文件繁多且执行性有待提升。中央下发关于家庭建设或家庭发展的新的指示或精神后，各行政部门以及群团组织等就相应地发布本部门落实指示或精神的文件，但并没有对部门政策决策的科学性以及政策的可行性展开充分论证，这就难免造成有政策文本但难以落实为政策行动的尴尬，也难以真正实现政策初衷。

再次，家庭服务政策中缺乏家庭支持服务的相关政策。家庭服务政策最重要的使命在于帮助遭遇困境的家庭恢复家庭功能，促进家庭功能的发挥。目前城乡家庭出现的大多数问题，都与家庭功能因为各种各样原因受损有密切关系。比如留守儿童的照料、陪伴和教育问题，留守老人的照护问题，流动儿童的教育问题，双薪家庭的工作—家庭平衡问题，城乡的婚姻矛盾和家庭纠纷问题等。2018 年以来，国家越来越重视养老、托育、托幼、家政服务以及家庭教育指导等家庭支持服务政策的发展，但政策水平总体较低，政策效果尚未显现。因此，持续构建家庭支持服务政策体系应成为未来家庭服务政策发展的重点。

最后，家庭服务政策发展缺乏统一的、一贯的理念指导，这是导致以上问题的根本原因。新中国成立七十多年来的发展历程，同时也是中国社会持续变迁的过程。变迁社会的性质决定了国家各项政策的发展总体表现出具体针对性和不断变化性，由此使得政策发展的过程必然也是政策逐步建构、调整、完善的过程。家庭服务政策发展也不例外，这是无可厚非的。但在如何回应变迁社会中不断出现的家庭问题背后，涉及非常重要的理念问题，即有没有始终如一的理念指导。比如，家庭是最终目的还是实现社会目标的手段，这决定了家庭政策制定的导向，进而也决定了哪些类型的家庭服务政策会被纳入决策。这背后进一步需要思考清楚的问题是，如何看待个人、家庭和国家之间的关系，国家所信奉和推崇的信念是什么。只有在明确这一根本问题的基础上，国家才可能明确家庭政策的方向，并在回应变迁社会不断出现的各类家庭问题时做到一以贯之。

# 第八章　中国家政服务业政策研究

我国传统文化中对家庭事务及其管理的重视自古以来就有，“修身齐家治国平天下”恰当地反映了家国同构价值观下家庭管理的重要性。而随着社会转型发展，家庭规模趋微，老龄化程度加深，以及居民对美好便捷生活的需求提升，对家政服务的需求和家政服务业规模也在持续增量。综合各项数据[①]来看，家政服务业涉及的三个核心主体（人员、企业、行业）呈现如下增长：

“2009 年全国家政服务企业近 50 万家，从业人员 1500 多万人，年营业收入 1600 多亿元；

“2015 年，全国家政服务企业营业收入 2776 亿元；

“2016 年，全国有家政服务业企业 66 万家，同比增长 3.1%；从业人员 2542 万人，同比增长 9.3%，占全国就业总人数的 3.3%。全国家政服务企业营业收入 3498 亿元，同比增长 26%；

“2017 年，家政服务从业人员近 3000 万人，市场规模约 1.6 万亿元；

---

① 新华社，我国家政服务业连续保持 20% 以上年增长率 [N/OL]，中华人民共和国中央人民政府网，https://www.gov.cn/xinwen/2018-07/16/content_5306928.htm；国务院公报 2009 年第 34 号，《商务部　财政部关于推进家政服务网络体系建设的通知》，中华人民共和国中央人民政府网，https://www.gov.cn/gongbao/content/2009/content_1481660.htm；莫荣：《中国家政服务业发展报告（2018）》，中国劳动社会保障出版社，2018；艾媒咨询，2024 年中国家政服务行业发展状况及消费洞察报告 [P/OL]，艾媒网，https://www.iimedia.cn/c400/100438.html

“2021 年，全国家政服务企业营业收入 10149 亿元，进入万亿级市场行列；

“2023 年，全国家政服务企业营业收入 11641 亿元，且有望在 2026 年突破 13000 亿元。”

当然，增长的不仅有对家政服务数量的需求，更显著的是对服务内容的需求。在传统的家庭保洁、婴幼儿保育之外，衣物收纳、宠物照护等新兴家政服务需求不断出现，进一步推动了家政服务业的发展。

2018 年 3 月 8 日，习近平总书记在参加十三届全国人大一次会议山东代表团审议时，强调家政业“是朝阳产业，既满足了农村进城务工人员的就业需求，也满足了城市家庭育儿养老的现实需求”。而在 2017 年，商务部就实施了“百城万村”家政扶贫方案，会同相关部门出台就业、创业、培训、保险、金融、信用建设等支持政策，截至 2020 年年底，累计吸纳 85 万贫困地区劳动力从事家政服务。可以说，家政服务业的发展，不仅可以满足居民生活需求，改善人民生活水平，还有拉动内需、吸纳就业、振兴乡村等重要意义，是一项事关国计民生的重要事业。

## 一、家政服务业的基本概念

家政服务业，跟任何一个行业一样，都涉及从业人员、在业企业、行业三个核心概念，从业人员的规模和素养在很大程度上取决于运营中企业的发展，而企业是否秩序良好、规范标准地发展又反映了行业的生态。为考察该领域的政策实施路径、成效，需要首先明确这三个概念在文本中的界定。

从家政学的学术研究来看，现有研究集中在三方面：第一是对我国家政服务业发展现状的多角度分析，主要针对发展困难提出应对策略；第二是针对家政服务业所涉及的具体主体，如家政从业人员、家政企业等面临的困难，针对性地提供应对策略；第三是从比较视野出发，借鉴其他国家和地区在家政服务业建设方面的经验，为我国家政服务业发展提供参考。

现有研究在从业人员、企业和行业发展方面基本达成了如下共识：从业人员存在缺口，但素养良莠不齐，整体需要提升；企业存在“小、散、乱”的情况，既要规模以上发挥龙头效应，也要推进整体的规范化、标准化建设；行业供需失衡，好的家政从业人员“不好找、用不起、留不住”生动地反映了这一挑战。《中国家政服务业发展报告（2018)》指出行业发展存在“市场供需矛盾突出，数量与结构缺口并存”“规范化、信息化、集约化水平有待提升”“从业人员专业化、职业化水平有待提升”“服务质量和水平亟待提升”“营商环境有待改善”的问题，政策、市场、技术和资本因素作用下出现的常态化用工荒、从业人员社会地位偏低、从业培训重视不足、法律法规保障不足是重要原因[①]，这些问题虽然在此后的几年里得到了针对性的跟进，但在当前仍旧具有参考意义。

而在政策文本中，1955 年，劳动部首次在公文中使用了“家政服务员”，来代指“从事家庭劳动类社会职业的工作人员”[②]。2001 年，劳动部颁发《家政服务员国家职业标准》，将“家政服务员”定义为“根据要求为所服务的家庭操持家务，照顾儿童、老人、病人，管理家庭有关事务的人员”[③]。

家政服务和家庭服务早期混淆使用，《国务院办公厅关于发展家庭服务业的指导意见》（国发办〔2010〕43 号）和《家庭服务业管理暂行办法》（商务部令〔2012〕11 号）都对家庭服务业做了界定。“家庭服务业是以家庭为服务对象，向家庭提供各类劳务，满足家庭生活需求的服务行业。”“以家庭为服务对象，由家庭服务机构指派或介绍家庭服务员进入家庭成员住所提供烹饪、保洁、搬家、家庭教育、儿童看护以及孕产妇、婴幼儿、老人和病人的护理等有偿服务，满足家庭生活需求的服务行业。”

尽管在更长的时间段里，家政服务员和家庭服务员混合出现在不同政策文本中，但越到后期，家政服务员的占比越高，基本成为政策文本的权威称谓。

对于家政服务行业发展的意义，2009 年，《关于建立推动家庭服务业发展促进就业部门协调机制的通知》（中央编办发〔2009〕14 号）颁布，

---

① 莫荣：《中国家政服务业发展报告（2018)》，中国劳动社会保障出版社，2018。

② 劳动部：《关于颁发保育员、家庭服务员国家职业技能标准的通知》，1995-10-20。

③ 中国就业培训技术指导中心：《发展家政服务扩大就业工作指南》，中国劳动社会保障出版社，2002。

指出“大力发展家庭服务业，对满足广大人民群众的生活需求、增加就业、服务民生、扩大内需、构建和谐社会具有非常重要的意义”，这一界定在此后与脱贫工作和乡村振兴的结合中得到了充分的说明。

对家庭及其成员而言，家庭服务业能够有效提升生活质量，协助家庭充分发挥功能；而对社会来说，家庭服务业的发展不仅能够改善民生，还有显著扩大内需、吸收劳动力、促进就业、推动经济发展等积极作用。这种作用在社会转型的大背景下尤为凸显，因此国家将发展家庭服务业提升到国民经济的高度，前后出台多项文件鼓励和引导家庭服务业的有序发展。在这样的共识下，截至目前，政府已经围绕增加家政从业人员、提升从业人员素养、规范引导企业发展、制定行业标准、创设良好发展环境等方面颁布了一系列不同的政策法规。

## 二、家政服务政策的分析

政策作为一种工具，在具体政策执行过程中产生不同的作用，根据罗斯威尔（Rothwell）和泽夫尔德（Zegveld）的分类标准，政策从“需求”“供给”“环境”三方面发挥作用[①]。

政策对“需求”产生的作用是拉动力的体现。就家政政策而言，政府通过建设示范点或试点基地、促成行业内或者政企交流合作、直接购买服务或者培育市场等路径来促进家政服务业的发展。

政策对“供给”产生的作用是推动力的表现。就家政政策而言，政府通过进行教育培训或者支持培训的方式扩大人力、以专项资金投入或者补贴的方式扩充财力、以进行基础建设或信息技术支持等技术资源要素的供给，为家政服务业的发展提供内生发展动力。

政策对“环境”产生的作用是影响力的表现。政府通过制定规范和标准、提供财税金融等外部支持、以权益保障和监督评价等优化内部环境、以组织领导和宣传引导等改善外部环境，形成支持家政服务体系发展的环

① 政策工具分析部分参考郑群：《三维视角下我国家政服务政策文本量化研究》，硕士学位论文，天津师范大学，2023；周芸：《基于史密斯模型的家政服务业政策执行问题研究》，硕士学位论文，南京航空航天大学，2021。

境支持力。

结合政策的工具性作用和家政服务业发展的目标，家政政策的目标可以拆分为促进人员就业、培育企业和规范行业。

在促进人员就业方面，现有政策不仅采用直接的人员吸纳方式，还通过促成交流合作、树立典型示范、提供住房教育等福利保障方式吸引农村劳动力入行。

例如，2021 年，商务部、发展改革委、人力资源和社会保障部、国家乡村振兴局、教育部、民政部、财政部、住房和城乡建设部、人民银行、市场监管总局、银保监会、全国总工会、共青团中央、全国妇联 14 部门联合印发《家政兴农行动计划（2021—2025 年）》（商服贸函〔2021〕512 号），对这五年工作的目标定位为“到 2025 年，农村劳动力特别是脱贫劳动力从事家政服务的渠道更加通畅，家政服务对带动就业、保障民生的作用明显增强，家政扶贫成果进一步巩固，家政服务品牌化、信息化、专业化、规范化水平有效提升，家政服务有效供给显著增加，人民群众对家政服务的满意度稳步提高”。

在培育企业方面，政策通过组合拳推动家政服务企业的规模化、规范化和品牌化发展，如提供或者督促提供职业技能培训以提高从业人员素养，形成企业规范化发展的基石。

例如，《商务部　财政部　全国总工会关于实施“家政服务工程”的通知》（商商贸发〔2009〕276 号）宣布 2009 年起“运用财政资金支持开展家政服务人员培训、供需对接、从业保障等工作，扶持城镇下岗失业人员、农民工从事家政服务”。

在规范行业方面，政策最主要的做法是推动服务标准的建设和出台，以及强化行业信用建设，以推动行业规范化发展。

例如，市场监管总局、民政部和商务部于 2022 年联合印发了《养老和家政服务标准化专项行动方案》，作为《国家标准化发展纲要》提出的 5 个专项行动之一，提出了到 2025 年家政服务标准化工作的总体目标，以及 4 大方面的 10 项重点任务。

## 三、家政服务政策的梳理

政策文本中最早明确提出并使用家政的是在1955年，劳动部首次在公文中使用了“家政服务员”来代指“从事家庭劳动类社会职业的工作人员”[①]。之后再次在政策中出现“家政”，应当是2001年劳动部颁发的《家政服务员国家职业标准》，该标准对家政服务员定义为“根据要求为所服务的家庭操持家务，照顾儿童、老人、病人，管理家庭有关事务的人员”。

2007年，商务部办公厅发布关于召开全国家政服务业现场经验交流会的通知（商办改函〔2007〕98号），并于当年11月14日在杭州市召开，各省、自治区、直辖市、计划单列市及省会城市商务部门主管处长及商务部、国家发展改革委、税务总局等有关部门代表，中国家庭服务业协会和有关企业参加了此次会议。

2009年4月，商务部、财政部联合发布《关于推进家政服务网络体系建设的通知》（商商贸发〔2009〕149号），设定了“从2009年起，用2～3年时间，推动全国各地级以上城市建设‘家政服务网络中心’，整合服务资源，培育服务企业，培训从业人员，形成比较健全的家政服务体系，为扩大城乡居民便利、安全的服务消费提供有力保障”的工作目标，制定了建设“家政服务网络中心”和培育一批示范性强的服务企业两项重点任务。

2011年，《中华人民共和国国民经济和社会发展第十二个五年规划纲要》第十六章第三节“鼓励发展家庭服务业”明确提出要“以家庭为服务对象，以社区为重要依托，重点发展家政服务、养老服务和病患服务，鼓励发展残疾人居家服务，积极发展社区日间照料中心和专业化养老服务机构，因地制宜发展家庭用品配送、家庭教育等特色服务，形成多层次、多形式的家庭服务市场和经营机构。加快建设家庭服务业公益性信息服务平台。加强市场监管，规范家庭服务业市场秩序”。对家政服务业的规划覆盖到了内容、形式、监管全流程。

2011年，财政部和国家税务总局发布《关于员工制家政服务免征营业

① 劳动部：《关于颁发保育员、家庭服务员国家职业技能标准的通知》，1995-10-20。

税的通知》（财税〔2011〕51 号），为支持家政服务行业发展，对家政服务企业由员工制家政服务员提供的家政服务取得的收入免征营业税。

2011 年，商务部发布《关于“十二五”时期促进家庭服务业发展的指导意见》，从家政服务网络中心建设、家政服务企业培育、家政服务行业规范等角度设定发展目标。

2012 年，国务院印发《服务业发展“十二五”规划》（国发〔2012〕62 号），把大力发展生活性服务业作为规划目标，其中对家庭服务业的规划强调“健全家庭服务业相关法规、政策体系和监管措施，完善家庭服务业促进体系”，为家政和家庭服务业发展营创良好的政策环境。

财政部发布《关于 2012 年开展家政服务体系建设有关问题的通知》（财办建〔2012〕14 号），支持在部分城市开展家政服务体系建设试点和家政服务人员培训，多个地方各级政府相继出台扶持家庭服务业发展的政策法规。

2012 年 12 月，商务部发布《家庭服务业管理暂行办法》（商务部令 2012 年第 11 号），总则明确提出制定该办法的目的是“满足家庭服务消费需求，维护家庭服务消费者、家庭服务人员和家庭服务机构的合法权益，规范家庭服务经营行为，促进家庭服务业发展”。也是在该办法中，明确家庭服务业的内涵和范畴，“指以家庭为服务对象，由家庭服务机构指派或介绍家庭服务员进入家庭成员住所提供烹饪、保洁、搬家、家庭教育、儿童看护以及孕产妇、婴幼儿、老人和病人的护理等有偿服务，满足家庭生活需求的服务行业”。该办法从管理的角度，对家政服务业和家庭服务员签订合同、家庭服务员的行为规范、消费者行为规范、第三方监管等作出明确规定。

2013 年 2 月起施行的《家庭服务业管理暂行办法》对家庭服务业进行了界定：“以家庭为服务对象，由家庭服务机构指派或介绍家庭服务员进入家庭成员住所提供烹饪、保洁、搬家、家庭教育、儿童看护以及孕产妇、婴幼儿、老人和病人的护理等有偿服务，满足家庭生活需求的服务行业。”该办法还明确了由商务部承担全国家庭服务业行业管理职责。

2014 年，人力资源和社会保障部、发展改革委、民政部、财政部、商务部、全国总工会、共青团中央和全国妇联联合下发《关于开展家庭服务业规范化职业化建设的通知》，行业的健康发展开始成为政策面向的议题。

2015 年，国务院印发《关于加快发展生活性服务业促进消费结构升级的指导意见》，国家标准委等 5 部门联合发布关于加强家政服务标准化工作的指导意见。

2016 年，人力资源和社会保障部办公厅和全国妇联办公厅共同印发通知，决定在“十三五”期间联合组织实施巾帼家政服务专项培训工程，该工程作为职业技能培训规划和农民工职业技能提升行动（“春潮行动”）的重要组成部分，将“已经从事或想要从事家政服务的农村转移就业女性劳动者，特别是建档立卡的农村贫困妇女、城镇登记女性失业人员、毕业年度高校女毕业生、劳动年龄内的城乡未继续升学的应届初高中女毕业生”作为培训对象，要求妇联组织发挥自身优势做好宣传动员工作。

2017 年，发展改革委等多部门联合印发《家政服务提质扩容行动方案（2017 年）》的通知（发改社会〔2017〕1293 号），着力推进家政服务业专业化、规模化、网络化、规范化发展，充分发挥好家政服务业对稳增长、促就业、惠民生方面的促进作用。该行动方案提出“通过组织实施行动方案，促进家政服务行业仍保持较快增速，2017 年营业收入增长率保持在 20% 以上，达到 4000 亿元以上，家政服务业吸纳农村转移劳动力、城镇下岗职工、中西部贫困地区女性、‘4050’人员、灵活就业人员等重点群体就业的作用进一步增强，从业人员数量达到 2800 万人左右，为家政服务业长远健康发展夯实基础”的主要目标，制定了引导家政企业做大做强；加强对行业发展的政策扶持；健全职业培训制度，大力提升职业化水平；完善家政服务标准和服务规范；强化监管，进一步优化市场环境五项重点任务。

2018 年 3 月，国家发展改革委等二十多个部门联合印发《关于对家政服务领域相关失信责任主体实施联合惩戒的合作备忘录》的通知（发改财金〔2018〕277 号），就家政服务领域严重违法失信责任主体开展联合惩戒工作达成一致，严格依据相关法律法规和政策制定惩戒措施和实施部门，为优化家政服务业创设健康的外部发展环境。

2019 年 4 月，商务部、发展改革委、财政部、国务院扶贫办、全国妇联联合发布《关于深化提升“百城万村”家政扶贫的指导意见》（商服贸函〔2019〕153号），确定“2019年，组织100个以上中心城市与国家级贫困县进行对接，推广一批可复制的成功经验，树立一批家政扶贫示范企业和带头人，稳固已经从事家政等居民生活服务的建档立卡贫困人口就业，动员一批有意从事家政等居民生活服务的建档立卡贫困人口受训，安排一批有意从事家政等居民生活服务的建档立卡贫困人口就业，争取在年内新增就业10万人以上”为主要目标，制定了组织家政服务供需对接、建设家政劳务输出基地、提高家政服务培训水平、扩大家政服务就业成效、建立家政服务信用体系、扩大家政扶贫商业保险覆盖面、完善家政扶贫配套政策、加强家政扶贫组织领导等方面的具体措施。

2019年，财政部、税务总局、发展改革委、民政部、商务部、卫生健康委六部门联合发布《关于养老、托育、家政等社区家庭服务业税费优惠政策的公告》（财政部公告2019年第76号），对为社区提供养老、托育、家政等服务的机构实行税费优惠政策，执行期为2019年6月1日至2025年12月31日。

2019年6月，《国务院办公厅关于促进家政服务业提质扩容的意见》（国办发〔2019〕30号）印发，指出家政服务业仍旧存在“有效供给不足、行业发展不规范、群众满意度不高”等问题，因此为实现家政服务业的高质量发展，提出十点意见：

“第一条采取综合支持措施，提高家政从业人员素质。该条要求各部门根据分工支持院校增设家政服务相关专业、以市场为导向培育产教融合型家政企业、由政府支持家政企业举办职业教育、提高失业保险基金结余等支持家政培训的力度、加大岗前培训和‘回炉’培训工作力度。第二条针对员工制家政企业的发展，要求各部门根据分工和职责对员工制家政企业参加相应的社会保险、确定工时、进行企业稳岗返还和免费培训，还提出重点城市率先支持员工制家政企业发展。第三条是财税金融方面，包括增值税加计抵减比例提高、免征适用范围扩大、开展‘信易贷’提供无抵押无担保的信用贷款，以及拓展多元融资渠道等工作内容。第四条着眼家政服务人员的从业环境，从公共服务政策方面入手，要求加强社会保障支持、发展家政商业保险、维护合法权益、改善居住条件、畅通职业发展路径以及表彰激励优秀的从业人员。第五条关注家政从业人员的健康水平，主要通过制定分类体检的项目和标准，以及做好体检管理服务的方式健全体检服务体系。第六条推动家政进社区，促进居民就近享有便捷服务，具体措施包括支持家政企业在社区内设置服务网点，以及加大社区家庭服务税费减免力度，鼓励社区内家政服务的发展。第七条从平台建设的角度，要求建立家政服务信用信息平台系统，优化家政服务信用信息服务，加大守信联合激励和失信联合惩戒力度。第八条着眼加强家政供需对接，要求建立家政服务城市与贫困县稳定对接机制，建立健全特殊人群家政培养培训机制，拓宽贫困地区人口的就业渠道。第九条聚焦标准化建设，健全家政服务标准体系，推广使用家政服务合同示范文本，加快建立家政服务人员持证上门制度，开展家政服务质量第三方认证，建立家政服务纠纷常态化多元化调解机制，以提升家政服务规范化水平。第十条发挥规范示范作用，促进家政服务业可持续发展。工作内容包括建立健全家政服务法律法规，促进家政服务业与相关产业融合发展，以及培育家政服务品牌和龙头企业。”

同年6月，商务部和国家发展改革委发布《关于建立家政服务业信用体系的指导意见》(商服贸函〔2019〕269号)，依据《国务院关于印发社会信用体系建设规划纲要（2014—2020）的通知》(国发〔2014〕21号)、《国务院关于建立完善守信联合激励和失信联合惩戒制度加快推进社会诚信建设的指导意见》(国发〔2016〕33号)、《国务院办公厅关于促进家政服务业提质扩容的意见》(国办发〔2019〕30号)、《发展改革委、人民银行、商务部等28个部门关于对家政服务领域相关失信责任主体实施联合惩戒的合作备忘录》(发改财金〔2018〕277号）和《家庭服务业管理暂行办法》，提出建立家政服务员信用记录、建立家政企业信用记录、建立省级家政服务业信用信息平台、建立全国家政服务业信用信息数据库、实施家政服务领域守信激励和失信惩戒机制五项任务。

2019年7月，《人力资源社会保障部办公厅关于〈国务院办公厅关于促进家政服务业提质扩容的意见〉部内分工的通知》(人社厅督〔2019〕22号）发布，对12项工作进行了工作分工：

“由教育部会同人力资源社会保障部、商务部等负责支持院校增设一批家政服务相关专业。由教育部、发展改革委、财政部、商务部、人力资源社会保障部，地方各级人民政府负责支持一批家政企业举办职业教育。由人力资源社会保障部会同财政部等负责，地方各级人民政府负责提高失业保险基金结余等支持家政培训的力度。由商务部、发展改革委、教育部、人力资源社会保障部、全国总工会、全国妇联等按职责分工负责加大岗前培训和‘回炉’培训工作力度。由人力资源社会保障部、医保局、商务部负责员工制家政企业员工根据用工方式参加相应社会保险。由人力资源社会保障部、商务部、全国总工会，地方各级人民政府负责灵活确定员工制家政服务人员工时。由人力资源社会保障部、财政部按职责分工负责，地方各级人民政府负责对员工制家政企业实行企业稳岗返还和免费培训。由人力资源社会保障部，地方各级人民政府负责加强社保补贴等社会保障支持。由人力资源社会保障部、教育部、商务部按职责分工负责，地方各级人民政府负责畅通家政从业人员职业发展路径。由商务部、人力资源社会保障部、全国总工会、全国妇联、共青团中央、发展改革委等按职责分工负责，相关地方人民政府负责表彰激励优秀家政从业人员。由人力资源社会保障部、商务部、全国总工会、全国妇联等按职责分工负责建立家政服务城市与贫困县稳定对接机制。由商务部会同人力资源社会保障部等负责推广使用家政服务合同示范文本。”

同年 7 月，国家发展改革委、教育部、人力资源社会保障部和全国妇联联合印发《关于开展家政服务业提质扩容“领跑者”行动试点工作的通知》（发改社会〔2019〕1182 号）提出要推动试点地区出台一批可持续、可复制的政策措施，培育一批竞争力强、服务质量高、经济社会效益好的家政企业，加强家政行业信用体系建设，健全家政人才培训体系，实现试点地区家政服务实训能力全覆盖。促进家政服务业质量进一步提高，基本实现专业化、规模化、网络化、规范化发展。该通知指出试点城市的主要任务是营造良好市场环境，深入开展家政培训提升行动，规范行业发展，而示范企业的主要任务是完善培训体系，提高服务质量，承担公益责任。

同年 7 月，发展改革委办公厅、商务部办公厅、教育部办公厅、人力资源社会保障部办公厅、全国总工会办公厅、共青团中央办公厅、全国妇联办公厅联合发布《关于开展 2019—2020 年家政培训提升行动的通知》（发改办社会〔2019〕769 号），聚焦家政服务人才队伍建设，制定“到

2020 年底实现 100 万以上人口的城市家政服务实训能力全覆盖，培训数量超过 500 万人（次）”，其中全国总工会实施“工会技能培训促就业行动”，到 2020 年年底前培训家政从业人员 20 万人次，全国妇联依托巾帼系列，到 2020 年年底前培训家政从业人员 30 万人次，其他中央部门和各级地方政府通过多种方式在 2020 年年底培训家政从业人员 150 万人次，其他各类家政企业和职业技能实训基地在 2020 年年底前培训家政从业人员 300 万人次。该通知明确由政府、企业、院校和实训基地面向家政企业职业经理人和家政服务人员提供培训，并将培训情况纳入家政服务业信用体系。

2019 年 8 月，国家发展改革委办公厅、商务部办公厅、公安部办公厅、人民银行办公厅、税务总局办公厅、市场监管总局办公厅、银保监会办公厅联合发布《关于开展家政服务领域信用建设专项行动的通知》（发改办社会〔2019〕878 号），基于落实《国务院办公厅关于促进家政服务业提质扩容的意见》和《商务部　发展改革委关于建立家政服务业信用体系的指导意见》，提出“构建以信用为基础的新型行业管理体系，以推进家政企业、家政服务人员及消费者信用记录为重点，以建立健全家政服务业信用工作机制为保障，坚持守信激励与失信惩戒并举、行业自律与政府监管并重，进一步增强各地各部门信用工作意识，明确工作责任，建立长效机制，营造齐抓共管的工作氛围；进一步引导规范家政企业、从业人员和消费者的行为，营造诚信经营、优质服务的市场环境，增强全社会的诚信意识和信用水平，促进家政服务业规范发展”的工作目标，具体工作内容包括：由商务部和发展改革委负责逐步建立家政企业、从业人员及消费人员的信用记录；由商务部、发展改革委负责推动信用信息共享和应用；由商务部、发展改革委、公安部、人民银行、税务总局和银保监会负责开展守信联合激励；由商务部、发展改革委、公安部、人民银行、税务总局、市场监管总局和银保监会负责开展失信联合惩戒。

2019 年 9 月，《国务院办公厅关于同意建立促进家政服务业提质扩容部际联席会议制度的函》（国办函〔2019〕104 号）发布，“同意建立由发展改革委、商务部牵头的促进家政服务业提质扩容部际联席会议制度。联席会议不刻制印章，不正式行文，请按照国务院有关文件精神认真组织开展工作。发展家庭服务业促进就业部际联席会议同时撤销”。

2020年，新冠疫情影响下，家政服务供需矛盾凸显，商务部等8部门联合印发《关于加快家政服务业信用体系建设　有序推动家政服务企业复工营业的通知》，启用家政服务信用信息平台，支持家政服务员做好疫情防控、进入社区、上门服务，不仅有力回应了新冠疫情期间对家政服务信用的特定需求，实际上也跟进了家政服务业长年来存在的信用缺失问题。

2020年6月，商务部、国家卫生健康委员会联合发布《关于建立家政服务员分类体检制度的通知》(商服贸规函〔2020〕191号)，要求在做好疫情常态化防控工作的基础上建立家政服务员分类体检制度，规范家政服务员体检工作。根据服务对象和接触方式的特点，该通知将家政服务员体检标准按照严格程度由低到高依次分为一般家政服务员、居家家政服务员、养老照护服务员和母婴照护服务员，对应不同的体检标准。

在正式发布通知前，商务部办公厅和国家卫生健康委办公厅于2019年12月就《商务部　国家卫生健康委员会关于建立家政服务员分类体检制度的通知（征求意见稿)》公开征求意见。

2021年，国家发展改革委、商务部、教育部等15部门联合印发《深化促进家政服务业提质扩容“领跑者”行动三年实施方案（2021—2023年)》(发改社会〔2021〕1505号)，提出要着力落实好9方面32条重点任务。

“一是发展员工制家政企业。落实相关政策，为员工制家政企业从业人员提供住房保障，制定推行合同示范文本，推行家政服务新模式。二是推动家政进社区。设立家政社区服务网点，提高社区家政供需对接效率，为重点人群提供家政服务，优化供给方式，丰富服务内容，推动家政院校进社区。三是打造知名家政品牌。开展家政服务机构评价，积极开展优质家政企业交流活动。四是持续提高家政从业人员素质。推动家政进校园，培育产教融合型家政企业，深入开展岗位培训。五是提高家政从业人员待遇。实行技能等级认定和完善薪酬分配制度，提供更好体检服务，给予公共服务便利及保障，提高职业保障水平。六是引领家政产业集聚发展。科学谋划产业集聚，建设家政产业园区，搭建区域间供需协作机制。七是推动家政领域信用建设。搭建家政信用服务平台，完善家政信息录入机制，开展家政企业信用建设专项行动，进行家政诚信宣传。八是强化财政金融支持。整合现有资金渠道，加大支持力度，提升金融服务质效。九是推动家政服务标准化。加强家政行业规范发展，规范服务价格秩序，促进家政行业协会发展。”

为落实组织实施，该方案还明确由国家发展改革委、商务部牵头对方案实施情况进行跟踪监测，在综合评估的基础上，通报领跑城市评估排名，对领跑城市进行动态调整。

2021 年 10 月，商务部、发展改革委、人力资源社会保障部、国家乡村振兴局、教育部、民政部、财政部、住房和城乡建设部、人民银行、市场监管总局、银保监会、全国总工会、共青团中央、全国妇联 14 部门联合印发《家政兴农行动计划（2021—2025 年）》（商服贸函〔2021〕512 号），对这五年工作的目标定位为“到 2025 年，农村劳动力特别是脱贫劳动力从事家政服务的渠道更加通畅，家政服务对带动就业、保障民生的作用明显增强，家政扶贫成果进一步巩固，家政服务品牌化、信息化、专业化、规范化水平有效提升，家政服务有效供给显著增加，人民群众对家政服务的满意度稳步提高”。为确保工作顺利进行，该文本从加大动员帮扶力度、加强供需双方对接、促进家政服务下沉、提升家政服务技能、优化从业环境、促进规范发展、发展新业态新模式、加强组织实施 8 方面提出 25 条工作举措。

2022 年 5 月，为贯彻落实《国务院办公厅关于促进家政服务业提质扩容的意见》等文件精神，国家发展改革委、商务部会同有关部门，研究起草了《促进家政服务业提质扩容 2022 年工作要点》，从以下 9 部分提出了包括提高从业人员素质、推进数字化发展、大力发展居家育幼服务等 33 条具体任务。一是提高社区家政服务便利高效性，大力推动家政行业职业化发展。二是以信用建设为主要抓手，大力推动家政行业规范化、标准化发展。三是发挥示范引领作用，大力推动家政行业品牌化、规模化发展。四是持续提高家政从业人员素质，大力推动家政行业专业化发展。五是强化科学技术蓄势增能作用，大力推进家政行业数字化发展。六是聚焦重点人群加大服务供给，大力推动家政行业多元精准发展。七是对接国家重大发展战略，大力推动家政行业区域协同发展。八是加大保障政策支持力度，大力推动家政行业可持续发展。九是充分发挥群团组织作用，大力推动家政行业社会协同发展。

2022 年 11 月，国家发展改革委、商务部、教育部、民政部、人力资源社会保障部、卫生健康委、市场监管总局、乡村振兴局、全国总工会、共青团中央、全国妇联联合发文《关于推动家政进社区的指导意见》（发改社会〔2022〕1786 号），提出“到 2023 年底，促进家政服务业提质扩容‘领跑者’行动重点推进城市的社区家政网点服务能力覆盖率达到 90% 以上，全国家政服务网点服务能力进一步提升。到 2025 年，全国基本实现社区家政服务能力全覆盖，推动家政行业从业人员进一步增加，消费规模进一步扩大，服务品质进一步提升”的工作目标，明确了推动家政服务网点进社区、推动家政培训进社区、挖掘家政社区就业潜力、创新家政进社区的服务供给、创新家政进社区的供应链五项任务，制定了加强组织领导、建立重点联系企业制度、拓宽资金支持渠道、加强引导和宣传四条保障措施。

2022 年 12 月，市场监管总局、民政部和商务部联合印发《养老和家政服务标准化专项行动方案》，作为《国家标准化发展纲要》提出的 5 个专项行动之一，提出了到 2025 年家政服务标准化工作的总体目标，以及 4 大方面（标准体系建设、标准实施与监督、标准化能力建设、标准国际化）、10 项重点任务。

2023 年 2 月，中共中央、国务院印发《质量强国建设纲要》，在“促进生活服务品质升级”方面要求培育家政服务优质服务品牌，把推动发展的立足点转到提高质量和效益上，培育以技术、标准、品牌、质量、服务为核心的经济发展新优势。

2023 年 5 月，商务部、国家发展改革委联合印发《促进家政服务业提质扩容 2023 年工作要点》，促进家政服务业提质扩容部际联席会议成员单位从六方面实施 25 项具体措施：

“一是提高从业人员职业素养。实施家政服务员技能升级行动，整合线上线下培训资源；开展巾帼家政服务培训和工会家政就业技能培训项目试点、工会家政专业阳光暖心项目试点等；引导院校加强家政专业建设，打造一批核心课程、优质教材、教师团队、实践项目。二是强化政府监管和行业自律。制定家政服务业自律公约，引导家政企业开展优质服务承诺，主动公开服务标准、价格等信息；升级家政服务信用信息平台，强化信用信息共用；实施家政服务标准化专项行动，推动出台一批国家标准、行业标准、地方标准和团体标准。三是搭建供需对接平台。深入实施家政兴农行动；持续开展家政劳务对接，加大家政劳务品牌建设和宣传推介力度；积极培育员工制家政企业；开展家政服务对接招聘活动。四是积极推动家政进社区。加强家政进社区经验交流；积极发展居家婴幼儿照护服务，统筹考虑社区婴幼儿照护设施与家政服务网点有机融合，拓展社区托育服务功能；发挥妇联组织作用推进家政进社区，推动社区家政服务和妇女工作联动发展。五是提升从业人员保障水平。保障灵活就业家政服务员权益；鼓励保险机构研发家政相关商业保险产品；提高家政服务员就业质量，引导家政企业规范用工。六是落实助企纾困政策。贯彻落实就业促进政策，指导各地继续对符合条件的家政企业和从业人员按规定落实创业担保贷款、一次性创业补贴、社保补贴，以及失业保险稳岗返还、技能提升补贴等政策；落实小规模纳税人减免增值税、增值税加计抵减、'六税两费'减免等政策。"

2023年7月，商务部、国家发展改革委、教育部、公安部、财政部、人力资源社会保障部、住房城乡建设部、中国人民银行、国家乡村振兴局、税务总局、市场监管总局、金融监管总局、国家医保局、全国总工会、共青团中央、全国妇联16部门印发《2023年家政兴农行动工作方案》的通知（商服贸函〔2023〕230号），明确家政兴农是落实乡村振兴战略的部署，巩固拓展家政扶贫成果并将其与乡村振兴战略实施有效衔接，更好发挥家政服务业促消费、惠民生、稳就业的作用。通知从"拓宽就业渠道、提升就业质量、加强跟踪服务、完善配套政策"四方面提出16条工作要求。

2023年12月，国家发展改革委等部门印发《关于支持和引导家政服务业员工制转型发展的指导意见》（发改社会〔2023〕1642号），将家政服务业向员工制转型发展作为家政服务业提质扩容的重要举措，设立"市场主导、政府引导，尊重规律、分类推进，改革创新、探索试点"的基本原则，设定"至2027年，实行员工制的家政企业明显增加，家政员工的数量和比例较大幅度增加，从业人员专业素质和工作稳定性明显提升。至

2035 年，员工制成为家政服务业发展的重要模式，家政从业人员更加体面，就业更加稳定，家政服务更加规范，企业风险更加可控，人民群众对家政服务满意度显著提升”的发展目标。

2024 年 3 月，国家发展改革委办公厅、商务部办公厅印发《促进家政服务业提质扩容 2024 年工作要点》，指出 2024 年家政服务业工作的重点是“提质”，计划开展建设“巾帼家政”服务品牌、建设“工益家政”服务品牌、发挥家政“领跑者”示范作用、开展家政产教融合专项行动、开展家政从业人员职业化水平提升行动、持续推进养老和家政服务标准化专项行动、深化家政信用体系建设、提高家政劳务对接质量、深化“家政兴农”行动、推广家政进社区典型做法十项行动。

2024 年 6 月，人力资源社会保障部、国家发展改革委、商务部、教育部、农业农村部、全国总工会和全国妇联联合发布《关于加强家政服务职业化建设的意见》（人社部发〔2024〕49 号），就加强家政服务业职业化建设提出十条意见，包括完善家政服务职业标准体系，提升家政服务从业人员职业技能，加强家政服务专业化培养，优化家政服务从业人员职业评价，开展家政服务职业技能竞赛，加强家政服务培训能力建设，促进家政服务业规范发展，扩大家政服务从业规模，维护家政服务从业人员合法权益，开展家政服务职业化建设宣传。

2024 年 7 月，根据党中央、国务院关于推进乡村振兴发展服务消费的决策部署，商务部等 9 部门印发《2024 年家政兴农行动工作方案》（商服贸函〔2024〕119 号），旨在发挥家政服务业促消费、惠民生、稳就业的重要作用。该方案从供需对接、品牌培育、帮扶力度、政策支持、发展环境方面提出了共计 25 条工作要求，每一项工作均压实到具体部门，如全国妇联负责第八条“推进巾帼家政品牌建设，开展巾帼家政服务案例展示活动，加强宣传推广，持续提升巾帼家政培训水平”，而教育部则负责第二十二条“加快推进义务教育优质均衡发展和城乡一体化，指导各地建立与常住人口变化相协调的基本公共教育服务供给机制，加快城镇学校扩容增位，全面落实‘两为主、两纳入、以居住证为主要依据’的随迁子女入学政策，有效保障符合条件的进城家政服务员随迁子女在流入地平等接受义务教育”。

2024 年 8 月，国务院印发《关于促进服务消费高质量发展的意见》（国发〔2024〕18 号），明确提出“深化家政服务劳务对接行动，推动家政进社区，增加家政服务供给”“优化家政服务信用信息平台和‘家政信用查’功能”等具体任务。如在“挖掘基础型消费潜力”中提到在家政服务消费板块要“支持员工制家政企业发展，畅通家政从业人员职业发展通道。深化家政服务劳务对接行动，推动家政进社区，增加家政服务供给。实施家政服务员技能升级行动，推进家政服务品牌建设，打造巾帼家政服务品牌。指导制定家政服务公约，优化家政服务信用信息平台和‘家政信用查’功能，推行电子版‘居家上门服务证’”。

2024 年 10 月，国家发展改革委、教育部、财政部、人力资源社会保障部、商务部印发《关于深化家政服务业产教融合的意见》（发改社会〔2024〕1521 号），指出要通过发展家政相关专业学历教育、完善家政相关职业教育专业教学、大力发展家政继续教育和加强家政服务通识教育四方面加强家政人才教育培养，要通过健全家政企业培训制度、健全技能提升工作体系、加强家政培训品牌建设来强化家政从业人员技能提升，以培育家政产教融合型企业、支持建设家政实训基地、打造家政产教融合新型载体完善家政产教融合载体，而在赋能家政企业高质量发展方面，要做到促进人才培养匹配市场需求、促进行业升级和融合发展、深化供需对接促进高质量充分就业。

## 四、家政服务的发展方向

综合现有研究，家政政策和家政学学术研究在历时维度有明显的起伏，表现在 2009 年和 2017 年前后各自出现量级的增加趋势，可见学科和政策能够在较为密切的互动中良性促进。

### （一）重要时间节点

直到 2010 年，家政服务和家庭服务仍旧出现混合／交叉使用的情况，如当年国务院办公厅下发《关于发展家庭服务业的指导意见》（国办发〔2010〕43 号），商务部发布《商务部关于加快家政服务业发展的意见》（商商贸发〔2010〕165 号)，两种表述同期在不同主体发布的不同层级政策文本中综合使用。

2011 年，政策文本首提“员工制”，这一建设方向也成为后期企业规范化标准化建设的主要途径。

2012 年，有关家政建设的内容在国家级社会经济规划中体现，标明政策从多部门各自作战向更加全面系统的视角提出建设策略。

2017 年，首提家政服务业“提质扩容”，这一界定成为后期高质量建设家政服务业的基点。

2019 年最为重要，连续出台了多项政策，除了继续强调提质扩容外，试点示范、扶贫、劳务输出等也成为政策切入点。但 2020 年国内和国际社会同步进入新冠疫情防控，基于疾病预防与控制逻辑的社会性隔离对家政服务的开展和持续建设都提出了挑战。

至今，家政政策已经形成人力方面数量质量兼顾、企业方面重点强调员工制、行业方面加强标准化信息化和信用建设的多元主体合力建设逻辑。

### （二）重要建设维度

从政策发力点来看，始终紧密围绕“小散乱”的挑战，强调主管部门牵头负责、多部门协同跟进、部际形成工作机制的合作格局。

第一，针对从业人员少且质量难以满足需求的情况，政策从启动登记摸底到专项培训提升均覆盖，大大补充了从业人员数量的不足，批量化提升了从业人员的素养。

上海市妇联探索家政员登记注册制度，要求在本市行政区域内从事家政服务的人员向指定机构注册登记，并取得统一发放的“家政服务从业人员登记注册证”。

2019 年 10 月，广东省人力资源和社会保障厅印发《广东省实施“南粤家政”工程促进就业工作方案的通知》(粤人社发〔2019〕121 号)，根据《国务院办公厅关于促进家政服务业提质扩容的意见》(国办发〔2019〕30 号)，结合当地情况，定下“到 2021 年，实现‘南粤家政’培训就业‘十百千万’目标：建设扶持 50 家省级家政服务培训示范基地；建设扶持

100 家家政服务龙头企业；动员引导 1000 个以上有资质有能力的培训机构参与培训；每年开展家政服务类培训 20 万人次以上，带动就业创业 40 万人次以上，满足社会不同层次家政服务需求，助推粤港澳大湾区建设、乡村振兴发展、民族地区加快高质量发展，牵引破解城乡二元结构，坚决打赢精准脱贫攻坚战”的工作目标，包括实施“南粤家政”技能提升行动计划、“南粤家政”就业创业行动计划、“南粤家政”品牌创建行动计划和“南粤家政”权益保障行动计划四项工作内容，以及母婴服务培训、居家服务培训、养老服务培训、医疗护理服务培训四项重点培训项目。

2020 年 6 月，河北省发改委等 8 部门印发《关于加快推进家政服务扶贫产业促进家政服务业提质扩容的实施意见》，提出“家政服务扶贫产业加快发展，精准扶贫作用有效发挥，有意愿、有能力从事家政服务的建档立卡贫困人口实现应培尽培，每年有组织向京津输出 2000 人以上，带贫率达到 15% 以上……到 2020 年底，全省累计培训家政服务人员超过 25 万人次。省级家政服务信用信息平台基本建成；到 2022 年底，员工制家政企业比例达到 5%，家政服务进社区实现全覆盖”的总体目标，并设置了六项重点任务，包括实施家政服务扶贫工程、着力发展员工制家政企业、着力推动家政服务进社区、实施家政培训提升行动、实施家政服务领域信用建设专项行动、开展家政服务业提质扩容“领跑者”行动，此外，还明确了从财政支持到税费优惠的保障措施。

2021 年 2 月，江西省发改委出台《江西省促进家政服务业提质扩容行动方案》，即对《国务院办公厅关于促进家政服务业提质扩容的意见》（国办发〔2019〕30 号）的贯彻落实，将发展目标设定为截至 2022 年年底，第一是产业规模快速增长。全省各类家政服务机构达到 2000 家，从业人员达到 60 万人。第二是培训体系建立健全。全省家政培训基地达到 100 家以上，实现所有设区市家政服务培训能力全覆盖，累计培训人员 30 万人次。第三是服务质量全面提升。行业信息化、标准化、专业化水平和从业人员综合素质大幅提升，全省员工制家政企业占比大幅提高。为实现这一目标，制定了 20 条工作任务，从行业人员、市场主体和发展环境三方面推进提质扩容。

第二，针对企业发展和行业发展的痛点，加快标准化建设及其引导，重视对互联网等技术要素和社会生活需求的回应。

在企业发展方面，2018 年前后有关家政服务业的讨论还仅仅提到互联网的特殊性，当时聚焦的还是有关数据挖掘和应用、人像认证技术等内容。如 2017 年 5 月，国家发展和改革委员会社会发展司、人力资源和社会保障部农民工工作司组成联合调研组在江苏和甘肃开展家政服务业专题调查，调研了斑马电商云等“互联网 + 家政”企业。此后，使用现代信息技术促进行业网络和信用体系建设之外，政策还关注互联网载体下家政消费的特性，主动探索满足消费者即时化的需求。

在行业标准化建设方面，目前家政服务市场化的部分标准包括《家政服务基本规范》《家政服务业应急快速反应规范》《家政服务业通用术语》《家政服务网络中心建设规范》《家政服务　母婴护理服务质量规范》《家政企业等级评价体系》《家政员资质等级评价体系》《家庭保洁服务规范》等文件，它们规范了家政行业，促进产业标准化发展。

可以说，尽管存在发文层级不均衡（高层少、部委及以下多）的情况，但家政政策的影响力很强，其突出表现在执行情况良好，特别是地方能够较快因地制宜跟进。如 2015 年，国家标准委等 5 部门联合发布关于加强家政服务标准化工作的指导意见。第二年内蒙古自治区的《家政服务规范》地方标准也通过国家标准化管理委员会审核备案，正式实施。同样是在 2016 年，北京市商务委指导北京家政服务协会、北京母婴服务协会举办家政服务行业标准规范宣贯会，介绍了北京市从现行国家标准、地方标准中选出来的 22 条标准规范。2019 年 12 月，上海市十五届人大常委会第十六次会议表决通过了《上海市家政服务条例》，于 2020 年 5 月 1 日起施行。该条例从机构和人员、规范和管理、规范和发展、行业建设、法律责任方面作了相应规定。2022 年 1 月，甘肃省商务厅、省市场监督管理局、省家庭服务行业协会共同举办《育婴服务要求》《家政服务机构与从业人员基本要求》两个甘肃省地方标准宣贯培训班。2022 年 11 月，海南省市场监管局批准发布《家政服务机构管理要求》《家政服务从业人员基本要求》《家政保洁服务质量规范》三项地方标准，《家政服务机构管理要求》规定了家政服务机构管理模式、要求和服务保障，适用于开展家政服务活动的家政服务机构；《家政服务从业人员基本要求》规定了家政服务机构管理层、工作人员和家政服务员的岗位要求和工作内容，适用于家政服务从业人员基本管理；《家政保洁服务质量规范》规定了家政保洁服务质量规范的基本要求、执业管理、工作流程及要求、质量要求、质量监督，适用于规范家政保洁服务行业服务质量，这三项地方标准于当年 11 月 30 日开始实施。各省市地区持续通过不同方式包括但不限于吹风会、培训班、交流会等推进家政服务业标准化建设。

总而言之，家政政策对家政服务的质量、能力、市场供给等作出明确规定，从业人员规模和素养有显著扩大和提升，企业规模化、品牌化发展态势良好，行业发展逐渐规范化。面向未来的家政政策，应当回应行业现实发展需求兼顾学术研究发现，在接下来一个阶段仍旧基于提质扩容的外延，一方面，注重新平台新技术新需求下的家政服务内容建设，回应日益细化的赛道，拓展日常劳务之外的使用场景，满足消费者日益增长的个性化、专业化需求；另一方面，强化质量保障，包括标准化建设、信用建设、示范激励等。

# 第九章　中国养老政策的变迁

中华民族历来重视家庭，孝老、爱老、尊老、敬老是中华民族的传统美德。在漫长的历史长河中，家庭一直承担着养老任务，养儿防老成为代际关系的核心理念之一。作为天然的养老单位，由家庭为老人提供赡养服务被视为一件天经地义的事情。家庭是整个养老体系的基石。

新中国成立以来，在《中华人民共和国宪法》《中华人民共和国婚姻法》《中华人民共和国老年人权益保障法》等多部法律中，都肯定了家庭养老的法律地位，其中1996年8月29日颁布的《中华人民共和国老年人权益保障法》中明确规定“老年人养老主要依靠家庭，家庭成员应当关心和照料老年人”，“赡养人应当履行对老年人经济上供养、生活上照料和精神上慰藉的义务，照顾老年人的特殊需要”。从社会发展来看，家庭养老不仅体现了代际经济上的互惠互助，更重要的是体现了供养双方精神上的互相慰藉。无论社会经济发展到何种程度，无论人们的思想观念、价值取向及家庭结构发生怎样的变化，中华民族传统的伦理道德仍然是维系人们正常生活的基本准则。因为，在家庭中，由于长期共同生活而形成的融洽的亲情关系，是任何其他社会关系所无法替代的。

中国的家庭养老模式，也引起了国际社会的关注。1982年，在维也纳召开的联合国老龄问题世界大会上，大会秘书长指出：“以中国为代表的亚洲方式，是全世界解决老年人问题的榜样。”所谓亚洲方式，就是专指家庭养老方式。当时，在中国这样一个人口众多、经济尚不发达的发展中国家里，发挥家庭养老的作用，意义非常深远，而且坚持和发展家庭养老的传统，对发展中国家解决人口老龄化问题会有一定的影响。

然而，随着经济社会的发展，家庭养老出现了一些新问题新情况，如：家庭养老的观念、意识淡化；“父母在，不远游”的束缚已彻底被打破；家庭结构趋于小型化、核心化已成为既定事实，平均每个家庭户的人口由 2010 年第六次全国人口普查时的 3.10 人下降到第七次全国人口普查时的 2.62 人，减少 0.48 人。在城市，家庭规模日趋缩小，核心家庭、空巢家庭、老年人家庭日益增多。在农村，老年人的家庭地位发生了根本变化，年轻劳动力人口大量外流，家庭养老的基础不断瓦解。有学者研究发现，农村家庭养老已经全面弱化，其中，经济支持弱化了 25.0%，生活照料弱化了 5.6%，精神慰藉弱化了 30.7%。城市化已冲击了传统的家庭支持系统，导致家庭支持网的弱化。家庭支持资源的减少，不可避免地导致家庭养老功能削弱。传统的家庭养老已经遇到了前所未有的挑战。

在人口老龄化背景下，面对庞大的老年群体，如何做到老有所养、老有所依，满足老年群体日益增长的需求，不可能离开家庭养老，这是中国延续几千年的社会根基。习近平总书记指出：“要加强家庭建设，教育引导人们自觉承担家庭责任、树立良好家风，巩固家庭养老基础地位。”因此，我们不应忽视家庭在整个养老体系中的地位和作用，面对家庭养老功能的持续弱化，我们应及时出台政策，加大对家庭养老的支持力度，大力弘扬孝亲敬老的中华民族传统美德，为广大家庭和老年群体构建一个稳定的养老保障家庭支持政策体系，夯实我国的养老基础。

人口老龄化是今后较长一段时期我国的基本国情。以习近平同志为核心的党中央高度重视老龄工作，围绕积极应对人口老龄化，擘画老龄工作发展蓝图。从党的十九届五中全会把积极应对人口老龄化上升为国家战略，到党的二十大作出实施积极应对人口老龄化国家战略的总体部署；从党的二十届二中全会将组织拟订并协调落实应对人口老龄化政策措施等职责划入民政部，到党的二十届三中全会对深化老龄和养老服务领域改革作出部署……一系列战略部署，为做好新时代新征程老龄工作提供了根本遵循。为此，本章将围绕家庭养老，以时间为顺序，梳理新中国成立以来国家出台的一系列相关政策、法规、文件，以此展现家庭养老政策的历史变迁。

## 一、养老政策探索起步阶段（1949—1993 年）

家庭养老在我国老年事业中具有特殊作用，居于基础地位，是我国的主要养老方式。新中国成立后，中国农村家庭养老仍是占主导地位的养老方式，并在实践中形成了以家庭养老为主、农村集体养老为辅的农村家庭养老保障制度。这一时期的养老服务相关政策处于探索起步阶段，养老服务政策体系以城市“三无”老人与农村“五保”老人为主要对象。这一时期的政策没有涉及有子女的老年人，也就是说，家庭是照料老人的主体，只有没有子女的老年人的照护问题才在政策中有所体现，也意味着家庭（子女）承担着生活在家庭中老年人的全部照护责任。

1982 年，国务院批准成立老龄问题世界大会中国委员会，同年，国务院将其更名为中国老龄问题全国委员会，随后各地也纷纷成立老龄工作机构。

1992 年 1 月，民政部发布《关于印发〈县级农村社会养老保险基本方案〉（试行）的通知》（民办发〔1992〕2 号），提出，农村社会养老保险是国家保障全体农民老年基本生活的制度，是政府的一项重要社会政策。建立农村社会养老保险制度，要从我国农村的实际出发，以保障老年人基本生活为目的……坚持社会养老保险与家庭养老相结合；坚持农村务农、务工、经商等各类人员社会养老保险制度一体化的方向。

1993 年 6 月，民政部会同十三部门联合发布了《关于加快发展社区服务业的意见》，此文件首次提出了“养老服务”这一概念，明确将养老服务项目纳入社区服务业的范畴，成为社区居家养老服务发展的政策起点。

1993 年 11 月，党的十四届三中全会通过的《中共中央关于建立社会主义市场经济体制若干问题的决定》提出农民养老以家庭保障为主，与社区扶持相结合。

这一时期，人口老龄化问题并不突出，社会各界对养老的关注仅仅局限在农村养老、农民养老，尚未有养老服务系统化、明确化的规定。

## 二、养老政策政府主导阶段（1994—1999 年）

在这个阶段，国家开始重视老龄化问题，并逐步探索建立家庭、社会和社区相结合的养老模式。

1994 年 12 月，国家计委、民政部等十部门联合发布《中国老龄工作七年发展纲要（1994—2000 年）》（中老联字〔1994〕70 号），这是中国第一个全面规划老龄工作和老龄事业发展的重要指导性文件。它的起草发布，标志着中国老龄工作和老龄事业开始步入有计划的发展轨道，对于推动老龄工作和老龄事业的发展起到重要作用。这一时期养老服务体系建设以政府承担费用、政府直接举办为主要方式，以机构建设为重心。从理论上讲，这一时期少部分家庭可以选择社会化的机构养老方式，但是在提及家庭的养老服务相关法律、法规和政策文件中，仅仅强调了家庭的作用，至于家庭是否能够承担这些职责、如何承担这些职责却没有提及，其原因在于实际上家庭仍然是绝大部分老年人照护的责任主体。

1994 年以来，学界将老龄问题的主题研究从养老保障的经济给付转移到服务给付，以家庭为主的非正式照料体系开始逐步向以政府为主供给服务的正式照料体系过渡。这一时期养老服务体系的研究主题较集中，多为养老模式的选择，且整体文献数量较少。穆光宗认为在家庭养老功能弱化背景下，应把“养老资源提供者”和“养老职能实际承担者”分离；将中国养老模式分为三种，即家庭养老、社会养老和自我养老。[①]

1994 年 3 月，民政部发布《关于贯彻中央农村工作会议精神加强农村民政工作的意见》，提出随着市场经济的发展，传统的家庭养老方式可能会受到严重冲击，我们必须对农村养老制度实行改革。根据我国农村经济的发展状况，农村养老保障在今后一个时期仍应以家庭养老为主，辅之以社区扶持；认真贯彻《农村五保供养工作条例》，努力做好“五保户”的供养工作；在有条件的地区逐步开展社会养老保险。

《中国老龄工作七年发展纲要（1994—2000 年）》提出，要坚持家庭养

① 穆光宗：《家庭养老面对的挑战以及对策问题》，《中州学刊》1999 年第 1 期；穆光宗：《家庭养老制度的传统与变革》，华龄出版社，2002。

老与社会养老相结合的原则，积极建立和完善社会养老保障制度，增加老年人福利设施，扩大社会化服务范围。同时，继续发挥家庭在经济供养、生活照料、精神慰藉方面的作用。实现老有所养，建立起适合我国国情的国家、社区、家庭、个人相结合的社会养老保障体系。

1995 年 2 月，《民政部发布关于转发〈黑龙江省农村社会养老保险规定〉的通知》发布，其中第二条明确规定："实行农村社会养老保险制度，坚持农民自我保障为主，自助与互助结合，社会保险与家庭养老相结合的原则。"

1995 年 8 月，《民政部办公厅关于转发〈甘肃省人民政府办公厅转发省民政厅关于稳步推进我省农村社会养老保险工作意见的通知〉的通知》（民办函〔1995〕225 号）发布，提出"坚持社会养老保险与家庭养老、社区扶持相结合及农村务农、务工、经商各类人员社会保险一体化的方向"是今后开展农村社会养老保险工作应当遵循的原则之一。

1995 年 11 月，民政部办公厅发布《关于南京市农村社会养老保险暂行办法的通知》，指出"社会养老保险与家庭养老保障相结合"是实行农村社会养老保险应当遵循的原则之一。

1995 年 12 月，民政部办公厅发布《关于转发河南省人民政府〈关于进一步做好农村社会养老保险工作的通知〉的通知》，决定落实集体补助、国家扶持的政策，开展农村社会养老保险工作，要坚持社会养老保险与家庭养老相结合。

关于家庭养老模式的可持续性问题，以杜鹏为代表的学者认为在生育率下降和家庭小型化趋势下，家庭养老负担会有所加重，社会化养老服务的提供在一定程度上会缓解家庭压力。

1996 年，国家出台了《中华人民共和国老年人权益保障法》，明确了老年人的养老问题主要应回归家庭，同时鼓励社会或个人兴办养老机构、老年康复中心等设施。《中华人民共和国老年人权益保障法》中对于养老主要内容包括经济供养、生活照料和精神慰藉三方面的定位，使初期很多学者着眼"经济供养"，即将老年人的经济来源作为区分"家庭养老"和"社会养老"的标准，将依靠退休金和社会保障生活的人定义为社会养老，如城市中的离退休人员、城市"三无"和农村的"五保户"等；将主要由家庭及其成员供养的人定义为家庭养老，如绝大多数的农民和城市家庭妇女、未就业人员等。

## 三、政府与市场开始介入阶段（2000—2011年）

2000年，中国正式进入老龄化社会，“未备先老”成为老龄化社会的主要特征，政府开始把老龄问题纳入五年规划。2001年，《中国老龄事业发展“十五”计划纲要（2001—2005年）》提出，要继续支持家庭养老，鼓励个人为养老做准备，坚持政府、社会、家庭和个人相结合的养老保障道路。

这一时期，养老服务体系研究进程缓慢、主题分散，多为前期成果的进一步探索或延伸，形成了关于机构养老、社区养老和居家养老的“三大模式”板块研究。这一时期养老服务体系建设以社会化为主要方向，向公建民营、民办公助、民办等市场化经营模式转变，从政策内容看，家庭支持政策在这一阶段的末期初次被提出，这意味着政府与市场开始介入一直以来承担老年人照护责任的家庭。在这一阶段，居家、社区、机构三足鼎立的社会养老服务模式形成。

2000年2月，国务院发布《关于加快实现社会福利社会化的意见》，指出推进社会福利社会化的指导思想是立足我国社会主义初级阶段的基本国情，以邓小平理论和党的十五大精神为指导，在供养方式上坚持以居家为基础、以社区为依托、以社会福利机构为补充的发展方向，探索出一条国家倡导资助、社会各方面力量积极兴办社会福利事业的新路子，建立与社会主义市场经济体制和社会发展相适应的社会福利事业管理体制和运行机制，促进社会福利事业健康有序地发展。

2000年8月，国务院办公厅印发《中共中央、国务院关于加强老龄工作的决定》，提出要建立家庭养老为基础、社区服务为依托、社会养老为补充的养老机制……完善社会保障制度，逐步建立国家、社会、家庭和个人相结合的养老保障机制，确保老年人生活、医疗等方面的基本需求。在农村，要坚持以家庭养老为主，进一步完善社会救济和以保吃、保穿、保住、保医、保葬为内容的“五保”供养制度，倡导村民互助。

2001年7月，国家计委下发《国家计委关于印发国民经济和社会发展第十个五年计划人口、就业和社会保障重点专项规划的通知》，指出要推动农村基本保障体系建设，在健全初级卫生保健服务体系和以家庭养老为主的基础上，探索市场经济条件下适合农村不同地区的各种保障形式，满足广大农民的基本保障需求……坚持以家庭养老为基础，在比较发达的地区和乡镇企业，以农民自愿为原则，鼓励参加商业保险，探索多种形式的补充社会保险。

2006年12月，《中共中央、 国务院关于全面加强人口和计划生育工作统筹解决人口问题的决定》发布，强调农村要探索建立多种形式的计划生育家庭养老保险制度……大力弘扬子女赡养、家庭养老和邻里互助的传统美德。

2006年2月，《国务院办公厅转发全国老龄委办公室和发展改革委等部门关于加快发展养老服务业意见的通知》发布，以居家为基础、社区为依托、机构为支撑的养老服务体系雏形初步形成。引导和支持社会力量兴建适宜老年人集中居住、生活、学习、娱乐、健身的老年公寓、养老院、敬老院，鼓励下岗、失业等人员创办家庭养老院、托老所，开展老年护理服务，为老年人创造良好的养老环境和条件。

2006年12月，《国务院办公厅关于印发人口发展“十一五”和2020年规划的通知》发布，提出到2010年要初步构建以居家养老为基础、社区服务为依托、机构照料为补充的养老服务体系。加强农村乡镇敬老院、老年活动中心和综合性老年福利服务中心建设，争取使其覆盖75%以上的乡镇。在农村探索建立多种形式的计划生育家庭养老保险制度。

2007年11月，国家人口计生委等多部门联合下发《关于全面加强农村人口和计划生育工作的若干意见》，指出要探索建立农村计划生育家庭养老保障制度，要与农村经济发展水平相适应，与其他保障措施相配套，调动政府、集体和个人的积极性，多方筹集资金，探索建立多种形式的农村计划生育家庭养老保险制度。鼓励各地为独生子女户和双女户因地制宜地开展养老保障项目。

2008年1月，全国老龄办等部门联合下发《关于全面推进居家养老服务工作的意见》，强调了居家养老服务的重要意义。指出居家养老服务是政府和社会力量依托社区，为居家的老年人提供生活照料、家政服务、康复护理和精神慰藉等方面服务的一种服务形式。它是对传统家庭养老模式的补充与更新，是我国发展社区服务、建立养老服务体系的一项重要内容。

2009 年 2 月，国家人口和计划生育委员会发布《国家人口计生委关于印发 2009 年工作要点的通知》，提出要积极参与新型农村社会养老保险制度试点，稳妥推进农村计划生育家庭养老保险试点。

2009 年 4 月，国家人口计生委发布《关于进一步深化综合改革创新体制机制的指导意见》，探索建立计划生育手术并发症扶助、农村长效节育措施奖励、农村计划生育家庭养老保险以及独生子女和计划生育手术保险等制度。

2009 年 12 月，国家人口计生委、人力资源社会保障部、财政部联合下发《关于做好新型农村社会养老保险制度与人口和计划生育政策衔接的通知》，强调应及时推动将农村计划生育家庭养老保险融入新农保之中。

2011 年 4 月，《国家人口计生委关于全面深入实施新农村新家庭计划的意见》发布，指出应发展农村家庭人口文化事业，引导农民群众大力发扬尊老敬老的良好社会风尚，发挥家庭养老保障的基本功能，积极应对农村人口老龄化问题。

2011 年，《中国老龄事业发展“十二五”规划》（国发〔2011〕28 号）和《社会养老服务体系建设规划（2011—2015 年）》（国办发〔2011〕60 号）相继出台，我国进一步明确了“以居家为基础，社区为依托，机构为支撑”的养老服务体系架构。提出，居家养老服务是社会化养老服务体系构建的核心，以老年人需求为主，确保其生活质量，坚持居家自立为主、社区为辅，家庭、社会和政府共同承担的模式是未来发展的方向。无论城市还是农村，化解老龄照料风险，不能只依靠家庭和个人，应以社会化养老模式为最终目标。

《中国老龄事业发展“十二五”规划》主要任务“老年家庭建设”中第二条指出，要完善家庭养老支持政策，具体包括完善老年人口户籍迁移管理政策，为老年人随赡养人迁移提供条件。健全家庭养老保障和照料服务扶持政策，完善农村计划生育家庭奖励扶助制度和计划生育家庭特别扶助制度，落实城镇独生子女父母老年奖励政策，建立奖励扶助金动态调整机制。

## 四、养老服务体系建设结构调整阶段（2012—2018 年）

党的十八大以来，中国特色社会主义进入新时代。习近平总书记指出："人民对美好生活的向往，就是我们的奋斗目标。"在这一伟大目标的指引下，新时代家庭养老制度获得了长足的发展。这一时期，养老服务体系建设进入结构调整期，重心由重机构向重社区与居家转变，从政策内容看，与前一个时期仅仅提出了家庭支持的概念相比，这一时期家庭支持政策更加聚焦特殊困难老年人群体，内容变得更加具体且有一定的操作性。

2012 年 3 月，《国家人口计生委关于印发人口和计划生育事业发展"十二五"规划的通知》（人口发规〔2012〕19 号）发布，提出"加强计划生育家庭养老工作"是积极应对人口老龄化的有效举措。

2012 年 6 月，国务院发布《国务院关于批转社会保障"十二五"规划纲要的通知》，要求建立健全家庭养老支持政策，完善农村计划生育家庭奖励扶助制度和计划生育家庭特别扶助制度，完善和落实城镇独生子女父母老年奖励政策，建立奖励扶助金动态调整机制，鼓励有条件的地区在基本养老保险基础上，积极探索为独生子女父母、无子女和失能老人提供必要的养老服务补贴和老年护理补贴。

2013 年，国务院发布《关于加快发展养老服务业的若干意见》（国发〔2013〕35 号）；2015 年，国务院发布《关于推进医疗卫生与养老服务相结合的指导意见》（国办发〔2015〕84 号）。这一时期，以上述两个核心政策文件为目标方向，理论界开始逐步整合现有研究结论，有针对性地突破难点问题。这一时期，以居家为基础、社区为依托、机构为补充、医养相结合的养老服务体系框架已初步形成。为应对人口老龄化和养老服务需求的急剧增加，2013 年修订施行的《中华人民共和国老年人权益保障法》明文规定：国家建立和完善以居家为基础、社区为依托、机构为支撑的社会养老服务体系。2013 年修订施行的老年人权益保障法将原法"老年人养老主要依靠家庭”修改为“老年人养老以居家为基础”，并明确提出发展城乡社区养老服务，发展老龄产业，鼓励、扶持专业服务机构及其他组织和个人，为居家的老年人提供各类养老服务。以此为背景，社会化、市场化的养老服务业应运而生。2013年被一些专家称为中国的“养老产业元年”，同年，国务院印发《关于加快发展养老服务业的若干意见》，从此以后，20多个文件相继出台，发展养老服务业已然成为国家理念和战略安排。

2014年2月，《国务院关于建立统一的城乡居民基本养老保险制度的意见》（国发〔2014〕8号）发布，强调要在2020年前，全面建成公平、统一、规范的城乡居民养老保险制度，与社会救助、社会福利等其他社会保障政策相配套，充分发挥家庭养老等传统保障方式的积极作用，更好保障参保城乡居民的老年基本生活。

2015年4月，国家发展改革委办公厅、民政部办公厅、全国老龄办综合部发布《关于进一步做好养老服务业发展有关工作的通知》，指出要在居家社区服务方面推动养老企业连锁化经营，实施品牌战略，大力加强社区养老服务设施建设，开展社区无障碍设施改造等工作，并要鼓励养老领域的大众创业，培育小微型家庭式养老服务机构，对普通住宅用于开设社区养老服务机构在变更设施用途、消防审批等方面提供便利条件。

2015年7月，中国法学会发布《中国法治建设年度报告（2014）》，提出要在2020年前全面建成公平、统一、规范的城乡居民养老保险制度，与社会救助、社会福利等其他社会保障政策相配套，充分发挥家庭养老等传统保障方式的积极作用，更好保障参保城乡居民的老年基本生活。

2016年3月，全国人民代表大会通过了《中华人民共和国国民经济和社会发展第十三个五年规划纲要》，强调要健全以扶老、助残、爱幼、济困为重点的社会福利制度，建立家庭养老支持政策，提增家庭养老扶幼功能。

2016年10月，全国老龄办、国家发展改革委、教育部等多部门联合下发《关于推进老年宜居环境建设的指导意见》，提出巩固经济供养、生活照料和精神慰藉的家庭养老功能，完善家庭支持政策。

2016年12月，国务院印发《国务院关于印发国家人口发展规划（2016—2030年）的通知》，指出要加快完善以居家为基础、社区为依托、机构为补充、医养结合的养老服务体系，增加养老服务和产品供给。建设预防、医疗、康复、护理、安宁疗护等相衔接的覆盖全生命周期的医疗服务体系，强化对老年常见病、慢性病的健康指导和综合干预，提升中医保健、体检体测、体育健身等健康管理水平。完善家庭养老支持措施，建设无障碍的老年友好型社区和城市，营造良好社会氛围，形成敬老、养老、助老的社会风尚。

2017 年 2 月，《工业和信息化部、民政部、卫生计生委关于印发〈智慧健康养老产业发展行动计划（2017—2020 年）〉的通知》发布，强调针对家庭、社区、机构等不同应用环境，发展健康管理类可穿戴设备、便携式健康监测设备、自助式健康检测设备、智能养老监护设备、家庭服务机器人等，满足多样化、个性化的健康养老需求。重点发展用于家庭养老及机构养老的智能轮椅、监护床等智能监测、康复、看护设备，开发预防老年痴呆症患者走失的高精度室内外定位终端，实现自主自助的养老功能，提高用户自主养老、自主管理的能力，提升社会和家庭养老资源的使用效率。

2017 年 2 月，《国务院关于印发“十三五”国家老龄事业发展和养老体系建设规划的通知》（国发〔2017〕13 号）发布，提出要大力发展居家社区养老服务。逐步建立支持家庭养老的政策体系，支持成年子女与老年父母共同生活，履行赡养义务和承担照料责任。支持城乡社区定期上门巡访独居、空巢老年人家庭，帮助老年人解决实际困难。支持城乡社区发挥供需对接、服务引导等作用，加强居家养老服务信息汇集，引导社区日间照料中心等养老服务机构依托社区综合服务设施和社区公共服务综合信息平台，创新服务模式，提升质量效率，为老年人提供精准化个性化专业化服务。鼓励老年人参加社区邻里互助养老。鼓励有条件的地方推动扶持残疾、失能、高龄等老年人家庭开展适应老年人生活特点和安全需要的家庭住宅装修、家具设施、辅助设备等建设、配备、改造工作，对其中的经济困难老年人家庭给予适当补助。大力推行政府购买服务，推动专业化居家社区养老机构发展。该规划指出，应鼓励“互联网等企业进入养老服务产业。利用信息技术提升健康养老服务质量和效率”，推进医养结合，“为老年人提供治疗期住院、康复期护理、稳定期生活照料以及临终关怀一体化服务”，同时“大力发展养老服务企业，鼓励连锁化经营、集团化发展，实施品牌战略，培育一批各具特色、管理规范、服务标准的龙头企业”。

2017 年 3 月，国家卫生计生委、国家发展改革委、教育部等多部门联合下发《关于印发“十三五”健康老龄化规划的通知》，提出我国老龄健康政策不断完善，强调 2014 年国家卫生计生委成立老龄工作领导小组，统筹推进老年人健康相关工作。组织开展《中国健康老龄化战略研究》，明确“健康老龄化”的核心要义，作出关注生命全程、提高老年人健康水平和生命质量的战略部署，并启动了“新家庭计划——家庭发展能力建设”和“计划生育家庭养老照护试点”项目，着重培养并提高家庭养老照护能力。

2017 年 6 月，《国务院办公厅关于制定和实施老年人照顾服务项目的意见》发布，强调要坚持社会参与、全民行动，注重发挥家庭养老的基础作用，鼓励和引导社会力量开展专业化、多元化照顾服务。鼓励制定家庭养老支持政策，引导公民自觉履行赡养义务和承担照料老年人责任。倡导制定老年人参与社会发展支持政策，发挥老年人积极作用。

2017 年 7 月，最高人民法院、中央综治办、最高人民检察院等部门联合发布《关于建立家事审判方式和工作机制改革联席会议制度的意见》，提出完善老年人权益保障政策法规的建议对策，提出立法建议；组织、协调、督促老龄委成员单位和地方老龄工作机构的工作落实，指导并推动相关部门做好老年人法律维权工作；加快推动家庭养老支持政策的出台，加强对农村留守老年人权益维护工作，开展老年监护相关工作的研究，指导签订农村老年人赡养或者扶养协议书。

2017 年 10 月，全国老龄工作委员会发布关于落实《“十三五”国家老龄事业发展和养老体系建设规划》成员单位分工的意见，其中第七条明确指出要大力发展居家社区养老服务。逐步建立支持家庭养老的政策体系，支持成年子女与老年父母共同生活，履行赡养义务和承担照料责任。支持城乡社区定期上门巡访独居、空巢老年人家庭，帮助老年人解决实际困难。支持城乡社区发挥供需对接、服务引导等作用，加强居家养老服务信息汇集，引导社区日间照料中心等养老服务机构依托社区综合服务设施和社区公共服务综合信息平台，创新服务模式，提升质量效率，为老年人提供精准化个性化专业化服务。鼓励老年人参加社区邻里互助养老。鼓励有条件的地方推动扶持残疾、失能、高龄等老年人家庭开展适应老年人生活特点和安全需要的家庭住宅装修、家具设施、辅助设备等建设、配备、改造工作，对其中的经济困难老年人家庭给予适当补助。大力推行政府购买服务，推动专业化居家社区养老机构发展。

2018 年 6 月，中共中央、国务院发布《关于打赢脱贫攻坚战三年行动的指导意见》，提出要继续实施社会服务兜底工程，加快建设为老年人、残疾人、精神障碍患者等特殊群体提供服务的设施。鼓励各地通过互助养老、设立孝善基金等途径，创新家庭养老方式。

2018 年修正的《中华人民共和国老年人权益保障法》再次明确规定“国家建立和完善以居家为基础、社区为依托、机构为支撑的社会养老服务体系”。在此情况下，如何看待传统家庭养老，2018 年修正的老年人权益保障法和新兴的养老服务业是不是对传统家庭养老的否定？对此问题，必须在理论上予以正确回答。事实上，2018 年修正的老年人权益保障法和新兴的养老服务业并不是对传统家庭养老的否定，2018 年修正的老年人权益保障法中明文规定，“国家建立健全家庭养老支持政策”，进一步明确了家庭养老的法律地位。

党的十八大以来，以习近平同志为核心的党中央高度重视家庭文明建设，围绕注重家庭、注重家教、注重家风建设发表了一系列重要论述，强调“不论时代发生多大变化，不论生活格局发生多大变化，我们都要重视家庭建设，注重家庭、注重家教、注重家风”。党的十九届六中全会通过的《中共中央关于党的百年奋斗重大成就和历史经验的决议》也指出，要“注重家庭家教家风建设”。在此大背景下，正确理解、把握党和国家关于养老的大政方针，深入贯彻习近平总书记系列重要讲话精神，进一步厘清家庭养老可持续性问题，坚定家庭养老的“文化自信”，不仅必要，而且意义重大。

## 五、新时代加强家庭支持政策阶段（2019 年至今）

2019 年开始，我国养老服务体系建设进入精准化推进阶段，重点是解决养老服务体系中的重点难点堵点问题，向精细化方向发展，同时“普惠”成为这一时期养老服务的关键词之一。既然90%甚至更多的老年人目前是、未来也将居家养老，那么家庭的定位将进一步被明确，家庭支持政策也将在更广泛的范围内被推广。

2019年7月，健康中国行动推进委员会发布《健康中国行动（2019—2030年）》发展战略，提出要逐步建立完善支持家庭养老的政策体系，支持成年子女与老年父母共同生活。从老年人实际需求出发，强化家庭养老功能，从社区层面整合资源，加强社区日间照料中心等居家养老服务机构、场所和相关服务队伍建设，鼓励为老年人提供上门服务，为居家养老提供依托。

2020年7月，民政部、国家发展改革委、财政部等部门联合下发《关于加快实施老年人居家适老化改造工程的指导意见》，提出实施老年人居家适老化改造工程是《国务院办公厅关于推进养老服务发展的意见》（国办发〔2019〕5号）部署的重要任务，是巩固家庭养老基础地位、促进养老服务消费提升、推动居家养老服务提质扩容的重要抓手，对构建居家社区机构相协调、医养康养相结合的养老服务体系具有重要意义，并为指导各地加快实施老年人居家适老化改造工程提出了细节性指导意见。

2020年12月，国家卫生健康委、全国老龄办发布《关于开展示范性全国老年友好型社区创建工作的通知》，其中《全国示范性城乡老年友好型社区标准（试行）》的第四十二条指出，要开展家庭养老照护培训及服务，提高失能老年人照护者的护理知识和技能，履行好家庭照料职责。鼓励各类社会力量为失能老年人家庭提供所需的支持性照护服务。

2021年，《中华人民共和国国民经济和社会发展第十四个五年规划和2035年远景目标纲要》首次提出家庭养老床位建设和居家养老上门服务。

2021年2月，《国家发展改革委办公厅关于做好〈国务院办公厅关于促进养老托育服务健康发展的意见〉贯彻落实工作的通知》（以下简称《通知》）发布，《通知》以习近平新时代中国特色社会主义思想为指导，全面贯彻党的十九大和党的十九届二中、三中、四中、五中全会精神，坚持问题导向和目标导向，针对当前养老托育服务发展面临的形势和瓶颈制约，系统提出健全政策体系、扩大服务供给、打造发展环境、完善监管服务4方面23项改革创新措施，是坚持以人民为中心的发展思想的集中体现，是实施积极应对人口老龄化国家战略的关键举措，是服务业提质扩容增效的重要方面，对于减轻家庭养老育幼负担、促进人口长期均衡发展、保障和改善民生、培育经济发展新动能具有重要意义。

2021年5月，《民政部、国家发展和改革委员会关于印发〈“十四五”民政事业发展规划〉的通知》发布，强调要完善居家养老支持措施，推动各地建立家庭养老支持政策，支持具备条件的养老服务机构运营社区养老服务设施，健全建设、运营、管理政策，发展“家庭养老床位”。推动失能失智和高龄老年人家庭成员照护培训纳入政府购买养老服务目录，推进经济困难高龄老年人家庭适老化改造。探索“物业服务＋养老服务”模式，支持有条件的地区探索开展失能失智老年人家庭照护者“喘息服务”。

2021年10月，《工业和信息化部、民政部、国家卫生健康委关于印发〈智慧健康养老产业发展行动计划（2021—2025年）〉的通知》发布，重点面向家庭养老床位、智慧助老餐厅、智慧养老院，打造智慧化解决方案，创新“互联网＋”养老、“时间银行”互助养老、老年人能力评估等智慧养老服务。

2021年10月，《民政部办公厅、财政部办公厅关于组织实施2021年居家和社区基本养老服务提升行动项目的通知》发布，提出中央专项彩票公益金支持项目地区为60周岁（含60周岁）以上的经济困难失能和部分失能老年人建设家庭养老床位、提供居家养老上门服务。在建设家庭养老床位方面，根据老年人居家养老需求，对老年人住所进行地面、卧室、如厕洗浴设备、物理环境等的适老化改造，配备网络连接、紧急呼叫、活动监测等智能化设备，并针对老年人身体状况配备助行、助餐、助穿、如厕、助浴、感知类老年用品。项目地区可根据本地实际，统筹各级用于该项目的资金，结合老年人身体状况、养老服务实际需求等，合理确定家庭养老床位建设和居家养老上门服务的补助标准。补助资金原则上应直接支付到家庭养老床位建设或居家养老上门服务的提供主体，资金支付按照国库集中支付制度有关规定执行。对于家庭养老床位建设涉及的适老化改造、智能化改造、老年用品配备等，可由家装、通信、科技类专业化企业或养老服务机构提供。项目地区要结合本地实际，专门制定有关政策标准对家庭养老床位建设、居家上门养老服务的内容流程、收费标准、提供主体、服务质量、监管方式进行规范，其中，对于家庭养老床位涉及的养老服务，应由依据《养老机构等级划分与评定》（GB/T37276−2018）或有关地方性标准取得相应等级的养老机构提供，并纳入养老服务综合监管范围。项目地区民政部门要加强项目跟踪监测和质量评估，对不符合规定建设家庭养老床位、居家养老上门服务满意度低的，应要求提供主体限期整改或收回已发放的补助资金。

2021 年 11 月，《民政部、国家开发银行关于“十四五”期间利用开发性金融支持养老服务体系建设的通知》发布，强调应加强居家社区机构养老服务网络建设。根据人口分布、老龄化水平及发展趋势布局建设层次清晰、功能互补、区域联动的养老服务网络。支持在县（市、区、旗）、乡镇（街道）范围建设区域养老服务中心，发展具备全日托养、日间照料、上门服务、区域协调指导等综合功能的区域养老服务机构。推进老旧城区、已建成居住（小）区按标准补齐社区养老服务设施，支持具备条件的养老服务机构运营社区养老服务设施，发展社区嵌入式养老服务，完善社区居家养老服务网络，推动构建城市地区“一刻钟”居家养老服务圈。支持特殊困难老年人家庭适老化改造，引导有需求的老年人家庭开展适老化改造，发展家庭养老床位。支持优化城乡养老机构床位结构，扩大养老机构护理型床位供给。

2021 年 12 月，国务院办公厅发布《“十四五”国家老龄事业发展和养老服务体系规划》，指出要完善家庭养老支持政策体系，将家庭照护者纳入养老护理员职业技能培训等范围，支持有关机构、行业协会开发公益课程并利用互联网平台等免费开放，依托基层群众性自治组织等提供指导，帮助老年人家庭成员提高照护能力。

2022 年 2 月，《全国老龄工作委员会关于印发贯彻落实〈中共中央、国务院关于加强新时代老龄工作的意见〉任务分工方案的通知》发布，在第六条“加强失能老年人长期照护服务和保障”方面重点提到，应完善从专业机构到社区、家庭的长期照护服务模式。按照实施国家基本公共卫生服务项目的有关要求，开展失能老年人健康评估与健康服务。依托护理院（中心、站），社区卫生服务中心，乡镇卫生院等医疗卫生机构以及具备服务能力的养老服务机构，为失能老年人提供长期照护服务。发展“互联网+”照护服务，积极发展家庭养老床位和护理型养老床位，方便失能老年人照护。

2022年4月，《民政部办公厅、财政部办公厅关于开展2022年居家和社区基本养老服务提升行动项目申报工作的通知》发布，提出建设家庭养老床位的下一步工作安排需包括制定床位建设、服务质量管理流程规范；按程序遴选适老化改造、智能化改造、老年用品销售配置主体及推进规范实施；按程序遴选家庭养老床位相关养老服务主体及推进规范实施；项目结束后持续推进家庭养老床位的措施安排。

2022年5月，民政部办公厅《关于印发〈民政部2022年政务公开工作要点及任务分工〉的通知》，强调开展养老服务规范标准等事项公开，应制定发布《老年人能力评估规范》《家庭养老床位建设和服务基本规范》《居家养老上门服务基本规范》标准，主动公开居家、社区、机构养老老年用品配置目录。

2022年6月，《国家发展改革委关于印发“十四五”新型城镇化实施方案的通知》，《“十四五”新型城镇化实施方案》中提出推动人文关怀进家庭，发展家庭养老床位。

2022年7月，卫生健康委、发展改革委、教育部等部门下发《关于进一步推进医养结合发展的指导意见》，指出有条件的地方可通过相关产业投资基金支持医养结合发展。落实有关税收优惠政策，支持社会力量提供多层次、多样化医养结合服务。通过政府购买服务等方式，统一开展老年人能力综合评估，支持符合条件的医疗卫生机构为老年人提供基本公共卫生、家庭医生签约等服务，支持符合条件的养老机构为老年人提供基本养老、家庭养老床位签约等服务。

2022年9月，《民政部办公厅、财政部办公厅发布关于做好2022年居家和社区基本养老服务提升行动项目组织实施工作的通知》发布，规定项目资金应用于项目地区为60周岁及以上经济困难的失能、部分失能老年人建设家庭养老床位、提供居家养老上门服务，并对资金使用范围、使用标准等方面进行了更为细致的规定。

2022年9月，民政部、中央政法委等多部门联合下发《关于开展特殊困难老年人探访关爱服务的指导意见》，指出面向独居、空巢、留守、失能、重残、计划生育特殊家庭等老年人开展探访关爱服务是养老服务的重要内容，是支持家庭养老，帮助解决居家养老困难，预防和减少老年人居家养老安全风险，强化养老服务兜底线、保基本功能的重要工作。

2022 年 11 月，国家发展改革委、商务部、全国妇联等多部门联合下发《国家发展改革委等部门关于推动家政进社区的指导意见》，强调要融合创新居家养老服务供给。鼓励家政企业与养老服务机构合作，统筹融合发展社区服务网点，大力发展针对不同类型老年人的居家养老上门服务。开展居家和社区基本养老服务提升行动项目，实施老年人居家适老化改造工程，支持具备条件的家政企业承接其中的适老化改造项目。鼓励有条件地区的家政企业参与家庭养老床位建设。

2023 年 4 月，《民政部办公厅、财政部办公厅关于开展 2023 年居家和社区基本养老服务提升行动项目申报和组织实施工作的通知》发布，提出应完善家庭养老床位建设相关支持政策，包括但不限于完善社区养老服务设施场地、引入社会力量运营、推进信息平台建设及智慧场景运用、赋能家庭养老、发展养老志愿服务和互助养老、完善居家和社区养老服务标准和监管模式等方面的工作亮点和政策安排。

2023 年 5 月，中共中央办公厅、国务院办公厅印发《关于推进基本养老服务体系建设的意见》，指出要依托街道（乡镇）区域养老服务中心或为老服务综合体、社区养老服务设施以及村民委员会、社区居委会等基层力量提供家庭养老指导服务，帮助老年人家庭成员提高照护能力。将失能老年人家庭成员照护培训纳入政府购买养老服务目录，符合条件的失能老年人家庭成员参加照护培训等相关职业技能培训的，按规定给予职业培训补贴。优先推进与老年人日常生活密切相关的公共服务设施改造，为老年人提供安全、便利和舒适的环境。鼓励开展无障碍环境认证，提升无障碍环境服务水平。以满足居家生活照料、起居行动、康复护理等需求为重点，采取政府补贴等方式，对纳入分散特困供养的失能、高龄、残疾老年人家庭实施居家适老化改造，有条件的地方可将改造对象范围扩大到城乡低保对象中的失能、高龄、残疾老年人家庭等，引导社会化专业机构为其他有需求的老年人家庭提供居家适老化改造服务。

2023年12月，国家发展改革委等部门联合下发《关于支持和引导家政服务业员工制转型发展的指导意见》，提出鼓励员工制家政企业开展养老托育服务，推动家政服务与社区老年助餐、适老化改造、家庭养老床位、生活服务、商业服务等相融合，延展行业范围。

2024年4月，《民政部办公厅、财政部办公厅关于开展2024年居家和社区基本养老服务提升行动项目申报和组织实施工作的通知》发布，对家庭养老床位建设和居家养老上门服务实施标准、明确建设家庭养老床位、发展居家养老上门服务的工作安排等关键问题进行了说明。

2024年9月，《国务院关于推进养老服务体系建设、加强和改进失能老年人照护工作情况的报告》发布，提出要坚持多元参与，完善失能照护社会支持系统。支持地方政府及相关单位开展孝亲敬老模范表彰，健全家庭养老支持政策，开展家庭照顾者照护技能培训，继续实施家庭适老化改造，充分发挥家庭成员的亲情照顾作用，巩固家庭养老基础。完善面向独居、空巢、留守、高龄、失能老年人的探访关爱服务，加快发展家庭养老床位，提高家庭照护水平，让老年人在家养老更安全、更舒适。

这些政策的推出和实施，反映了中国政府对家庭养老模式的重视和支持，旨在通过家庭、社区和机构的共同努力，为老年人提供更加全面、便捷的养老服务。伴随着时代变迁，家庭养老政策也经历了一系列改革与变化，从新中国成立初期去家庭化导向时的鲜有提及，到改革开放后在养老服务体系中的基础地位不断巩固，在新时代被赋予更加明确、精准的内涵与要求，家庭养老的重要性重新被确立并不断加强完善。

# 第十章　中国儿童家庭政策的建立与发展

家庭是社会的基本细胞，是人生的第一所学校。家庭的前途和命运同国家和民族的前途命运紧密相连。儿童是家庭的基本成员，是家庭的希望，也是国家的未来、民族的希望，是实现第一个百年奋斗目标的经历者、见证者，更是实现第二个百年奋斗目标、建设社会主义现代化强国的生力军。促进儿童健康成长，是家庭幸福美满的基础，也是建设社会主义现代化强国、实现中华民族伟大复兴中国梦的必然要求。[①] 儿童与家庭的发展，关系千家万户的安居乐业、和谐幸福，关系社会的稳定和文明进步，关系全面建成小康社会大局，是增进民生福祉，提高人民生活品质的重要组成部分。新中国成立以来，针对不同时期、不同发展背景、不同发展阶段，国家先后出台了一系列政策法规保障儿童家庭的合法权益和健康发展。

当前，我国正在以以人民为中心的发展理念，以促进儿童全面发展为出发点和落脚点，坚持问题导向，逐步健全儿童家庭福利保障制度，完善儿童家庭福利内容，推动儿童家庭政策向高质量专业化、精准化、精细化的方向发展。

---

① 国务院:《中国儿童发展纲要（2021—2030年)》，2021年9月。

## 一、新中国成立初期儿童家庭建设工作

新中国成立以来，不同阶段的儿童家庭政策有其存在的不同现实背景。1950—1978年，对儿童的家庭政策聚焦在孤残儿童的生存需要上。

1951年，全国城市救济福利工作会议上通过的《关于旧有社会救济福利团体的团结改造问题》，提出改造原有的儿童福利机构，收养因战争而导致家庭照顾缺位的孤残儿童，由国家财政负担进行福利院内集中供养。①

1953年4月，中国妇女第二次全国代表大会上的工作报告中提到：1952年工矿企业机关学校中的托儿所已达2738所，比1949年增加了22倍之多。在大中城市还建立了街道托儿站4346处，收托劳动妇女的子女。在农村中，农忙托儿组织也开始发展，1952年全国已有农忙托儿互助组和农忙托儿所14.82万处，收托儿童85万余人，比1951年增加了10倍之多。

1957年4月，教育部发布的《办好盲童学校、聋哑学校的几点指示》，是国家部委出台的针对残疾儿童的文化教育文件，提出要充分保障特殊儿童的受教育权利以及所受教育的水平。

1957年9月，中国妇女第三次全国代表大会上的工作报告中提到，儿童保育事业有了很大的发展，1956年底全国城市各种托儿机构约有26700多处，收托儿童125万余名，比1947年增加260倍。1956年，农忙托儿组织有了迅速的发展，收托儿童600余万人。20世纪50年代家庭建设还反映在：发展妇女儿童福利事业，建立妇幼保健机构，兴办托幼园所②等方面。

在1966—1976年，我国经历了“文化大革命”，儿童家庭建设工作陷于瘫痪，儿童福利机构的运行也因为政治运动而无法正常运转。③

---

① 贾志科、李文强：《新中国成立后我国儿童福利政策的演进历程》，《少年儿童研究》2019年第10期。

② 孙晓梅主编《婚姻家庭专业指导简明教程》，中国妇女出版社，2023，第8页。

③ 高丽茹、万国威：《中国儿童福利制度：时代演进、现实框架和改革路径》，《河北学刊》2016年第2期。

## 二、改革开放后儿童家庭政策的快速发展

### （一）儿童家庭福利政策得到完善

1978—1990年，儿童家庭政策进入快速发展阶段。伴随着对“文化大革命”的拨乱反正和改革开放，我国儿童家庭政策进入快速发展的新时期。对于儿童家庭福利制度建设方面的法律法规明显增多，内容更加全面。全国人大分别通过或修改了《中华人民共和国婚姻法》（1980年）、《中华人民共和国继承法》（1985年）、《中华人民共和国义务教育法》（1986年）、《中华人民共和国残疾人保障法》（1990年）及国务院行政法规《学校卫生工作条例》（1990年）等，这些法律法规在内容上都不同程度地对儿童在家庭中的发展权益给予了肯定与保护。如《中华人民共和国婚姻法》（1980年）第十五条“父母对子女有抚养教育的义务”，第十七条“父母有管教和保护未成年子女的权利和义务”。婚姻法明确了在家庭婚姻关系的不同状况下如何保障子女抚养、子女权利等。《中华人民共和国义务教育法》（1986年）规定：国家实行九年义务教育制度。指出义务教育是国家统一实施的所有适龄儿童、少年必须接受的教育，是国家必须予以保障的公益性事业。凡年满六周岁的儿童，其父母或者其他法定监护人应当送其入学接受并完成义务教育；条件不具备的地区的儿童，可以推迟到七周岁。适龄儿童、少年因身体状况需要延缓入学或者休学的，其父母或者其他法定监护人应当提出申请，由当地乡镇人民政府或者县级人民政府教育行政部门批准。《中华人民共和国残疾人保障法》（1990年）第二十二条（普通教育方式）中要求普通教育机构对具有接受普通教育能力的残疾人实施教育。普通幼儿教育机构应当接收能适应其生活的残疾幼儿。第二十六条（特殊教育方式）中要求残疾幼儿教育机构、普通幼儿教育机构附设的残疾儿童班、特殊教育机构的学前班、残疾儿童福利机构、残疾儿童家庭，对残疾儿童实施学前教育。初级中等以下特殊教育机构和普通教育机构附设的特殊教育班，对不具有接受普通教育能力的残疾儿童、少年实施义务教育。高级中等以上特殊教育机构、普通教育机构附设的特殊教育班和残疾人职业教育机构，对符合条件的残疾人实施高级中等以上文化

教育、职业教育。

婚姻法、继承法、义务教育法、残疾人保障法、学校卫生工作条例等一系列法律法规的建设，从家庭养育、家庭教育、财产继承、儿童健康、学校教育等多个维度出发，保障了儿童在家庭和生活中的合法权益，尤其特别重视对全体儿童受教育权利的保护。

### （二）儿童家庭保护法治化、全面化

改革开放政策的实施，促使我国社会结构和家庭结构发生改变，儿童在成长发展中需要获得的支持、帮助和所面临的问题也更加多元、复杂。为更好地支持新时期中国儿童的发展，在已有的儿童生存、发展、保护等相关法律的基础上，保护未成年人的身心健康，保障未成年人的合法权益，促进未成年人在品德、智力、体质等方面全面发展，把他们培养成为有理想、有道德、有文化、有纪律的社会主义事业接班人。1991 年 9 月，七届全国人大常委会第二十一次会议通过《中华人民共和国未成年人保护法》，明确了未成年人是指未满十八周岁的公民。要求国家、社会、学校和家庭对未成年人进行理想教育、道德教育、文化教育、纪律和法治教育，进行爱国主义、集体主义和国际主义、共产主义的教育，提倡爱祖国、爱人民、爱劳动、爱科学、爱社会主义的公德，反对资本主义的、封建主义的和其他的腐朽思想的侵蚀。并从家庭保护、学校保护、社会保护、司法保护、法律责任等方面提出了具体要求和指导意见。在家庭保护中明确了父母或者其他监护人应当依法履行对未成年人的监护职责和抚养义务。未成年人保护法的出台不仅为未成年人的健康成长提供了法律保障，还促进了未成年人保护工作的规范化。同时也为儿童家庭保护工作、儿童家庭政策的发展指明了方向。

1991 年 12 月，全国人大通过的《中华人民共和国收养法》，对非机构孤儿、弃婴等养护模式进行了探索和实践，鼓励社会、家庭、个人收养儿童，给予母爱与家庭温暖。该法第八条规定“收养人只能收养一名子女。收养孤儿或者残疾儿童可以不受收养人无子女和年满三十五周岁以及收养一名的限制”，体现出社会对于孤儿、残疾儿童的关怀与照顾，以及家庭对于儿童成长发展中不可替代的功能性作用。1998 年 11 月通过的

《关于修改〈中华人民共和国收养法〉的决定》对收养关系的成立，送养人、收养人的条件，收养登记及收养关系的成立，收养协议的订立，收养公证的办理，户口登记的办理，收养的效力，收养关系的解除，法律责任等作了详细的规定。其中最为重要的是将收养人年龄从三十五周岁变更为三十周岁，以及原第八条修改为“收养孤儿、残疾儿童或者社会福利机构抚养的查找不到生父母的弃婴和儿童，可以不受收养人无子女和收养一名的限制”，这充分扩大了儿童收养的覆盖范围，新增了“社会福利机构抚养的查找不到生父母的弃婴和儿童”。新修订的收养法使收养条件更加合理，收养程序更加科学，更有利于保障收养当事人的合法权益，保护合法的收养关系，也让孤残儿童回归家庭、能在家庭生活中健康成长变得有法可依。

### （三）家校社育人机制的提出，儿童的权益保障得到社会的认可

为响应1990年召开的世界儿童问题首脑会议通过的《儿童生存、保护和发展世界宣言》和《行动计划》，中华人民共和国国务院1992年2月下发，妇女儿童工作协调委员会编制《九十年代中国儿童发展规划纲要》。纲要包含了前言，九十年代我国儿童生存、保护和发展的主要目标，策略与措施，领导与监测四部分内容。指出儿童的健康成长关系到祖国的前途命运。为了培养有理想、有道德、有文化、有纪律的一代新人，党和政府一向关心和重视儿童的生存、保护和发展，把“提高全民族素质，从儿童抓起”作为我国社会主义现代化建设的根本大计，在全社会倡导树立“爱护儿童，教育儿童，为儿童做表率，为儿童办实事”的公民意识。国务院以及各省、自治区、直辖市人民政府相继建立了儿童工作协调机构。在策略与措施中，从人口、计划生育；妇幼保健与营养；提高生活与环境质量，加强安全饮水和卫生处置排泄物工作；基础教育与扫盲；社区、家庭保障；保护处于困难条件下的儿童；儿童权益保护；优生、优育、优教八方面进行了详细的阐述。要求师范院校在试点的基础上，逐步开设家庭教育课程，有关学术机构和学术团体要开展家庭教育的理论研究，为改善

儿童成长的家庭、社会环境提供理论支持。[①]要大力发展社区教育，建立起学校（托幼园所）教育、社会教育、家庭教育相结合的育人机制，创造有利于儿童身心健康、和谐发展的社会和家庭环境。加强对残疾患儿的早期诊断、护理、康复和教育工作。在全国完善四至五个残儿康复人员培训基地，在社区内建立残疾儿童寄托所、聋儿语训中心。采取建特殊教育学校、在普通学校举办特殊教育班和残疾儿童随班就读等方式，使多数适龄残疾儿童接受义务教育。对经济不发达地区儿童的生存、保护和发展给予特殊支持。继续实施“希望工程”，帮助家庭经济困难的儿童就学。

1994 年 10 月，八届全国人大常委会第十次会议通过《中华人民共和国母婴保健法》，旨在保障母亲和婴儿健康，提高出生人口素质。提出国家发展母婴保健事业，提供必要条件和物质帮助，使母亲和婴儿获得医疗保健服务。国家鼓励、支持母婴保健领域的教育和科学研究，推广先进、实用的母婴保健技术，普及母婴保健科学知识。医疗保健机构为产妇提供科学育儿、合理营养和母乳喂养的指导。对婴儿进行体格检查和预防接种，逐步开展新生儿疾病筛查、婴儿多发病和常见病防治等医疗保健服务。

1995 年 3 月，八届全国人大三次会议通过《中华人民共和国教育法》，其中明确规定：国家实行九年制义务教育制度。各级人民政府采取各种措施保障适龄儿童、少年就学。适龄儿童、少年的父母或者其他监护人以及有关社会组织和个人有义务使适龄儿童、少年接受并完成规定年限的义务教育。[②]国家、社会、家庭、学校及其他教育机构应当为有违法犯罪行为的未成年人接受教育创造条件。[③]未成年人的父母或者其他监护人应当为其未成年子女或者其他被监护人受教育提供必要条件。未成年人的父母或者其他监护人应当配合学校及其他教育机构，对其未成年子女或者其他被监护人进行教育。学校、教师可以对学生家长提供家庭教育指导。

1999 年 6 月，九届全国人大常委会第十次会议通过《中华人民共和

① 《九十年代中国儿童发展规划纲要》，“策略与措施”（五）社区、家庭保障中的第五条。

② 《中华人民共和国教育法》（1995 年）第十八条。

③ 《中华人民共和国教育法》（1995 年）第三十九条。

国预防未成年人犯罪法》，强调国家、社会、学校和家庭应当对未成年人加强社会主义核心价值观教育，开展预防犯罪教育，增强未成年人的法治观念，使未成年人树立遵纪守法和防范违法犯罪的意识，提高自我管控能力。未成年人的父母或者其他监护人对未成年人的预防犯罪教育负有直接责任，应当依法履行监护职责，树立优良家风，培养未成年人良好品行；发现未成年人心理或者行为异常的，应当及时了解情况并进行教育、引导和劝诫，不得拒绝或者怠于履行监护职责。

20世纪90年代末至21世纪初，《中华人民共和国未成年人保护法》《中华人民共和国收养法》《中华人民共和国母婴保健法》《中华人民共和国教育法》《中华人民共和国预防未成年人犯罪法》等诸多法律相继出台，以法律的形式对儿童的生存和教育进行保障。同时，《流动儿童少年就学暂行办法》《中国公民收养子女登记办法》等诸多有关儿童的行政法规也相继出台，儿童社会政策所涉及的领域及覆盖面开始变得更加广阔。①

由于国家的高度重视和全国人民的共同努力，新中国成立五十多年来，我国儿童发展水平有了较大的提高，一系列法律法规的出台使得妇幼卫生和儿童教育取得了举世瞩目的成绩，儿童生存权、受保护权、发展权、参与权、教育权得到切实保障。大力开展家庭教育研究，充分发挥家庭对儿童成长的作用受到重视，儿童问题也逐渐从老人、妇女问题的附属品中独立出来，成为独立的研究课题。

### （四）家校社教育一体化，儿童发展和权益由保护向发展迈进，福利政策向各领域渗透

2001—2010年是我国经济和社会发展极为重要的时期，随着改革开放的不断深入，经济发展水平的飞速提升，城镇化水平的提高和农村人口的转移，流动人口数量的大幅增加，地区之间、城乡之间儿童生存、保健、教育、保护等问题亟待解决。改善儿童生存、保护和发展条件，促进儿童健康成长，成为这一时期的重要任务。

---

① 徐虹、范斌：儿童医务社会工作发展的契机、挑战与展望——解读《中国儿童福利与保护政策报告2019》，《中国社会工作》2019年第36期。

2001年5月，国务院颁布的《中国儿童发展纲要（2001—2010年）》按照《中华人民共和国国民经济和社会发展第十个五年计划纲要》的总体要求，根据我国儿童发展的实际情况，以促进儿童发展为主题，以提高儿童身心素质为重点，以培养和造就21世纪社会主义现代化建设人才为目标，从儿童与健康、儿童与教育、儿童与法律保护、儿童与环境4个领域，提出了2001—2010年的目标和策略措施。体现出“儿童优先”的原则，确保了儿童生存权、发展权、受保护权、参与权不受侵犯。

在儿童与教育、儿童与法律保护中再次强调要提高家庭教育水平。建立多元化的家长学校办学体制，增加各类家长学校的数量。提高儿童家长家庭教育知识的知晓率，重视和改进家庭教育。要发挥学校、家庭、社会各自的教育优势，充分利用社会资源形成教育合力，促进学校教育、家庭教育、社会教育的一体化。加强家庭教育知识的宣传和理论研究。办好各类家长学校，帮助家长树立正确的保育、教育观念，掌握科学的教育知识与方法。通过积极开展文明家庭创建活动，加强家庭美德建设，倡导平等、文明、和睦、稳定的家庭关系，为儿童健康成长营造良好的家庭环境。在儿童与环境中强调要保护处于困境中的儿童。提高残疾儿童康复率。改善孤儿、弃婴的供养、教育、医疗康复状况。基本达到每个地级市有1所具有养护、医疗康复、教育能力的儿童福利院。加大儿童福利事业的投入，改善设施，为孤儿、残疾儿童、弃婴提供良好的成长条件。倡导儿童福利社会化，积极探索适合孤残儿童身心发育的供养方式。困境儿童保护由物质保障转向满足人的心理发展的人权保障。

2001年2月，民政部颁布实施了强制性行业标准《儿童社会福利机构基本规范》，旨在提高社会福利机构为孤残儿童服务的水平。同时，在努力为机构内孤残儿童提供优质服务的社会大环境下，部分有条件的福利机构根据《家庭寄养管理暂行办法》（民发〔2003〕144号）文件精神，在社区内开辟小家庭区域，从社会上招聘“爸爸妈妈”，对难以收养、寄养的儿童实行小家庭养育，发展出以社区照料和机构照料为特点的新型机构内照料模式，逐步推动孤残儿童养育亲情化、康复科学化、管理规范化建设。

2002年5月，全国妇联、教育部联合发布了《全国家庭教育工作

“十五”计划》，要求“十五”期间，家庭教育工作要坚持以邓小平理论和“三个代表”重要思想为指导，解放思想、实事求是、因地制宜、开拓创新。要围绕贯彻《中共中央、国务院关于深化教育改革全面推进素质教育的决定》和《公民道德建设实施纲要》精神，认真落实《中国儿童发展纲要（2001—2010年）》中提出的家庭教育的目标，提高家庭教育质量，提高科学教子的水平和能力，使家庭教育与学校教育、社会教育紧密配合，形成合力，培养“四有”新人。要进一步提高家长的科学教子水平和能力，拓宽家庭教育知识传播渠道，广泛宣传“优生、优育、优教”的科学知识和教育子女的科学方法；构建家庭教育工作指导体系，加强家长学校、家庭教育指导队伍、家庭教育理论研究及家庭教育教材等基础建设；进一步推进家庭教育工作的科学化、社会化、法治化。

2003年9月，国务院办公厅转发教育部等部门针对农民工子女出台《关于进一步做好进城务工就业农民子女义务教育工作的意见》；2003年10月，民政部出台的《家庭寄养管理暂行办法》，对寄养家庭应具备的条件、寄养家庭的义务、家庭寄养服务机构、寄养协议的履行、监督管理等作出了具体规定，在不变更寄养儿童法定监护人和户籍的条件下，将儿童的抚养和教育交付给寄养家庭，双方签订协议，明确双方的权利与义务，使寄养儿童的各项权益得到保障。2004年8月，民政部和教育部联合下发《关于进一步做好城乡特殊困难未成年人教育救助工作的通知》，着重改善贫困地区的儿童教育；2006年1月，民政部等19部门联合出台了《关于加强流浪未成年人工作的意见》，意见明确了民政部门作为流浪未成年人工作的政府职能部门，旨在预防流浪未成年人犯罪，保障未成年人的权益。儿童福利政策法规开始更加具有针对性，涉及面也逐渐扩大，并向各个领域渗透。

儿童是家庭的未来和希望，关注全体有需要的儿童，做好家庭建设工作，让不同生存环境下的儿童都能感受到家庭生活的温暖幸福、在和谐家庭中获得健康成长，是在经济发展、城乡家庭规模日趋变小、家庭成员流动频繁情况下亟须妥善解决的突出问题。在一系列政策制度的保障下，家庭教育、儿童教育、困难未成年人救助、特殊儿童康复、孤残儿童回归家庭生活等方面的制度更加完善。家庭尽责，政府主导，家、校、社教育关爱一体化等得到充分的发展和保障。

## 三、儿童家庭政策向普惠型、保护型、发展型迈进

2010—2020年是我国全面建设小康社会的关键时期，儿童发展面临前所未有的机遇。家庭作为孩子的第一课堂、人生的第一所学校，应发挥的功能、承担的作用也更加多元。这十年间，国家加快完善保护儿童权利的法律体系，强化政府责任，不断提高儿童工作的法治化和科学化水平，我国儿童生存、保护、发展的环境和条件得到明显改善，儿童权利得到进一步保护，儿童发展取得了巨大成就。然而受社会经济、文化等因素的影响，儿童发展及权利保护仍然面临着诸多问题与挑战。全社会儿童优先意识有待进一步加强，儿童工作机制有待进一步完善。城乡区域间儿童发展不平衡，贫困地区儿童整体发展水平较低；出生缺陷发生率上升，出生人口性别比偏高；学前教育公共资源不足，普及率偏低；义务教育发展不均衡，校际、城乡、区域间存在较大差距；贫困家庭儿童、孤儿、弃婴、残疾儿童、流浪儿童的救助迫切需要制度保障；人口流动带来的儿童问题尚未得到有效解决；社会文化环境中仍然存在不利于儿童健康成长的消极因素；等等。[①] 进一步解决儿童发展面临的突出问题，促进儿童的全面发展和权利保护，是这一时期儿童工作的重大任务。与家庭密切关联的问题聚焦在城乡区域间儿童发展不平衡、出生缺陷率的上升，贫困家庭儿童、困境儿童的救助保障，人口流动带来的育儿问题上。

### （一）生育、儿童保健管理与早期育儿指导的规范细化

2011年7月，中华人民共和国国务院发布了《中国儿童发展纲要（2011—2020年）》。纲要共分指导思想和基本原则，总目标，发展领域、主要目标和策略措施，组织实施，监测评估5个部分。确定了健康、教育、福利、社会环境、法律保护5个发展领域及各领域的主要目标和策略措施，以落实儿童优先原则，保障儿童生存、发展、受保护和参与的权

① 国务院：《中国儿童发展纲要（2011—2020年）》，2011年7月。

利，缩小儿童发展的城乡区域差距，提升儿童福利水平和身心健康水平，提高儿童整体素质，促进儿童健康、全面发展。

在总目标中提到要完善覆盖城乡儿童的基本医疗卫生制度，提高儿童身心健康水平；促进基本公共教育服务均等化，保障儿童享有更高质量的教育；扩大儿童福利范围，建立和完善适度普惠的儿童福利体系；提高儿童工作社会化服务水平，创建儿童友好型社会环境；完善保护儿童的法规体系和保护机制，依法保护儿童合法权益。在“儿童与健康”中提出：将流动儿童纳入流入地社区儿童保健管理体系，提高流动人口中的儿童保健管理率。落实出生缺陷三级防治措施，加强婚前医学检查知识宣传，规范检查项目，改进服务模式，提高婚前医学检查率。开展科学喂养、合理膳食与营养素补充指导，提高婴幼儿家长科学喂养知识水平。

在“儿童与教育”中首次提出：促进0—3岁儿童早期综合发展。积极开展0—3岁儿童科学育儿指导。积极发展公益性普惠性的儿童综合发展指导机构，以幼儿园和社区为依托，为0—3岁儿童及其家庭提供早期保育和教育指导。建立学前教育资助制度，资助家庭经济困难儿童、孤儿和残疾儿童接受普惠性学前教育。保障特殊困难儿童接受义务教育权利。落实孤儿、残疾儿童、贫困儿童就学资助政策。把德育渗透于教育教学各个环节，贯穿于学校教育、家庭教育和社会教育各个方面。

纲要中儿童与健康、儿童与教育两部分都明显地将家庭服务指导端口前移，如儿童与健康从提高婚前医学检查率、落实出生缺陷、提高家长科学喂养水平、加大流动儿童保健管理等方面强调了家庭对新生儿健康的影响，加强对家庭在生育、新生儿养育方面的帮助和指导力度。在儿童与教育方面首次提到为0—3岁儿童及其家庭提供早期保育和教育指导，家庭对0—3岁儿童科学养育的责任凸显。

### （二）孤儿回归家庭，儿童的福利政策得到完善

2010年被称为“中国儿童福利元年”，因为这一年《国务院办公厅关于加强孤儿保障工作的意见》（国办发〔2010〕54号）和《民政部　财政部关于发放孤儿基本生活费的通知》（民发〔2010〕161号）出台，国家第一次直接通过现金补贴的形式为福利机构内外的孤儿提供制度性保障，为

未来的儿童福利津贴发放提供了先例，这也标志着中国在儿童福利政策方面的重大突破。[①]

“儿童福利”也首次作为新的发展领域在儿童发展纲要中被提出。儿童与福利中再次强调要满足孤儿生活、教育、医疗和公平就业等基本需求，提高孤儿家庭寄养率和收养率。加强儿童福利机构建设，全面提高儿童福利机构的管理服务水平。探索适合孤儿身心发育的养育模式。完善孤儿收养制度，规范家庭寄养，鼓励社会助养。建立和完善家庭寄养和亲属监护养育的监督、支持和评估体系，提高家庭寄养孤儿和亲属监护养育孤儿的养育质量。帮助孤儿回归家庭，在正常的家庭生活中获得成长，体现了家庭在人成长发展中不可替代的作用。

建立和完善流动儿童和留守儿童服务机制。积极稳妥推进户籍制度和社会保障制度改革，逐步将流动人口纳入当地经济社会发展规划。建立16周岁以下流动儿童登记制度，为流动儿童享有教育、医疗保健等公共服务提供基础。整合社区资源，完善以社区为依托，面向流动人口家庭的管理和服务网络，增强服务意识，提高服务能力。健全农村留守儿童服务机制，加强对留守儿童心理、情感和行为的指导，提高留守儿童家长的监护意识和责任感。儿童的成长离不开家庭的指导，随着经济的发展，流动儿童、留守儿童数量的增加，家长的监护意识和责任的缺失，阻碍了儿童的发展和家庭教育的发展，关注留守儿童、流动儿童的家庭指导工作成为新时期儿童福利发展工作中的重要内容。

### （三）基本建成适应城乡发展的家庭教育指导服务体系

《中国儿童发展纲要（2011—2020年）》在“儿童与社会环境”中提出，要基本建成适应城乡发展的家庭教育指导服务体系。提升儿童家长素质，提高家庭教育水平。要求90%以上的城乡社区建设1所为儿童及其家庭提供游戏、娱乐、教育、卫生、社会心理支持和转介等服务的儿童之家。保障儿童参与家庭生活、学校和社会事务的权利。

建议将家庭教育指导服务纳入城乡公共服务体系。普遍建立各级家庭

① 尚晓援：《儿童福利发展瓶颈及其突破》，《人民论坛》2011年第10期。

教育指导机构，90% 的城市社区和 80% 的行政村建立家长学校或家庭教育指导服务点。建立家庭教育从业人员培训和指导服务机构准入等制度，培养合格的专兼职家庭教育工作队伍。加大公共财政对家庭教育指导服务体系建设的投入，鼓励和支持社会力量参与家庭教育工作。开展家庭教育指导和宣传实践活动。多渠道、多形式持续普及家庭教育知识，确保儿童家长每年至少接受 2 次家庭教育指导服务，参加 2 次家庭教育实践活动。加强家庭教育研究，促进研究成果的推广和应用。为儿童成长提供良好的家庭环境。倡导平等、文明、和睦、稳定的家庭关系，提倡父母与子女加强交流与沟通。预防和制止家庭虐待、忽视和暴力等事件的发生。纲要中通过健康、教育、福利、社会环境等领域不断制定与完善儿童家庭生活相关政策，推动家庭生活对儿童成长发展的保障和促进作用。

### （四）家庭寄养、收养范围扩大

为进一步规范儿童福利机构的建设与发展，2011 年 4 月，民政部组织编制的《儿童福利院建设标准》颁布执行，对我国儿童福利院的建设标准作了明确规定；此外，民政部于 2013 年 12 月出台《儿童福利机构基本规范》，对儿童照料的标准、人员设置等作出了详细规定。在家庭寄养方面，为规范儿童家庭寄养工作，2014 年 9 月，民政部通过《家庭寄养管理办法》，对寄养家庭条件、寄养关系的确立与解除作出了明确解释与规定。同时，未成年人救助保护机构中的流浪未成年人被纳入家庭寄养范围。2013 年年底，民政部发布推荐性行业标准《流浪未成年人家庭寄养服务》，对流浪未成年人家庭寄养进行了规定。同年发布《流浪未成年人类家庭服务》推荐性行业标准，为进一步提升流浪未成年人救助工作予以保障。2014 年 9 月，民政部印发《关于规范生父母有特殊困难无力抚养的子女和社会散居孤儿收养工作的意见》，要求落实儿童利益最佳的原则，把“一切为了孩子”的要求贯穿于收养工作始终，让儿童回归家庭，得到父母的关爱和良好的教育。要坚持国内收养优先的原则，积极引导国内家庭转变收养观念，帮助大龄和残疾儿童实现国内收养。

### （五）儿童家庭监护司法干预获得突破

2014年12月，民政部等四部门联合印发《关于依法处理监护人侵害未成年人权益行为若干问题的意见》，加强未成年人行政保护和司法保护工作，就处理监护人侵害未成年人权益行为的有关工作制定意见；2015年3月，最高人民法院、最高人民检察院、公安部、司法部联合发布了《关于依法办理家庭暴力犯罪案件的意见》，进一步预防和惩治家庭暴力犯罪，特别加强了对被害儿童的法律保护；2015年8月，为推动打拐解救儿童回归家庭健康成长，维护打拐解救儿童权益，民政部联合公安部发布了《关于查找不到生父母的打拐解救儿童收养工作的通知》，强调家庭是儿童成长的最佳环境，为落实党的十八届三中全会通过的《中共中央关于全面深化改革若干重大问题的决定》中关于健全困境儿童分类保障制度的要求以及国务院办公厅《中国反对拐卖人口行动计划（2013—2020年）》（国办发〔2013〕19号）的相关要求，进一步完善打拐解救儿童安置渠道，使查找不到生父母的打拐解救儿童能够通过收养回归家庭中健康、快乐成长，根据《中华人民共和国收养法》等法律法规的有关规定发布《关于查找不到生父母的打拐解救儿童收养工作的通知》。通知为打拐解救儿童尽快回归家庭生活提供了政策依据。2015年12月，我国首部反家庭暴力法通过，反家庭暴力法从强制报告制度、文明教育子女、撤销监护人资格、紧急状态下的临时安置制度、申请人身安全保护令等方面为儿童远离家庭暴力、安全健康成长提供了有力的法律屏障。

对儿童合法权益的司法保障，上升到精细化的新高度。

### （六）政府主导强化家庭监护主体责任，普惠型儿童福利家庭关爱政策获得完善

2016年2月，国务院颁发了《国务院关于加强农村留守儿童关爱保护工作的意见》，同年6月，发布《国务院关于加强困境儿童保障工作的意见》，要求切实做好广大农村留守儿童和困境儿童关爱服务工作。两个意见中明确了“留守儿童”“困境儿童”的定义。要求完善农村留守儿童关爱服务体系，落实县、乡镇人民政府和村（居）民委员会职责。县级人

民政府要切实加强统筹协调和督促检查，结合本地实际制定切实可行的农村留守儿童关爱保护政策措施，认真组织开展关爱保护行动，确保关爱保护工作覆盖本行政区域内所有农村留守儿童。乡镇人民政府（街道办事处）和村（居）民委员会要加强对监护人的法治宣传、监护监督和指导，督促其履行监护责任，提高监护能力。村（居）民委员会要定期走访、全面排查，及时掌握农村留守儿童的家庭情况、监护情况、就学情况等基本信息，并向乡镇人民政府（街道办事处）报告；要为农村留守儿童通过电话、视频等方式与父母联系提供便利。乡镇人民政府（街道办事处）要建立翔实、完备的农村留守儿童信息台账，一人一档案，实行动态管理、精准施策，为有关部门和社会力量参与农村留守儿童关爱保护工作提供支持；通过党员干部上门家访、驻村干部探访、专业社会工作者随访等方式，对重点对象进行核查，确保农村留守儿童得到妥善照料。①

《国务院关于加强困境儿童保障工作的意见》要求建立健全困境儿童保障工作体系。参照农村留守儿童救助保护机制，建立面向城乡困境儿童，包括强制报告、应急处置、评估帮扶、监护干预等在内的困境儿童安全保护机制。要依托县级儿童福利机构、救助保护机构、特困人员救助供养机构、残疾人服务机构、城乡社区公共服务设施等，健全困境儿童服务网络，辐射城乡社区，发挥临时庇护、收留抚养、福利服务等功能。村（居）民委员会要设立由村（居）民委员会委员、大学生村官或者专业社会工作者等担（兼）任的儿童福利督导员或儿童权利监察员，负责困境儿童保障政策宣传和日常工作，通过全面排查、定期走访及时掌握困境儿童家庭、监护、就学等基本情况，指导监督家庭依法履行抚养义务和监护职责，并通过村（居）民委员会向乡镇人民政府（街道办事处）报告情况。村（居）民委员会对于发现的困境儿童及其家庭，属于家庭经济贫困、儿童自身残疾等困难情形的，要告知或协助其申请相关社会救助、社会福利等保障；属于家庭监护缺失或监护不当导致儿童人身安全受到威胁或侵害的，要落实强制报告责任；积极协助乡镇人民政府（街道办事处）、民政

---

① 《国务院关于加强农村留守儿童关爱保护工作的意见》（国发〔2016〕13号）；《国务院关于加强困境儿童保障工作的意见》（国发〔2016〕36号）。

部门、妇儿工委办公室和教育、卫生计生、人力资源社会保障等部门及公安机关、残联组织开展困境儿童保障工作。

自 2010 年以来，“儿童优先”被纳入国家战略，[①] 党和政府部门此后多次继续强调“儿童优先”战略，“十三五”规划明确提出“坚持男女平等基本国策和儿童优先，切实加强妇女、未成年人、残疾人等社会群体权益保护”。2018 年，国家层面出台儿童福利与保护相关政策文件 47 份，3 岁以下婴幼儿照护服务首次纳入政策视野。[②]

2019 年，按照国务院机构改革方案，民政部首次设置“儿童福利司”，这是我国政府首次在中央政府的职能部委中独立设置“全国性、综合性、专门性、司局级”的儿童福利行政管理机关，凸显了党和国家对儿童福利事业的高度重视与政治远见，标志着现代普惠性儿童福利时代即将到来，也体现了政府在发展我国儿童福利中的主体地位。[③]

2020 年 12 月，《民政部关于印发〈收养评估办法（试行）〉的通知》对加强收养登记管理，规范收养评估工作，保障被收养人的合法权益起到积极的作用。其中对收养评估内容作了具体要求，包括收养申请人以下情况：收养动机、道德品行、受教育程度、健康状况、经济及住房条件、婚姻家庭关系、共同生活家庭成员意见、抚育计划、邻里关系、社区环境、与被收养人融合情况等。收养评估流程包含书面告知、评估准备、实施评估、出具评估报告。由于收养关系直接关系被收养未成年人的切身利益，该通知为收养人切实履行好法定职责，做好被收养人的抚育、教育进行了严格要求，充分保障了被收养未成年人的权益。

---

① 张柳：《全面构建新时代中国特色现代化儿童福利保护体系》，《中国妇女报》2020 年 6 月 10 日第 5 版。

② 联合国儿童基金会、北师大中国公益研究院：《中国儿童福利与保护政策报告》，2019。

③ 张宁：《从缺位到归位——我国儿童福利制度中的政府责任研究》，硕士学位论文，吉林大学，2021。

## 四、儿童家庭政策步入全面型高质量发展阶段

党的十八大以来，以习近平同志为核心的党中央把培养好少年儿童作为一项战略性、基础性工作，坚持儿童优先原则，大力发展儿童事业。保障儿童权利的法律法规政策体系进一步完善，党委领导、政府主责、妇女儿童工作委员会协调、多部门合作、全社会参与的儿童工作机制进一步巩固，儿童发展环境进一步优化。但伴随着社会政治经济发展，社会主要矛盾的变化同样发生在儿童领域，主要表现在儿童事业发展仍然存在不平衡不充分问题；人口出生率持续降低和人口流动加快成为制约儿童事业发展的难题；一些新社会思潮和新技术升级变革着传统的儿童成长生态，极大地冲击着当代儿童生活，如不婚主义、丁克等生活理念对传统家庭结构造成了不小的影响。

### （一）儿童成长与家庭养育、教育政策的全面发展建设

2021 年 7 月，国家卫生健康委发布了关于贯彻落实《中共中央、国务院关于优化生育政策促进人口长期均衡发展的决定》的通知，提出实施三孩生育政策及配套支持措施具有十分重要的意义，有利于改善人口结构，落实积极应对人口老龄化国家战略；有利于保持人力资源禀赋优势，应对世界百年未有之大变局；有利于平缓总和生育率下降趋势，推动实现适度生育水平；有利于巩固全面建成小康社会成果，促进人与自然和谐共生。①

2021 年 11 月，国家卫生健康委为进一步提高儿童健康水平，依据《中华人民共和国母婴保健法》《“健康中国 2030”规划纲要》，制定《健康儿童行动提升计划（2021—2025 年）》。儿童健康是全民健康的基础，是经济社会可持续发展的重要保障。到 2025 年，覆盖城乡的儿童健康服务体系更加完善，基层儿童健康服务网络进一步加强，儿童医疗保健服务能力明显增强，儿童健康水平进一步提高。强化儿童养护人为儿童健康第一责

---

① 国家卫生健康委：《中共中央、国务院关于优化生育政策促进人口长期均衡发展的决定》，2021。

任人理念，提高儿童养护人健康素养。以家庭、社区、托幼机构为重点，加大健康知识宣传力度，普及健康生活方式。[①]

2021 年 9 月，国务院颁发《中国儿童发展纲要（2021—2030 年）》。纲要以坚持和完善最有利于儿童、促进儿童全面发展的制度机制，落实立德树人根本任务，优化儿童发展环境，保障儿童生存、发展、受保护和参与权利，全面提升儿童综合素质为指导思想。以保障儿童权利的法律法规政策体系更加健全，促进儿童发展的工作机制更加完善，儿童优先的社会风尚普遍形成，城乡、区域、群体之间的儿童发展差距明显缩小；儿童享有更加均等和可及的基本公共服务，享有更加普惠和优越的福利保障，享有更加和谐友好的家庭和社会环境；儿童在健康、安全、教育、福利、家庭、环境、法律保护等领域的权利进一步实现，思想道德素养和全面发展水平显著提升，获得感、幸福感、安全感明显增强为总体目标。

《中国儿童发展纲要（2021—2030 年）》布局上增设了"儿童与安全""儿童与家庭"两个全新单元，并将"儿童与社会环境"变更为"儿童与环境"，扩大了"环境"的范畴。纲要从健康、安全、教育、福利、家庭、环境和法律保护 7 个领域，以儿童发展为中心，全面而具体地设置了 70 项目标和 89 项策略措施，有效推进了我国儿童权益保护的进一步升级、儿童发展生态的进一步优化和儿童事业目标的进一步明确。

第七次全国人口普查数据显示，我国目前有家庭 4.94 亿户，家庭规模、家庭结构呈现出新的特点，家庭领域面临许多新情况、新问题，比如，儿童家庭监护缺失的问题、家长育儿观存在误区的问题、亲子关系不尽和谐的问题等。同时，三孩生育政策的实施，对家庭家教家风建设、对妇女儿童的发展都提出了新要求。新儿纲新增"儿童与家庭"领域，将有利于进一步完善支持家庭的法律政策，提升家庭的发展能力，增强家庭、儿童的获得感、幸福感、安全感。[②]"儿童与家庭"发展领域中的主要目标为：1. 发挥家庭立德树人第一所学校作用，培养儿童的好思想、好品行、好习惯。2. 尊重儿童主体地位，保障儿童平等参与自身和家庭事务的权利。

---

① 国家卫生健康委：《健康儿童行动提升计划（2021—2025 年）》，2021。

② 蒋永萍：《支持促进家庭切实履行儿童养育的主体责任》，《中国妇女报》2021 年 10 月 22 日第 3 版。

3. 教育引导父母或其他监护人落实抚养、教育、保护责任，树立科学育儿理念，掌握运用科学育儿方法。4. 培养儿童成为好家风的践行者和传承者。5. 增强亲子互动，建立平等和谐的亲子关系。6. 覆盖城乡的家庭教育指导服务体系基本建成，指导服务能力进一步提升。95% 的城市社区和 85% 的农村社区（村）建立家长学校或家庭教育指导服务站点。7. 支持家庭生育养育教育的法律法规政策体系基本形成。8. 提升家庭领域理论和实践研究水平，促进成果转化应用。①

新儿纲明确提出，家庭育儿的根本任务是立德树人。科学育儿的关键是增强监护责任意识和能力，禁止对儿童殴打、虐待等一切形式的家庭暴力。要加强对家庭落实监护责任的支持、监督和干预，根据不同需求为家庭提供分类指导和福利保障。帮助家庭建立良好的亲子关系，缓解育儿焦虑。构建覆盖城乡的家庭教育指导服务体系，如依托现有机构设立家庭教育指导服务中心，统筹家庭教育指导服务工作，依托家长学校、城乡社区公共服务设施、妇女之家、儿童之家等设立家庭教育指导服务站点。强化对家庭教育指导服务的支持保障。推进实施家庭教育工作规划，推动家庭教育指导服务普惠享有，并纳入政府购买服务指导性目录，培育家庭教育服务机构。完善支持家庭生育养育教育的法律法规政策。推进家庭教育立法及实施。加强家庭领域理论和实践研究。鼓励有条件的高校和科研机构开设家庭教育专业和课程，建立家庭领域研究基地，培养壮大家庭领域研究队伍，提升研究水平等。

在新增的“儿童与家庭”领域总体目标与策略措施中可以发现，儿童家庭养育、教育政策不断完善，弱势儿童及其家庭的发展受到特别的重视。策略措施中提出优先制定向困境儿童及其家庭提供支持和保障的家庭政策。也明确要在此周期内，基本建成支持家庭生育养育教育的法律法规政策体系和覆盖城乡的家庭教育指导服务体系，提出要建立中小学幼儿园家庭教育指导服务工作制度、家庭教育服务行业质量标准和认证体系等，儿童家庭建设由实际工作中的举措上升到了制度层面，通过制度的改革或建立，加强儿童家庭工作各个方面的体系建设，实现了政策的多元化、全

① 国务院：《中国儿童发展纲要（2021—2030 年）》，2021 年 9 月。

面化，程序的规范化、科学化、长期化和系统化。

特殊教育体系得到进一步完善。2022 年 1 月，国务院办公厅转发教育部等部门《“十四五”特殊教育发展提升行动计划》（国办发〔2021〕60 号），部署各地加快推进特殊教育高质量发展。计划要求到 2025 年，高质量的特殊教育体系初步建立。强调继续对家庭经济困难残疾学生实行高中阶段免费教育，确保家庭经济困难残疾学生优先获得资助，逐步提高特殊教育经费保障水平。2022 年 11 月，教育部印发实施《特殊教育办学质量评价指南》，完善特殊教育办学评价体系，不断提高特殊教育质量。

### （二）家庭教育指导服务体系逐步完善，家庭教育走向法治化

2021 年 10 月 23 日，中华人民共和国主席习近平签署中华人民共和国主席令第九十八号，公布《中华人民共和国家庭教育促进法》自 2022 年 1 月 1 日起施行。家庭教育促进法是为了发扬中华民族重视家庭教育的优良传统，引导全社会注重家庭、家教、家风，增进家庭幸福与社会和谐，培养德智体美劳全面发展的社会主义建设者和接班人而制定的。法律不仅明确，父母或者其他监护人应当树立家庭是第一个课堂、家长是第一任老师的责任意识，承担对未成年人实施家庭教育的主体责任，用正确思想、方法和行为教育未成年人养成良好思想、品行和习惯。同时，还规定了家庭教育的内容。如要求家长培养未成年人树立维护国家统一的观念，铸牢中华民族共同体意识，培养家国情怀；培养未成年人良好社会公德、家庭美德、个人品德意识和法治意识；关注未成年人心理健康，教导其珍爱生命等。家庭教育促进法的施行，让家庭教育得到社会重视，走向法治化发展轨道，也为家庭教育提供了新方法和新思路。

《中国儿童发展纲要（2021—2030 年）》和家庭教育促进法都着重强调家庭“立德树人”的教养责任，明确了儿童的家长和照护人是儿童的第一责任人，应当树立科学的育儿理念、优化儿童发展的家庭环境、建立平等和谐的亲子关系，切实履行儿童养育的主体责任。

2022 年 4 月，为深入贯彻习近平总书记关于注重家庭家教家风建设重要论述，贯彻实施《中华人民共和国家庭教育促进法》，推动“十四五”时期家庭教育工作高质量发展，全国妇联、教育部等 11 部门联合印发

《关于指导推进家庭教育的五年规划（2021—2025年）》，加快推进覆盖城乡的家庭教育指导服务阵地建设。

## （三）家庭生育、养育、托育的规范化

2022年7月，国家卫生健康委、国家发展改革委等17部门联合发布《关于进一步完善和落实积极生育支持措施的指导意见》（国卫人口发〔2022〕26号），提出生育支持20项具体政策，加快建立积极生育支持政策体系，扩大托育服务供给体系，实施普惠托育服务专项行动，为推动实现适度生育水平、促进人口长期均衡发展提供有力支撑。

2022年11月，国家卫生健康委印发《3岁以下婴幼儿健康养育照护指南（试行）》，旨在贯彻落实《中共中央、国务院关于优化生育政策促进人口长期均衡发展的决定》《国务院办公厅关于促进3岁以下婴幼儿照护服务发展的指导意见》（国办发〔2019〕15号）和《健康儿童行动提升计划（2021—2025年）》（国卫妇幼发〔2021〕33号），提升儿童健康水平，促进儿童早期发展，加强婴幼儿养育照护指导，强化医疗机构通过养育风险筛查与咨询指导、父母课堂、亲子活动课堂、随访等形式，指导家庭养育人掌握科学育儿理念和知识，提高婴幼儿健康养育照护能力和水平。《3岁以下婴幼儿健康养育照护指南》突出了以下四个特点：一是聚焦0—3岁这一关键阶段，指导养育人掌握科学育儿理念和知识，为婴幼儿提供良好的养育照护和健康管理；二是强化养育人主体责任，明确要求养育人应定期带婴幼儿接受国家基本公共卫生服务项目0—6岁儿童健康检查，接受医疗机构儿童保健人员的指导，学习掌握儿童生长发育知识和技能，不断提高科学育儿能力；三是强调科学养育照护和健康管理，强调养育人要学习并掌握养育照护和健康管理的各种技能和方法，在养育实践中与儿童同步成长；四是着力促进婴幼儿全面发展，要求儿童保健人员为婴幼儿养育人提供咨询指导，提高养育人养育照护技能，促进儿童早期在生理、心理和社会适应能力方面得到全面发展。该指南的实施弥补了新手父母在家庭育儿方面的不足，提高了家庭科学育儿的能力，促进了家庭生活质量和育儿水平的提高。

2023年1月，教育部等十三部门联合印发了《关于健全学校家庭社会

协同育人机制的意见》。一是为贯彻落实党中央、国务院决策部署。2018年9月，习近平总书记在全国教育大会上指出："办好教育事业，家庭、学校、政府、社会都有责任。"党的十九届五中全会提出健全学校家庭社会协同育人机制，家庭教育促进法规定建立健全家庭学校社会协同育人机制，《中华人民共和国国民经济和社会发展第十四个五年规划和2035年远景目标纲要》和2022年政府工作报告都确定了健全学校家庭社会协同育人机制的工作任务。党的二十大报告进一步要求，健全学校家庭社会育人机制。二是为着力破解存在的突出问题，明确各方育人职责和相互协同机制，形成更加完善的协同育人机制。在工作目标上，提出到"十四五"时期末，政府对学校家庭社会协同育人工作的统筹领导更加有力，制度体系基本建立健全。学校积极主导、家庭主动尽责、社会有效支持的协同育人机制更加完善，促进学生全面发展、健康成长的良好氛围更加浓厚。学校教育主阵地作用进一步强化，家庭教育指导服务更加专业；家长科学育儿观念基本树立，履行家庭教育主体责任更加到位；城乡社区家庭教育指导服务站点普遍建立，社会育人资源利用更加充分。到2035年，形成定位清晰、机制健全、联动紧密、科学高效的学校家庭社会协同育人机制。

2023年10月，国家卫生健康委会同住房和城乡建设部、应急管理部、市场监管总局、国家消防救援局联合印发了《家庭托育点管理办法（试行）》（国卫人口发〔2023〕28号）。办法所称家庭托育点，是指利用住宅为3岁以下婴幼儿（以下简称婴幼儿）提供全日托、半日托、计时托、临时托等托育服务的场所。每个家庭托育点的收托人数不得超过5人。住宅包括使用自有住宅或租赁期不少于3年的他人住宅。办法要求家庭托育点应当为婴幼儿提供生活照料、安全看护、平衡膳食和早期学习机会，促进婴幼儿身心健康发展。家庭托育点照护人员应当符合下列条件：1.具有保育教育、卫生健康等婴幼儿照护经验或相关专业背景；2.受过婴幼儿保育、心理健康、食品安全、急救和消防等培训；3.身体健康，无精神病史；4.无性侵害、虐待、拐卖、暴力伤害等违法犯罪记录。家庭托育点每1名照护人员最多看护3名婴幼儿。办法的出台规范了家庭托育点的发展，满足了家庭对婴幼儿托育服务的需求，促进了托育服务的健康发展。

2023年5月，习近平总书记在北京育英学校考察时强调："各级党委和政府、社会各方面要切实做好与儿童事业发展有关的各项工作，关心帮助困难家庭的孩子特别是孤儿和残疾儿童，让所有孩子都能感受到党和政府的温暖，都能有一个幸福美好的童年。”

2023 年 7 月，儿童收养工作在政策制度完善上迈出坚定步伐。民政部修订了《中国公民收养子女登记办法》有关内容，指导各地依法加强收养登记管理，多地出台规范国内收养登记的政策文件，落实收养评估制度，细化收养评估标准，加强收养登记档案管理。

2023 年 10 月，民政部联合教育部、国家卫健委、共青团中央、全国妇联等部门印发《关于加强困境儿童心理健康关爱服务工作的指导意见》，将留守儿童心理健康服务纳入工作内容，指导各地综合运用心理健康教育、心理健康监测、及早有效关爱、畅通转介诊疗、强化跟进服务等举措，全面提升儿童心理健康水平。2023 年 11 月，民政部联合中央网信办、教育部、公安部、司法部、财政部等部门印发《农村留守儿童和困境儿童关爱服务质量提升三年行动方案》，部署实施精神素养提升、监护提质、精准帮扶、安全防护和固本强基等专项行动，全面提升农村留守儿童和困境儿童关爱服务质量，促进农村留守儿童和困境儿童全面发展，着力提升对留守儿童和困境儿童关爱服务质量。截至 2023 年第 3 季度末，全国共有 14.6 万名孤儿纳入保障范围，其中，集中养育孤儿平均保障标准达每人每月 1885.4 元，社会散居孤儿平均保障标准达每人每月 1439.9 元；全国共有 38.8 万名事实无人抚养儿童纳入保障范围，平均保障标准达每人每月 1439.9 元。全国已配备乡镇（街道）儿童督导员 5 万名、村（居）儿童主任 65.1 万名，基本实现全覆盖，基层工作力量得到有效充实。[①]

### （四）未成年人保护与儿童家庭政策的全方位建设

2024 年 2 月，民政部会同相关部门印发《关于进一步促进残疾孤儿回归家庭的通知》（民发〔2024〕6 号），规范对被收养残疾孤儿在生活、医疗、康复、教育及关爱服务等方面的保障措施：一是被收养残疾孤儿可以

① 《让祖国的花朵沐浴更多阳光雨露——2023 年儿童福利和权益保障工作综述》，《中国社会报》2024 年 1 月 11 日第 A01-1 版。

申领孤儿基本生活费；二是可继续纳入“孤儿医疗康复明天计划”项目，按规定享受社会救助、就诊服务和医疗保障、残疾人保障相关待遇；三是落实教育保障政策，优先将符合条件的被收养残疾孤儿纳入教育资助范围，年满18周岁、符合条件的，可参照享受“福彩圆梦·孤儿助学工程”政策等，有效缓解了收养残疾儿童家庭在养育、医疗、康复、教育等方面的负担，进一步促进残疾孤儿回归家庭，健康成长。在政策创新方面，由于福利机构内儿童大多存在不同程度的残疾或疾病，受传统思想以及后续生活护理顾虑等影响，虽然社会上收养儿童的需求很多，但主动收养病残儿童的却很少。为更好保障被收养儿童的各项权益，促进孤残儿童回归家庭，山东、山西、内蒙古在本省（自治区）建立鼓励国内家庭收养残疾孤儿的支持服务政策，对被收养的儿童福利机构内养育的病残儿童和散居残疾孤儿，给予相应的基本生活、医疗和教育保障，在很大程度上打消了收养家庭的顾虑。政策充分体现出，家庭是残疾孤儿成长的最佳环境，依法收养是残疾孤儿回归家庭的主要渠道，帮助残疾孤儿回归家庭能够更好保障残疾孤儿成长，维护残疾孤儿合法权益。

2024年3月，全国妇联等九部门印发《深化开展爱心妈妈结对关爱留守儿童和困境儿童三年行动方案》，要求各地妇联强化各方协同，汇聚关爱力量，深化开展爱心妈妈结对关爱志愿服务，用心用情促进儿童健康成长、全面发展。各地妇联积极响应，深化开展结对关爱志愿服务，以实际行动当好困境、留守儿童成长的引路人守护人筑梦人。全国妇联充分发挥自身优势，利用爱心妈妈结对关爱志愿服务活动的开展，从全面落实立德树人根本任务，引导留守、困境儿童树立正确的世界观、人生观、价值观，根据儿童需求提供生活帮助、精神抚慰等方面着手，推动儿童家庭指导向着更加专业化、精细化、精准化迈进。

2024年4月26日，十四届全国人大常委会第九次会议通过《中华人民共和国未成年人保护法》第二次修正。修正后的未成年人保护法聚焦家庭建设，从家庭暴力、监护责任、教育保障、隐私保护等方面进行了多项调整。

一是修正后的法律明确了禁止对未成年人实施家庭暴力，包括虐待、遗弃等行为。根据未成年人保护法第十条第二款，禁止对未成年人实施家庭暴力，禁止虐待、遗弃未成年人，不得歧视女性未成年人或者有残疾的未成年人。二是修正后的法律强调了家庭保护的具体措施。例如，父母因外出务工或其他原因不能履行监护职责时，应当委托有监护能力的其他成年人代为监护。这一规定有助于确保未成年人在父母不在身边时也能得到适当的照顾和保护。[①]三是教育保障方面强调了父母或其他监护人保障未成年人接受义务教育的责任。根据未成年人保护法第十三条，父母或者其他监护人应当尊重未成年人受教育的权利，必须使适龄未成年人依法入学接受义务教育。[②]四是修正后的法律还规定了家庭成员之间的隐私保护。任何组织或个人不得私自翻阅未成年人的信件、日记等个人物品，除非因追查犯罪的需要，由公安机关或人民检察院依法进行检查，或者对无行为能力的未成年人的信件、日记、电子邮件由其父母或其他监护人代为开拆、查阅外，任何组织或者个人不得开拆、查阅。[③]

2024 年 7 月，中国残联、教育部、民政部、国家卫生健康委、国家医保局、共青团中央、全国妇联共同印发《孤独症儿童关爱促进行动实施方案（2024—2028 年）》，提出用 5 年左右时间，促进完善孤独症儿童关爱服务工作机制、服务体系，提升孤独症儿童发展全程服务能力水平和保障条件，有效改善孤独症儿童成长、发展环境。实施孤独症儿童家庭暖心行动。从加强孤独症儿童医疗保障和康复救助；加强孤独症儿童家庭生活保障；健全分层分类的社会救助体系，将符合条件的孤独症儿童家庭纳入最低生活保障等社会救助保障政策范围；加强孤独症儿童家庭支持性服务，加强困境儿童入户走访，做好监护缺失或者家庭缺乏履行义务能力的孤独症儿童的托养照护和救助保护等方面，有针对性地为孤独症儿童提供关爱、帮扶，减轻孤独症儿童家庭照料负担。

2024 年 8 月，民政部等 21 部门联合印发《加强流动儿童关爱保护行动方案》。这是国家层面首个面向流动儿童群体专门制定的关爱保护政策文件，填补了民生保障领域政策空白，对于指导各地深入学习贯彻党的二十届三中全会精神，进一步完善城乡融合发展体制机制，全面提高社

---

① 《中华人民共和国未成年人保护法》第十六条，2024 年 4 月。

② 《中华人民共和国未成年人保护法》第十三条，2024 年 4 月。

③ 《中华人民共和国未成年人保护法》第三十九条，2024 年 4 月。

会治理现代化水平，促进流动儿童在居住地均等享有基本公共服务和便利，更好保障儿童合法权益具有重要意义。《加强流动儿童关爱保护行动方案》明确要求：将随父母或其他监护人双方或一方离开户籍地，跨县域异地居住或生活 6 个月以上、不满十六周岁的未成年人纳入流动儿童监测摸排范围。要求对监测摸排发现存在家庭生活困难、自身残疾、监护缺失、流浪、心理和行为异常的流动儿童，以及主动提出救助帮扶需求的跨乡镇（街道）的流动儿童，建立重点关爱服务对象信息台账，定期走访探视，加强关爱保护，保障其合法权益。首次明确了加强流动儿童关爱保护工作的重点任务。在权益保障方面，推动流动儿童与居住地儿童均等享有教育、医疗、生活保障等基本公共服务；在关爱服务方面，重点从提升家庭教育指导水平、提供心理健康关爱服务、加强精神文化生活服务、开展城市融入服务 4 个维度加强对流动儿童及其家庭的关爱支持。

2024 年 11 月，十四届全国人大常委会第十二次会议表决通过《中华人民共和国学前教育法》，旨在保障中国适龄儿童接受学前教育，规范学前教育实施，促进学前教育普及普惠安全优质发展，提高全民族素质。学前教育法分为总则、学前儿童、幼儿园、教职工、保育教育、投入保障、监督管理、法律责任、附则九章，共八十五条，规定国家推进普及学前教育，扩大普惠性学前教育资源供给，构建覆盖城乡、布局合理、公益普惠、安全优质的学前教育公共服务体系。同时，明确对民族地区、边疆地区和欠发达地区的倾斜，以及对家庭经济困难儿童、孤儿、残疾儿童和农村留守儿童等群体的特别保障。[①] 强调要尊重学前儿童人格尊严，倾听了解学前儿童的意见，鼓励引导学前儿童参与家庭、社会和文化生活。保障教育权利，规定地方各级人民政府应当采取措施，推动适龄儿童在其父母或者其他监护人的工作或者居住的地区方便就近接受学前教育。父母或者其他监护人应当依法履行抚养与教育儿童的义务，为适龄儿童接受学前教育提供必要条件。[②] 父母或者其他监护人应当尊重学前儿童身心发展规律和年龄特点，创造良好家庭环境，促进学前儿童健康成长。家庭和幼儿园

① 《中华人民共和国学前教育法》第六条。

② 《中华人民共和国学前教育法》第十六条。

应当教育学前儿童正确合理使用网络和电子产品，控制其使用时间。[①]幼儿园应当主动与父母或者其他监护人交流学前儿童身心发展状况，指导家庭科学育儿。父母或者其他监护人应当积极配合、支持幼儿园开展保育和教育活动。[②]学前教育法从新时期学龄前儿童成长发展需要的角度明确了家庭在学前儿童健康成长方面应尽的责任和义务。

## 五、儿童家庭政策建设步入中国式现代化发展阶段

儿童是一个民族、一个国家发展的未来和希望。家庭是社会的基本细胞，2023 年 10 月 30 日，习近平总书记在同全国妇联新一届领导班子成员集体谈话时强调“家庭和睦、家教良好、家风端正，子女才能健康成长，社会才能健康发展”。党的十八大以来，以习近平同志为核心的党中央高度重视儿童工作和家庭建设，对儿童家庭工作的领导全面加强，制定了一系列具有时代特征的儿童家庭相关政策，儿童权益保障法治体系不断健全完善，儿童发展环境持续优化提升，家庭教育指导服务体系逐步完善，未成年人司法保护逐步健全。儿童事业与经济社会同步推进，儿童家庭政策建设和发展取得历史性成就。

党的十八大以来，习近平总书记围绕注重家庭、注重家教、注重家风建设发表的一系列重要论述，立意高远，内涵丰富，思想深刻，对于动员社会各界广泛参与家庭文明建设，努力使千千万万个家庭成为国家发展、民族进步、社会和谐的重要基点，把实现个人梦、家庭梦融入国家梦、民族梦之中，汇聚起全面建设社会主义现代化国家、实现中华民族伟大复兴中国梦的磅礴力量，具有十分重要的意义。儿童是祖国的未来，民族的希望，引导全社会注重家庭、家教、家风，增进家庭幸福与社会和谐，对培养德智体美劳全面发展的社会主义建设者和接班人有着重要作用。

2023 年 5 月 31 日，习近平总书记在北京育英学校考察时的讲话中提到：“党中央始终关心关怀少年儿童的健康成长，采取了一系列政策举措，

① 《中华人民共和国学前教育法》第二十条。

② 《中华人民共和国学前教育法》第五十八条。

努力为孩子们健康成长创造更好环境。我相信，有中国共产党的领导和社会主义制度的显著优势，生活在中华民族大家庭里的各族儿童一定会越来越幸福，一定会拥有更加美好的未来。”我国儿童家庭政策出发点和落脚点始终贯彻“儿童优先”的原则，以落实立德树人根本任务，优化儿童发展环境，保障儿童生存、发展、受保护和参与权利，全面提升儿童综合素质为指导思想。打造国家、社会、家庭“三位一体”的儿童家庭发展保障体系，倡导儿童利益最大化。随着时代的变迁，儿童家庭政策经历了从无到有、从萌芽到发展的阶段，儿童家庭问题从生存、保育、教育、保护到发展在不断演化。家庭教育中的儿童保护、儿童福利、儿童教育、儿童发展问题日渐突出。在不断发展变化中，政府充分整合社会资源、协调各方力量，聚焦社会发展中儿童家庭领域存在的突出问题，围绕生育、养育、教育进行法律法规的修订、创新和完善。充分保障了儿童生存、保护和发展及受教育的权利，对家庭的育儿提出了科学、明确的指导意见，提升了儿童的身心健康水平，提高了儿童的整体素质。儿童家庭政策和儿童福利保障，向高质量普惠型的制度建设迈进。儿童家庭的划分更加细化，儿童家庭政策的研究更加具有独立性，儿童家庭政策体系日趋完善，实现了里程碑的跨越。

在今后的发展中，儿童家庭政策必将充分考虑儿童的特殊利益，围绕中国式现代化建设需要，从促进儿童权益更有保障、人生更加出彩、生活更加幸福的角度出发，进一步完善支持家庭建设的政策体系，落实儿童优先原则，推进新时代儿童家庭事业的全面高质量发展。